독도=다케시마 논쟁

역사자료를 통한 고찰

박병섭·나이토 세이추 지음

호사카 유지 옮김

보고사

서문

전부터 미일관계는 악화되어도 하루 만에 회복이 가능하지만 한일
관계는 좋았다가도 하루아침에 악화되어 버린다고 흔히들 얘기한다.
최근의 한일관계는 상호교류를 거듭해 왔기 때문에 전처럼 금방 바뀌
지는 않겠지만 늘 관계가 단번에 악화될 위험요소가 존재한다.

그 대표적인 예가 독도영유권 문제이다. 이것은 한 번 악화되면 양
국민의 편협한 '애국심'을 자극해서 예상치 못한 소동을 야기시킬 수
있다. 이전에 한일 조약이 체결되었을 당시 이동원(李東元) 외무부
장관은 독도 문제는 '한국인의 국민감정을 폭발시키는 다이너마이트'
라고 했는데 그것을 방불케 하는 뉴스가 2005년 시마네현(島根縣)의
'다케시마(竹島: 독도의 일본 명)의 날' 제정 전후에 일어났다. 그리고
2006년에는 독도 주변의 해양조사 문제를 둘러싸고 우려할 만큼 양
국의 순시선들이 물리적으로 충돌하는 위기에까지 이르렀다.

그럴 때면 반드시 일본 외무성을 중심으로 나오는 주장이 '다케시마
(=독도)는 일본의 고유영토'라는 표어이다. 그러나 이 같은 이해는
반세기 전 독도의 역사가 잘 알려지지 않았을 당시의 주장 그대로이
고 최근의 연구 성과가 반영되어 있지 않은 주장이다. 오늘날에는 '다
케시마의 날'의 조례를 정한 시마네현조차도 독도를 '역사적으로 보
아도 일본의 섬'이라고는 주장해도 '일본의 고유영토'라고는 주장하지

않는다. 적어도 시마네현의 홈페이지에는 '다케시마는 일본의 고유영토'라는 문구는 없다.

이것은 독도의 역사를 비교적 잘 아는 시마네현이 메이지시대(明治時代 : 1868-1912) 독도의 역사를 염두에 두고 내린 결론이라고 생각된다. 실제로 메이지시대의 최고 관청이며 오늘날의 내각에 해당되는 태정관(太政官)은 1877(메이지10)년에 독도는 일본의 영토 외라고 정한 지령을 내무성에 하달했다. 그런 역사가 있으므로 '다케시마가 일본의 고유영토'라는 표현은 적절하지 않다. 그러나 이러한 메이지시대의 역사 등이 일반적으로는 거의 알려져 있지 않은 것이 실상이다.

그리고 독도가 에도시대(江戸時代 : 1603-1867)에는 일본에서 마쓰시마(松島)라고 불린 사실도 일반적으로는 알려져 있지 않다. 독도에는 소나무가 하나도 없음에도 불구하고 마쓰시마(松島)라고 불린 것은 근처에 있는 대나무 섬인 다케시마(울릉도)와 한 쌍을 이룬다고 생각되었기 때문이다. 그런데 메이지시대가 되어 서양에서 잘못 만든 지도를 그대로 믿고 마쓰시마라는 이름 자체를 근처에 있는 다케시마(울릉도)에 뺏겨 버리고 대신 독도는 서양식 명칭을 모방해 '랸코도'라고 불리게 되었다. 이것은 일본인들에게 당시 독도가 일본의 '고유영토'라는 인식이 없었다는 것을 반영하고 있는 사실이라고 할 수 있다. 그러나 이런 사실도 거의 알려져 있지 않은 것이 실상이다. 덧붙이면 독도 및 울릉도의 명칭은 일본에서 아래와 같이 변화했다.

독도 : 에도시대(1603-1867)에는 마쓰시마(松島).

　　　　메이지시대(1905년 이전)에는 마쓰시마, 혹은 리안코르토,

리안크르, 리안코, 랴코, 얀코, 호르네토 등.

1905년의 '편입' 이후에는 주로 다케시마(竹島).

울릉도 : 에도시대는 다케시마(竹島), 때로는 이소타케시마(磯竹島).
메이지시대의 1880년 전후부터 다케시마에서 점차 마쓰시
마(松島)로 변화. 그리고 1905년 이후에는 점차 울릉도.

본서는 이처럼 잘 알려져 있지 않는 독도의 역사를 밝힘으로써 한
일 간의 무의미한 마찰을 조금이라도 줄이기 위한 목적으로 집필되었
다. 최근의 독도에 대한 역사연구는 1987년에 호리 가즈오(堀和生)
교토대학 교수가 메이지시대의 태정관 지령(권말 자료2) 등을 공표한
논문이 계기가 되어 잇달아 사료가 발굴되어 새로운 사실이 계속해서
밝혀지고 있다. 그러한 사료에 입각해 지금까지 본서의 저자인 나이
토 세이추(內藤正中)와 박병섭(朴炳涉)이 잡지나 인터넷 등에 발표한
논문을 수정해서 본서를 편찬했다.

새로운 자료 중 하나로서 태정관 지령시의 부도 '이소타케시마 약
도'가 2006년 가나자와(金澤) 교회의 우루시자키 히데유키(漆崎英之)
목사에 의해 공개되었다. 우루시자키 목사는 그 부도를 찾아낸 경위
나 사료 원문, 그에 대한 소감을 제5장 '자료 2'에 기고해 주셨다.

마지막으로 본서에 대해 기탄없는 비판이나 의견은 아래로 보내주
시면 감사하겠습니다.

half-moon@muj.biglobe.ne.jp

박 병 섭

옮긴이의 말

본서의 특징은 일본정부의 공식견해인 '다케시마(=독도) 고유영토설'을 비판하는 데 있다. 이를 위해 한국, 미국, 일본 등에 남아있는 역사적 공식자료를 도입하여 심도 있는 분석과 해석을 하고 있다는 점을 높이 평가할 수 있다.

17세기말에 울릉도를 왕래한 어부들이 소속되어 있던 일본 돗토리번이 당시 일본정부인 에도막부의 물음에 답하는 과정에서 '마쓰시마(=독도)는 돗토리번에 속하는 섬이 아니다'라고 독도영유를 공식 부인한 문서라든가 울릉도와 독도가 일본 것이 아니라는 결론을 내린 1877년의 태정관 지령문에 대한 정확한 분석, 그리고 이 지령문 속의 일본 영토 외라고 언급해 놓은 '다케시마(=울릉도) 외일도(外一島)'가 바로 '울릉도와 독도'라는 것을 명시하는 〈이소타케시마 약도〉를 한일에서 처음으로 진품 공개했다는 점이 본서의 커다란 장점이다.

그뿐만이 아니라 1696년 5월에 안용복 일행이 일본 오키섬에 도착하고, 거기서 일본 관리들에게 진술한 내용을 일본관리가 받아쓴 〈겐로쿠9 병자년 조선 배 착안 한 권의 각서〉의 일어본문을 공개했고 그것을 한국어로 번역했다. 또한 1952년 10월에 재일본 미국대사가 미국무성에 보낸 비밀문서 등이 본서 속에 공개되어 있다. 이 같은 공문서나 공식지도 등을 통해 본서는 독도영유권의 진실을 밝히고 있다.

주 저자는 일본 내에서 반월성(半月城) 통신 사이트를 운영하면서 독도영유권 문제를 전문적으로 다루고 있는 재일한국인 학자 박병섭 씨, 그리고 시마네대학 명예교수로 일본 내에서 독도영유권 문제를 객관적인 시각에서 연구하고 있는 나이토 세이추(內藤正中) 교수이다. 이에 울릉도와 독도를 실제로 여행한 일본인 은입자(필명) 씨의 기행문, 〈이소타케시마 약도〉를 처음 공개한 우루시자키 히데유키(漆崎英之) 목사의 자료 해설, 역자인 본인(호사카 유지)의 〈다케시마 문제 연구회〉 '최종보고서'에 관한 논문 등이 실려 있다.

본서 『독도=다케시마 논쟁』은 일본 신칸샤(新幹社)가 펴낸 『竹島=獨島論爭』(박병섭, 나이토 세이추 공저, 2007)을 번역한 책이다. 그런데 번역하는 과정에서 다음과 같이 일부 개편이 이루어졌음을 알린다.

번역본에서 한국 내에서 이미 단행본으로 발표된 원고 부분은 제외시켰다. 그리고 제2장의 절 배열은 독도에 관한 역사적 순서대로 재배열했다. 2007년 5월에 시마네현의 〈다케시마 문제 연구회〉가 '최종보고서'를 제출했는데, 그 내용을 번역본에 반영시키기 위해 원서에 있는 '중간보고서'에 관한 부분을 줄이고 '최종보고서'에 관한 논문(=역자의 논문)을 제3장에 추가했다.

독자 여러분께서 본서를 읽으시고 독도영유권 문제가 자료와 논리 등의 과학적인 방법을 통해 분명히 해결될 수 있다는 확신을 갖는 기회가 되신다면 더 없는 영광이다.

2008년 2월
옮긴이 호사카 유지

목차

제1장

일본의 고유 영토론에 대해

독도는 일본의 고유영토인가?

독도는 일본의 '고유영토'인가?

| 박병섭 |

들어가며

2005년 2월에 시마네현이 '다케시마의 날'을 제정한 이래, 갑자기 한일 간에서 독도 문제가 크게 클로즈업 되어 현재까지 이어지고 있다. 이 문제의 여파로 오랜 세월에 걸쳐 이뤄진 양국의 지역 교류가 단절되는 등, 무시할 수 없는 큰 영향이 있다. 그러나 이처럼 대단히 시끄러웠지만 일본에서 독도 문제의 역사적 배경이 얼마나 정확히 알려져 있는지 의문이다.

일본 외무성은 『외교청서 2006』에서 '다케시마는 역사적 사실에 비추어 봐도, 또한 국제법상으로도 분명히 우리나라(=일본) 고유의 영토'라고 일방적으로 주장했다. 이에 정말로 역사적으로 일본의 '고유영토'라고 할 수 있는지, 그리고 독도는 어떤 경위로 일본의 영토로 편입되었는지에 초점을 맞춰 고찰해 나가기로 한다.

1. 에도시대(江戸時代 : 1603-1867) 일본의 독도 인식

에도시대의 일본에서 현재의 독도는 마쓰시마(松島)라고 불렸는데 당시 일본에서는 이 섬의 영유를 어떻게 생각하고 있었을까? 이에 대해서는 미토 미쓰쿠니(水戸光圀)가 편찬을 시작해서 메이지시대(明治時代 : 1868-1912)가 되어서야 완성된 저명한『대일본사(大日本史)』속에서 그 단서를 찾아볼 수 있다. 이 문헌의 '오키국(隱岐國)'조에 다음과 같은 기록이 나온다.

> 오키국 … 대략 4개 섬이고, 나누어서 도젠(島前), 도고(島後)라고 한다.(『은주시청합기(隱州視聽合記)』의 오키국도(隱岐國圖), 속도(屬島)는 179개이고 총칭하여 오키소도라고 한다). 별도로 마쓰시마(松島), 다케시마(竹島)가 있는데 이에 속한다(『오키고기(隱岐古記)』,『오키기행(隱岐紀行)』, 거리는 오치군(隱地郡)의 후쿠우라(福浦)에서 마쓰시마에 이르려면 해상 69리(里), 다케시마에 이르려면 100리 4정(町)이다. 한인은 다케시마를 울릉도라고 칭한다. 이미 다케시마와 마쓰시마는 모두 우리 판도로 삼았다. 그러나 이에 대해 잘 아는 사람을 기다려야 할지도 모른다. 이에 대해 숙고가 필요하다).

이에 따르면 마쓰시마(=독도)가 일본의 판도라고 생각된 것은『오키고기(隱岐古記)』등에 의해서인데 왜 그렇게 되었는지는 잘 모른다는 것이다.

여기서 주목해야 할 것은 마쓰시마가『은주시청합기(隱州視聽合

紀)』(1667)에 기술되어 있기는 해도 그 문헌 속에서는 일본의 판도라고 기록되지 않았다는 것이다. 이 문헌은 이즈모(出雲)의 관리인 사이토 호센(齊藤豊宣)이 오키국의 군수를 대신해 견문한 내용을 적은 책인데 그 속에서 사이토는 이소타케시마(=다케시마)를 무역선이 가는 것과 마찬가지인 섬, 즉 이국의 땅이라고 인식하고 '무라카와(村川) 씨, 관에서 주인(朱印)을 받아 큰 배를 이소타케시마에 보낸다'라고 적었다.

무라카와 씨는 요나고(米子)의 상인이었는데 같은 요나고의 오야(大谷) 씨와 함께 돗토리번(鳥取藩)을 통해 막부(幕府)에서 1625년 무렵 다케시마(울릉도)에 가는 도해면허를 받아 이 섬에서 어업과 벌목 등의 경제활동을 하고 있었다. 다케시마로 가는 항해 중에 마쓰시마를 발견하고 다케시마를 왕복하는 도중에 가끔 마쓰시마에서도 어로를 했다. 그러한 항해를 사이토 호센은 마치 무역선에 의한 활동처럼 적었던 것이다.

이『은주시청합기』는 일찍이 한일 두 정부 간에서 그 해석을 둘러싸고 논쟁이 일었다. 한일 양 정부는 1953년부터 약 10년에 걸쳐서 독도 영유권에 대해 서간에 의한 논쟁을 벌였는데, 그때 일본정부는『은주시청합기』를 인용해 마쓰시마와 다케시마를 '일본 북서부의 한계'였다고 주장했다[1]. 이것은 이 책에 쓰인 '이 주(此州)'를 '이 섬', 즉 다케시마와 마쓰시마라고 읽은 결과였다.

그러나 일본정부의 해석이 무리라는 것은『은주시청합기』를 기초로 하여 증보한『오키국고기(隱岐國古記)』의 기술을 보아도 분명하다.『은주시청합기』는 '일본의 건지(=북서쪽 땅), 이 국(國)을 한계로 한다'라고 써서 다케시마·마쓰시마가 아니라 오키국을 일본의 북서쪽 한계로 했다. 한국 측의 주장은, 나고야(名古屋) 대학의 이케우치 사토시(池內敏) 교수에 의해 『은주시청합기』의 철저한 분석을 통해 논증되었다[2].

『오키고기』나 『대일본사』는 다케시마, 마쓰시마를 일본의 영토라고 생각하고 있었는데 이것은 에도막부(江戶幕府)에 의해 다케시마(울릉도)가 판도 외로 확인되었다는 것을 몰랐기 때문이라고 판단된다. 막부는 대마번(쓰시마번, 對馬藩)을 통해 조선정부와 '다케시마일건(一件)'이라고 불리는 다케시마의 영유권 교섭을 행한 결과, 1696년에 다케시마를 일본 영토 외로 확인했다. 이때 막부나 돗토리번(鳥取藩)이 마쓰시마(독도)도 영토 외로 확인했던 만큼 '다케시마일건'은 오늘날까지 영향을 미치는 중대사였던 것이다.

2. 다케시마 일건

당시 조선에서 울릉도는 강원도에 속해 있었지만, 조선정부는 왜구 대책을 위해 이 섬을 무인도로 하는 소위 공도정책(空島政策)을 취하고 있었다. 그러나 어느새 섬에 거주하는 사람이 나타나거나 몰래 울릉도에 밀어(密漁)하러 가는 사람이 끊이지 않게 되었다.

울릉도에 밀어나 밀무역하러 간 것은 일본 어민도 마찬가지였다. 그러한 밀무역자를 에도막부는 몇 차례 단속했다. 겐나(元和) 6년(1620), 막부는 대마번에 명하여 '잠상(潛商)'인 야자에몬(弥左衛門)

· 진우에몬(仁右衛門) 부자를 잡았다는 기록이 막부의 외교 사료집인 『통항일람(通航一覽)』권129에 아래와 같이 나온다.

조선국부 105

젠나 6 경신(庚申)년, 소(宗)대마태수 요시나리(義成), 명에 따라 다케시마(조선국 속도)에서 잠상 두 명을 체포하여 수도에 보낸다(그 죄과에 대해서는 소견 없음).

이 기록에서 알 수 있듯이 당시 막부나 대마번은 다케시마(울릉도)를 조선령이라고 인식해서 그곳에서의 경제활동을 '잠상'이라 단정하고 단속의 대상으로 생각하고 있었다. 그럼에도 불구하고 막부는 1625년쯤에 오야, 무라카와 양가에게 '다케시마 도해면허'를 발급해 준 것이다. 막부가 다케시마를 탈취하려는 의도가 있었던 것이 아닌지 의심이 가는 대목이다.

그런 가운데 겐로쿠(元祿)시대인 1692년 및 그 다음 해, 2년 연속으로 조선과 일본의 어민들이 다케시마(울릉도)에서 충돌하는 사건이 일어났다. 두 번째 사건 때, 출어한 오야 가문의 배는 2명의 조선인을 요나고(米子)에 연행했다. 그 중 한 사람은 몇 년 후에 울릉도와 자산도(子山島=우산도〈于山島〉)는 조선령이라고 호소하기 위해 일본을 내방한 안용복(安龍福)이었다.

보고를 받은 돗토리번은 막부에 조선인이 다케시마에 입도하지 말도록 조선에 항의할 것을 요청했다. 막부는 대조선 교섭의 창구였던 대마번을 통해 조선에 조선인의 다케시마 출어 금지를 요청한 것을 계기로, 다케시마(울릉도)의 영유를 둘러싼 외교교섭이 본격화되었다.

그때 막부의 정책 결정에 중대한 영향을 준 문서는 돗토리번이 1695(겐로쿠8)년에 막부에 보낸 회답서였다. 이 문서는 막부의 노중(老中: 장군 보좌역) 아베 분고노카미(阿部豊後守)가 보낸 질문서에 대한 돗토리번의 회답이었다. 이러한 사료는 현재 돗토리 박물관에 소장된 「다케시마지서부(竹嶋之書附)」에 수록되어 있고 쓰카모토 다카시(塚本孝) 씨 등에 의해 해독되었다[3]. 그것을 자세히 살펴보기로 한다.

막부가 돗토리번에 질문한 내용은 전 7항으로 구성되어 있고, 막부는 제1항에서 '이나바주(因幡州) 호키주(伯耆州) 소속 다케시마는 언제부터 두 나라(나라 : 일본 내의 주〈州〉)의 부속이 되었는가'라고 물었다. 막부로서는 다케시마를 틀림없이 이나바(因幡), 호키(伯耆)를 지배하는 돗토리번 소속의 섬이라고 생각하고 있었던 것이다. 이때 막부는 70~80년 전에 다케시마를 조선령이라고 판단했던 사실을 잊고 있었던 것 같다. 이 질문에 대해 돗토리번은 '다케시마는 이나바, 호키 부속이 아니다'라고 대답했다. 즉 다케시마는 돗토리번의 영지가 아니라고 단언한 것이다.

그리고 더욱 중요한 것은 제7항에 '다케시마 이외에 양국(=이나바주와 호키주)에 부속되는 섬이 있는가'라고 막부가 질문한 내용이다. 즉 막부는 마쓰시마(독도)의 존재를 몰랐다는 이야기가 된다. 이에 대한 돗토리번은 '다케시마, 마쓰시마 이외에 양국에 부속되는 섬은 없다'라고 회답을 보냈고 다케시마와 함께 마쓰시마(독도)에 대해서도 이나바, 호키 두 주에 부속되지 않는다는 점을 분명히 했다.

막부는 이 회답에 등장하는 마쓰시마에 흥미를 가졌는지, 이 섬에 관해서 추가 질문을 한 것 같은데 그 질문서는 아직 발견되지 않았고 돗토리번의 회답서, 소위 마쓰시마에 관한 '각서'만 발견되었다. 그 '각서'는 마쓰시마에 대해 다음과 같이 기록했다.

각서

— …

— 후쿠우라(福浦)로부터 마쓰시마까지 80리 정도

— 마쓰시마로부터 다케시마까지 40리 정도

　이상

　자(子) 정월 26일

별지4)

— 마쓰시마까지 호키국으로부터 해로 약 120리 정도이다.

— 마쓰시마로부터 조선에는 80~90리 정도라고 알고 있다.

— 마쓰시마는 어떤 나라(=일본의 주)에 부속하는 섬이 아니라고 알고 있다.

— 마쓰시마에 어로하러 간다는 것은 다케시마에 도해할 때의 도중에 있기 때문에 들러서 어로를 하고 있다. 타령(마쓰에번〈松江藩〉, 하마다번〈浜田藩〉등)으로부터 어로하러 간다는 이야기는 듣지 못한다. 단, 이즈모국(出雲國), 오키국(隱岐國) 사람들은 요나고 사람들과 같은 배로 간다.

　이상

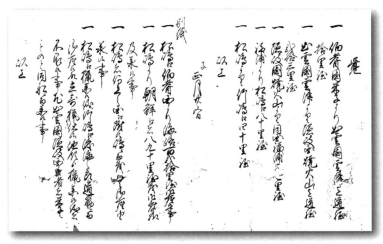

돗토리번의 마쓰시마에 대한 추가 설명 〈각서〉

다케시마, 마쓰시마가 어떤 나라(=일본 내의 주)에 부속되는 섬이
아니고 또한 막부의 천령(天領: 막부의 직할령)이나 사사령(寺社領)
이 아니라면 두 섬은 일본영토가 아니다. 에도시대에는 영주가 없는
땅이란 없다는 것이 일본 봉건사회로서의 원칙이었으므로 그러한 땅
은 이국의 땅이 된다. 1696년 막부는 다케시마를 조선령으로 간주해
그 취지를 대마번을 통해서 조선에 전달, 이것으로 '다케시마 일건'은
일단락되었다.

이 결말에 대해 외무성의 2006년의 홈페이지에서는, '울릉도 주변
의 어업을 둘러싼 조일 간의 교섭 결과, 막부는 울릉도에의 도항을
금지했지만(다케시마 일건), 다케시마(=독도)에의 도항은 금지하지
않았다'라고 주장하고 있다.

이것은 막부가 마쓰시마(독도)를 처음부터 일본령이라고 생각하지 않았기 때문에 당연한 이야기다. 막부는 마쓰시마의 존재를 거의 모르고 있었기 때문에 영유의식을 갖고 있지 않았으므로 금지할 필요조차 없었다. 외무성은 이 사실을 눈치 챘는지 2007년 이후의 홈페이지에서는 이와 같은 기술이 삭제되었다.

그리고 설령 막부가 마쓰시마의 존재를 알고 있었다고 해도, 당시 일반적으로 마쓰시마는 다케시마의 부속 섬, 내지는 다케시마와 한 쌍이라고 생각되고 있었기 때문에 다케시마에 대한 도해금지는 동시에 마쓰시마에 대한 도해금지이기도 했다. 당시의 사료에는 '다케시마 부근 마쓰시마(竹嶋近辺松嶋)', '다케시마 내 마쓰시마(竹嶋之內松嶋)' 등으로 기록되어 있다.

원래 마쓰시마(=독도)는 그 이름에 반해 소나무는커녕 나무가 하나도 없는 바위섬이다. 그럼에도 불구하고 마쓰시마로 불린 것은 다케시마와 한 쌍을 이룬다는 생각으로 자연스럽게 이름이 지어졌기 때문이다. 두 섬을 한 쌍으로 보는 표현은 1778년에 관허를 얻은 '일본여지노정전도(日本輿地路程全圖)'에서도 볼 수 있다. 이 지도에서 두 섬은 분명히 한 쌍으로 그려졌다.

따라서 막부가 다케시마(울릉도)에 대한 도해를 금지함에 따라 자연스럽게 다케시마와 마쓰시마는 일본의 판도 외가 되었다고 공식적으로 이해되었다. 메이지(明治)정부도 그러한 해석으로 재차 다케시마와 마쓰시마는 일본의 영토가 아니라고 확인한 바 있다.

'다케시마 일건' 이후, 마쓰시마(독도)에 대한 도해도 끊어진 것과 마찬가지였다. 그러므로 메이지시대가 되자 외국이 잘못 그린 지도의 영향으로, 마쓰시마라는 섬의 명칭조차 어느 섬의 이름인지 불확실해져서 마쓰시마라는 이름은 점차 울릉도의 대명사로 사용되기 시작했다. 대신 기존의 마쓰시마(독도)는 리안크르라든지 리안코르토, 얀코, 혹은 랸코도 등 외국명이 붙여졌다. 즉 일본에서는 당시 마쓰시마에 대한 고유영토 의식이 거의 없었다고 할 수 있다.

3. 조선의 공도정책과 안용복

당시의 조선정부는 독도를 어떤 식으로 인식하고 있었는가에 대해 알아보기로 한다. 조선의 동해에 울릉도가 있다는 것은 이미 6세기 신라시대에 알려져 있었지만 오랫동안 동해에 존재하는 섬이 하나인지 둘인지 확실하지 않았고, 사료에서도 가지각색이었다.

그러나 '다케시마 일건'이 일어난 무렵부터 동해에는 울릉도와 우산도(于山島)라는 두 섬이 존재하고, 우산도는 일본에서 말하는 마쓰시마(松島)라고 기록되기 시작했다. 조선왕조의 관찬 사서인『동국문헌비고(東國文獻備考)』(1770)에는 '여지지(輿地志)가 말하기를, 울릉, 우산은 모두 우산국의 땅. 우산은 즉 왜가 말하는 마쓰시마(松島)이다'라고 기록되었다. 『여지지(輿地志)』는 현재 존재하지 않지만, 그 책의 간행은『은주시청합기(隱州視聽合記)』보다 11년이나 전인 1656년으로 알려져 있다.

이와 같이 일본의 마쓰시마는 한국의 우산도라는 인식은 관찬사료로 확인할 수 있을 뿐만 아니라, 실제로 행동에 옮겨 일본과 조선에서 호소한 사람이 있었다. 그 사람이 바로 안용복이었다.

이미 막부의 다케시마 도해 금지령이 내려진 1696년, 안용복은 울릉도 및 우산도는 조선령이라고 호소하기 위해 멀리 조선으로부터 오키를 거쳐 호키국까지 갔다. 안용복은 일본에 갔을 때, 배에 '조울양도감세장신 안동지기(朝鬱兩島監稅將臣安同知騎)'라고 먹으로 쓴 깃발을 달고 있었다. 이것은 일본에서는 '조울양도는 울릉도. 일본에서 이를 다케시마라고 칭한다. 자산도. 일본에서 마쓰시마라고 부른다[5]'라고 이해했다. 자산도(子山島)는 우산도를 가리키는 말이다.

안용복의 호소는 결과적으로 오늘날의 독도 문제에 큰 영향을 미쳤다. 그것은 일본에서 말하는 다케시마는 조선의 울릉도이고 마쓰시마는 우산도라는 인식을 일본 및 조선정부에 정착시켰다는 것이다.

예를 들어 메이지시대, 마쓰시마, 다케시마라는 섬의 명칭이 혼란되어, 울릉도를 마쓰시마로 부르면서 '마쓰시마 개척' 문제가 일어났을 때, 외무성의 다나베(田邊) 국장은 '마쓰시마는 … 우산이다'라고 하여 고래의 마쓰시마는 우산도라고 판단했다. 조선에서도 전술한 사료 이외에 『증보문헌비고(增補文獻備考)』, 『강계고(疆界考)』, 『숙종실록(肅宗實錄)』, 『만기요람(萬機要覽)』 등, 관찬서에 '울릉, 우산은 모두 우산국의 땅, 우산은 즉 왜가 말하는 마쓰시마'라고 기록되었다.

조선정부는 '다케시마 일건'의 반성으로 첨사(僉使) 장한상(張漢相)을 울릉도 조사에 파견하는 등, 공도정책을 재검토하기 시작했다. 첨사란 각 진대(鎭台: 옛날에 지방을 수비한 군영)에 속한 종삼품의 무관직을 가리킨다. 일행은 울릉도에서 면밀한 조사를 했는데, 그 과정에서 독도의 존재를 확인한 것이 보고서 『울릉도사적(蔚陵島事蹟)』에 기록되었다.

4. 일본의 지도

안용복의 활동이나 다케시마 일건의 결과 일본에서 마쓰시마, 다케시마는 한 쌍이고 조선령으로 인식되었다. 그 때문에 에도시대의 대표적인 지도는 대체로 마쓰시마, 다케시마를 일본의 영토 외로 취급했다.

관찬지도 중에서는 막부 및 각번에서 제작한 국회도(國繪圖)나 근대적인 이노 다다타카(伊能忠敬)의 지도「일본국 지리측량지도(日本國地理測量之圖)」등은 모두 마쓰시마, 다케시마를 기재하지 않았다. 마찬가지로 에도막부가 에도시대 말기에 이노 다다타카의 일본 전도나 마미야 린조(間宮林藏)의 측량도를 토대로 작성하여 유일하게 출판한 목판화 관찬지도「관판실측 일본지도(官板實測日本地圖)」도 마쓰시마, 다케시마를 기재하지 않았다.

한편, 민간 발행의 지도에서는 도쿠가와(에도)막부가 최초로 작성한 일본지도를 비슷하게 베낀 것으로 생각되는「부상국도 수륙지리도(扶桑國都水陸地理圖)」가 에도시대 초기의 대표적인 지도인데, 그것도 마쓰시마, 다케시마를 기재하지 않았다. 그리고 1712년 이래 종종 발간되어 에도시대 중기를 대표하는 지도인 이시카와 도모노부(石川流宣)의「대일본국대회도(大日本國大繪圖)」도 마쓰시마, 다케시마를 기재하지 않았다.

그리고 에도시대 후기를 대표하는 지도로서 1778년에 관허를 얻어

반세기에 걸쳐 자주 발간된 나가쿠보 세키스이(長久保赤水)의 「일본여지노정전도(日本與地路程全圖)」를 들 수 있다. 이 지도는 다케시마와 마쓰시마를 일본 영토 외로 하는 『은주시청합기(隱州視聽合記)』의 영향을 받았는데 일본의 각 번을 분류하면서 마쓰시마, 다케시마를 조선령과 같이 착색하지 않았다. 이것은 막부의 관허를 얻었으므로 준·관찬지도라고 할 수 있는데 이 지도에 있어 마쓰시마, 다케시마 두 섬은 일본 영토 외로 되어 있다고 보는 것이 적절하다.

그리고 메이지시대가 되면 국가사업으로서 국토의 측량이나 지도의 작성이 이루어졌는데 완성된 지도는 민간에 의해 『대일본 관할분지도(大日本管轄分地圖)』로 1894년에 발간되었다. 이 지도에서도 울릉도와 독도를 기재하지 않았다. 이 사실은 도서(島嶼)나 수로의 측량을 담당하여 국경을 확정하는 기관인 해군의 수로부(水路部)가 두 섬을 일본령이 아니라 조선령으로 인식하고 있었기 때문이다.

5. 메이지정부의 다케시마, 마쓰시마에 대한 판도 외 확인

메이지정부는 1869(메이지 2)년, 조선의 내정을 조사하기 위해 외무성 고관인 사다 하쿠보(佐田白茅), 모리야마 시게루(森山茂), 사이토 사카에(齊藤榮) 등을 조선에 파견했다. 사다 하쿠보 등은 그 다음해, 보고서 『조선국 교제시말 내탐서(朝鮮國交際始末內探書)』를 제출했는데 그 속에서 마쓰시마, 다케시마가 조선 부속이 되었다고 해서 '다케시마 마쓰시마가 조선 부속이 된 전말'을 기록했다.

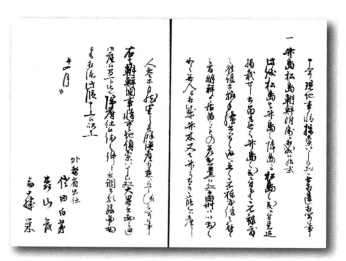

외무성 '조선국 교제시말 내탐서'(일본 국립공문서관 소장)

보고서에 쓰인 다케시마와 마쓰시마는, 1869(메이지 2)년 무렵은 아직 서양사람이 잘못 그린 지도가 일본에서 보급되기 전이므로, 두 섬은 고래의 다케시마와 마쓰시마, 즉 현재의 울릉도와 독도를 가리키고 있다.

보고서가 이와 같이 다케시마, 마쓰시마를 조선령으로 판단한 것은, 보고서 속에 '겐로쿠(元祿)시대'에 대해 언급하고 있는 것으로도 알 수 있듯이, 에도시대의 '다케시마 일건'을 상세히 검토한 결과였다. 보고서와 동시기에 작성된 조사서 「조선 이야기 중 다케시마 일칙(朝鮮物語ノ內竹島一則)」에서는 대마번의 '다케시마 일건' 교섭의 실패에 대해 '대마도에서 지나친 대처를 하여 결국 실패했다고 막부에서 말한다[6]'라는 냉철한 막부 견해가 추가되어 있다.

덧붙여 이 조사보고서에는 마쓰시마에 관한 기술이 없다. 이것은 보고서에 쓰여 있듯이 사다 하쿠보 등은 마쓰시마에 관한 '서류'를 찾아내지 못했기 때문이라고 생각된다. 그러한 기록이 없어도 외무성은 다케시마와 마쓰시마를 불가분의 한 쌍이라고 보고 일본영토 외로 판단한 것이다.

두 섬이 한 쌍이라는 인식은, 1877(메이지 10)년에 다케시마, 마쓰시마를 판도 외로 정한 태정관 지령 속에서도 볼 수 있다. 당시의 일본의 최고 관청인 태정관은 내무성이 진언했던 대로, 다케시마, 마쓰시마를 한 쌍으로 보는 이해에 입각해 두 섬을 일본령이 아니라고 공식적으로 선언했다.

이 역사적인 태정관 지령에 관해서 외무성은 홈페이지를 비롯해 모든 간행물에서 계속 무시해 왔다. 중대한 사실을 알면서도 그 사실을 언급하지 않는 것은 정보 은폐라고 하지 않을 수 없다.

6. 독도의 군사적 가치

독도에 대한 메이지정부의 시각은 러일전쟁을 계기로 변화했다. 그 배경을 알기 위해 먼저 당시의 동아시아 정세를 살펴보도록 한다.

20세기 초 제국주의적 발전을 이룩하고 있던 일본은 러시아와의 패권다툼에 있어 만주를 포기하는 대신 한국을 세력권에 넣기 위해, 러시아와 '만한교환(滿韓交換)'을 교섭했지만 결렬했다. 1904년 2월, 일본은 러시아에 대해 전투행동을 개시했다.

일본은 여순(旅順)에 정박 중인 러시아 함대에 대해 기습공격을 가함과 동시에, 임시 파견대가 인천에 상륙, 한성에 들어가 수도를 제압했다. 그 군사적 위압 하에서 일본은 한국(=대한제국)에 군사협력을 강요하여 '군략 상 필요한 지점을 임기(臨機) 수용한다'라고 규정한 「한일의정서(韓日議定書)」에 조인할 것을 강요했다. 일본은 이 조항을 확대 해석하면서 한국각지에 마음대로 군사시설을 설치하기 시작했다.

그러나 그 한일의정서마저 이윽고 일본에 의해 무시당하게 되었다. 의정서에서는 '대일본제국은 대한제국의 독립 및 영토보전을 확실히 보장'한다고 되어 있었지만, 러일전쟁의 본격화에 따라 일본은 한국의 독립을 보증하기는커녕 이미 5월에는 한국을 반식민지화하는 「대한시설 강령(對韓施設綱領)」을 각료회의에서 결정했다. 그 방침 아래, 9월에는 제1차 한일협약을 강제적으로 체결시켜 한국의 보호국화를 순조롭게 실행에 옮겼다.

한편, 전국(戰局)은 6월이 되자 동해에서 급속히 긴장이 고조되었다. 러시아의 우라지오 함대가 조선해협에 출현하여 일본의 수송선을 잇달아 격침한 것이다. 이에 대처하기 위해 일본해군은 적함 감시·통신 시설의 증강을 도모했다.

규슈(九州)·주고쿠(中國) 지방의 연안 각지와 병행하여 조선 동남부의 죽변만, 울산, 거문도, 제주도 등에 망루를 건설해, 그것들을 해저 전신선으로 연결시켰다. 조선 내에 망루가 약 20곳이 설치되었는데 그 설치공사는 어떤 항의도 용납하지 않는 군사적 점령에 의해 이루어졌다. 그리고 그러한 전략의 일환으로 울릉도에 망루를 건설해, 그곳과 조선 본토의 일본해군 정박지인 죽변만 사이를 군용 해저 전신선으로 묶는다는 것이 결정되었다.

울릉도의 망루 2곳은 1904년 9월에 완성되었다. 해저 전신선은 우라지오 함대에게 위협을 받으면서도 부설이 진행되어 이것도 9월에 완성되었다. 이것으로 울릉도의 망루는 조선 본토를 경유하여 일본 규슈 사세보(佐世保)에 있는 해군 진수부(鎭守府)와 직접 교신할 수 있게 되었다. 나아가 독도에도 망루 건설이 계획되어 군함 쓰시마(對馬)에 의해 예비 조사가 실시되었다.

1905년 5월, 독도 부근에서 러일의 역사적인 '동해해전'이 벌어졌고 일본은 러시아의 발틱 함대에게 대승을 거두어, 전쟁 전체를 유리하게 전환시켰다. 이것으로 독도의 전략 가치가 더욱 중요시되었음은 말할 나위도 없다. 일본해군은 울릉도, 독도를 포함한 수역의 종합시설계획을 세워 8월, 독도에 망루를 완성시켰다.

해저 전신선은, 9월에 강화(講和)가 성립되었기 때문에 당초의 계획이 변경되어 독도와 오키 섬 사이가 아니라 울릉도로부터 독도를 거쳐 시마네현의 마쓰에(松江)를 연결시켰다.

이렇게 하여 한반도의 죽변으로부터 울릉도, 독도, 마쓰에 이르는 일련의 군용 통신선 체계가 만들어졌다. 이와 같이 일본정부에 있어 동해상의 독도라는 섬은 군사적인 이용 대상과 다름없었고 또 독도에 대한 조치는 당시 조선 각지에서 실시된 군사적 점령과 밀접 불가분의 관계를 갖고 있었다[7].

7. 독도의 불법적인 일본 영토 편입

러일전쟁 시국의 상황 상, 일본은 독도를 군사적으로 필요로 하고 있었는데 독도가 일본영토로 편입되는 직접적인 계기는, 러일전쟁 중에 제출된 한 어부의 「랸코도 영토 편입 및 대하원(貸下願)」이었다. 우선 이 '대하원'이 제출되기에 이른 경위를 살펴보기로 한다.

메이지유신 이후, 대외 팽창의 기운을 타면서 많은 일본인들이 울릉도에 도항하기 시작했다. 당시 조선정부는 울릉도를 공도(空島)로 하고 있었는데, 일본인들의 불법 이주는 정책을 전환시키는 계기가 되었다. 1881년, 조선정부는 일본인의 도항 금지를 일본정부에 요청함과 동시에, 그 다음해 '울릉도 개척령'을 발포해 개척에 나섰다.

이러한 조선의 조치에 일본정부는 1883년에 울릉도 내에 불법으로 거주하고 있는 일본인들을 강제 귀국시켰지만, 그 후에도 일본인의 무단 도항은 끊이지 않았다. 조선정부는 이후에도 일본인 퇴거 요구를, 1888년, 1895년, 1898년, 1899년, 1900년에 냈다.

1898년 이후, 매년 퇴거 요구가 나온 것은, 청일전쟁에 승리한 일본정부가 1898년에 '원양어업 장려법', 1902년에 '외국영해 수산 조합법' 등을 제정해, 일관되게 해외 진출을 장려하여 관민 일체가 되어 조선의 어장에 들어왔기 때문이다. 대(大)아시아주의를 주창하던 흑룡회(黑龍會) 간사인 구즈우 슈스케(葛生修亮)는 '아방(=일본)의 세력을 부식(扶植)하여 … 다른 면에서는 아방의 인구를 배설(排泄)한다[8]' 라고 침략 의도를 드러내면서 『한해통어지침(韓海通漁指針)』을 저술하기까지 했다.

이러한 일본의 관민에 의한 침략의 결과, 울릉도에는 일본인 경찰관까지 상주하기에 이르렀다. 이와 더불어 울릉도에 도해하는 도중에 존재하는 독도도 주목을 받게 되었다. 특히 독도에서의 강치잡이는 러일전쟁 직전의 시기에는 피혁이나 기름의 고가 시세 때문에 주목을 받고 크게 활발해졌다.

　그 중에서 어부 나카이 요사부로(中井養三郎)는 독도에서의 강치잡이의 독점을 도모하려고 여러 가지 획책을 했다. 독도를 잘 아는 나카이는 이 섬을 조선의 울릉도부속이라고 믿고, 당초 대하원을 조선에 있는 일본 통감부에 제출하려고 했다.

　독도를 조선령이라고 믿고 있던 사람은 나카이뿐만이 아니라, 내무성이나 해군성, 대륙 낭인까지도 그렇게 생각하고 있었다.

　그러나 여러 관계 기관의 의견, 즉 독도를 일본영토로 편입하는 것이 좋다는 의견으로 용기를 얻은 나카이는 「량코도 영토 편입 및 대하원」을 내무, 농상무, 외무성 등 3성에 제출했다.

　처음은 반대한 내무성도 결국 외무성의 의견에 밀려, 독도의 영토 편입을 내각회의에 상정했다. 1905년 1월 28일, 내각회의는 나카이의 신청을 수용하는 형태로 영토 편입을 결정해, 독도를 다케시마로 명명했다.

　영토편입의 내각회의 결정에 즈음해, 일본은 관계국인 조선과 협의는커녕, 정부 차원의 공시조차 일절 하지 않았다. 이것은 현재 도쿄도(東京都)에 소속하는 오가사와라 제도(小笠原諸島)를 영토편입 했을 때와 비교하면 매우 대조적이다. 오가사와라 제도의 경우, 일본은 관계국인 미국 등과 몇 차례나 충분한 협의를 거듭해 상대국의 동의를 얻어 영토편입을 실시했다.

이에 반해 독도의 경우는 일본정부 내에서 비밀리에 처리되었다. 관보에 의한 고시도 없었고 정부의 훈령을 받은 시마네현이 현 고시로 공표하는데 그쳤다. 시마네현은 1905년 2월 22일, 현 고시 40호로 독도를 다케시마라고 명명해, 오키 도사의 소관으로 한다고 공시했다.

이와 같이 일본의 독도 편입은 정부 차원에서 비밀리에 실시되었으므로, 일본국민은 그 사실을 거의 알지 못하고 있었다. 그뿐만 아니라 주요 매스컴조차 알지 못하고 있었다. 고시로부터 3개월 이상 경과한 5월 30일, 동해 해전을 전하는 대부분의 신문은 '다케시마'의 이름을 사용하지 않고 외국명인 '리안코르토' 암이라는 이름으로 보도했다.

심지어는 관보나 해군성마저 독도에 대해 '다케시마'가 아니라 '리안코르토' 암이라는 이름을 계속 사용하고 있었다[9]. 즉 일찍이 수로부를 두고 일본의 국경에 대해 숙지하고 있을 해군성조차 '다케시마' 편입의 사실을 완전히 알리지 못했던 것으로 판단된다. 혹은 러일전쟁에서 전국(戰局)이 일본에게 유리하게 돌아갈 때까지 비밀로 취급하려고 하고 있었는지도 모른다.

'독도 편입'에 대해 외무성 홈페이지에는 '각의 결정에 의해 다케시마(=독도)를 영유하는 의지를 재확인했다'라고만 적고 메이지정부가 '무주지'를 명목으로 하여 독도를 일본에 편입한 사실을 적지 않았다. 아무래도 '무주지'를 편입했다는 말은 외무성의 '다케시마(=독도) 고유 영토설'과 모순이 되기 때문이다.

8. 제2차 대전 이후의 결정

제2차 대전 후, 일본은 포츠담 선언을 통해 카이로 선언을 받아들였다. 일본을 점령한 연합국 총사령부 GHQ는 카이로 선언이 정한 '일본이 탈취하고 또는 점령한 태평양에 있어서의 모든 도서(島嶼)를 박탈한다'라는 원칙에 따라, 지령 SCAPIN 677호를 1946년에 발포해, 독도를 일본으로부터 정치적, 행정적으로 분리시켰다. 이것은 최종적 결정이 아니라고 되어 있었지만, 이 결정에 변경을 가하는 국제적 명문 규정은 현재에 이르기까지 작성되지 않았다.

한때 샌프란시스코 강화조약 초안과정에서 독도 문제가 논의되었지만, 결국 체결된 조약조문에는 독도가 전혀 언급되지 않았다. 당초의 미국 안은 독도를 한국 령으로 했지만, 도중에서 일본의 로비 활동으로 독도가 한 때 일본령이 되는 등 혼란스러웠다. 결국 독도를 한국 령으로 주장하는 영국안과의 조정 과정에서 최종적으로 일본영토안도 삭제되어 독도라는 글자는 조약에 일언반구도 언급되지 않게 되었다.

강화조약에 독도가 한마디도 기술되지 않았기 때문에 강화조약의 비 조인국인 한국은 독도에 대한 통치권을 그대로 유지하게 되었다. 일반적으로 강화조약에 의해 조약의 비 조인국인 제3국의 기득권 이익은 침범되지 않는다는 것이 국제법의 관습이다. 마이니치신문(每日新聞) 등은 그렇게 이해하여 독도를 영토 외로 하는 '일본 영역도'를 작성해 출판했다[10].

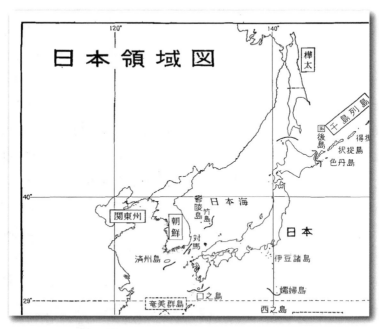

일본 마이니치(每日) 신문사 '대일 평화조약', 독도는 영역 외.

독도는 강화조약에 명기되지 않았고 애매모호한 채 남겨졌는데 그 이유에 대해서는 지금까지 수수께끼였다. 최근 그 수수께끼가 겨우 풀렸다. 미국의 한국문제 연구자인 로브모 씨에 의해 발견된 주일 미국대사관의 비밀자료「리안코트 암과 한국인」(서양식 발음으로는 리안코트 : 저자 주)에 의하면, 권말 자료3에 제시하듯이 미국 국무성은 독도의 역사를 과거 몇 차례 검토한 결과로 다음과 같은 결론을 내렸다[11].

　국무성은 리안코트 암의 역사를 이미 몇 차례나 검토한 적이 있는데, 그것을 여기서 상술할 필요는 없다. 그 바위는 강치의 번식지이며, 어느 시기 조선왕조의 일부였다. 그 바위는 일본이 그 제국을 조선에 확장했을 때, 물론 조선의 나머지 영토와 함께 병합되었다.

그렇지만 일본정부는 제국 지배의 과정에서 이 영역을 일본 본토에 편입해, 어느 현의 행정 하에 두었다.

그 때문에 일본이 평화조약의 제2장에 '제주도, 거문도 및 울릉도를 포함한 조선에 대한 모든 권리, 권원 및 청구권'을 포기한다는 내용에 동의했을 때, 조약의 기초자는 이 바위를 포기해야 할 영역에 포함시키지 않았다.

일본은 리안코트 암에 대한 일본의 영유권은 이유가 있는 것으로 생각하고 있다. 이에 한국이 이의를 주장하고 있는 것은 명백한 이유에 의거하는 것이다.

미국은 역사적으로 '조선왕조의 일부'였던 독도를 일본정부가 '제국지배의 과정에서 이 영역을 일본 본토에 편입'한 사실을 파악하고 있었던 것이다. 그 인식에 입각해 미국은 조선이 독도를 역사적으로 영유한 사실을 중시하는지, 혹은 일본의 제국지배를 중시하는지, 결론을 내릴 수가 없었던 모양이다.

이 시점에서 미국은 아마도 몹시 고민했을 것이다. 영토에 관해서 역사적인 영유를 인정하고 싶어도, 만약 제국주의적 영토 획득을 부정한다면 제2차 대전 처리는 대혼란에 빠져 수습할 수 없게 될 가능성이 컸다. 미국으로서는 독도 문제를 애매모호하게 남길 수밖에 다른 길은 없었다고 생각된다. 그러나 이러한 애매모호한 처리가 오늘날의 독도 문제에 화근을 남긴 것은 말할 나위도 없다.

맺음말

메이지정부는, 에도막부가 다케시마(울릉도)와 함께 마쓰시마(독도)도 한 쌍으로 보고 포기했다고 해석해, 두 섬을 일본의 판도 외로 하는 태정관 결정을 내렸다. 이것은 현재 일본의 외무성이 말하는 '다케시마(독도)는 일본의 고유영토'라는 주장과는 거리가 먼 결정이었다고 할 수 있다.

그 후, 일본은 러일전쟁 시에 '시국이 시국인 만큼'이라는 이유로 조선령이라고 알고 있던 독도를 '무주지'라고 강변 하며, 나카이가 제출한 「랸코도 영토 편입 및 대하원」을 수용하는 자세를 취해, 정부 차원에서 비밀리에 독도를 일본영토에 편입시켰다. 이것이 바로 한국이 일본은 제국주의적 방법으로 독도를 탈취했다고 비난하는 연유이다.

일본은 독도에 관한 모든 사실을 분명히 밝힌 다음, 외무성의 '다케시마(독도)는 일본의 고유영토'라는 주장에 무리가 있다면, 독도를 카이로 선언의 정신에 입각해 깨끗이 단념해야 할 것이다.

....

註

1) 塚本孝, 「竹島領有權をめぐる日韓兩國政府の主張」, 『レファレンス』, 2002.6, p.54.
2) 池內敏, 「『隱州視聽合紀』の構成・內容・用語法)」, 『靑丘學術論集』 제25집, 2005, p.147.
3) 塚本孝, 「竹島關係 旧鳥取藩文書および繪圖(上)」, 『レファレンス』 411호, p.75.
4) 竹島問題硏究會, 『「竹島問題に關する調査硏究」 中間報告書』, 2006.
5) 『因幡志』
6) 外務省編, 『朝鮮外交事務書』 권4.
   영인본, 『朝鮮外交事務書(一)』, 한국일본문제연구회, 1971, p.550.
7) 堀和生, 「1905年日本の竹島領土編入)」, 『朝鮮史硏究會論文集』 제24호, 1987,

p.97.

8) 葛生修亮, 『韓海通漁指針』, 1903, p.1.

9) 「官報」, 明治38(1905)年 5月 29~30日.

10) 每日新聞社圖書編集部, 『對日平和條約』, 每日新聞社, 1952, 부속지도.

11) "Koreans on Liancourt Rocks" from the US Embassy, Tokyo to the US
State Department, http://www.geocities.com/mlovmo/temp8.html#oct3

제2장

독도의
역사상의 쟁점

조선 사서에 나타나는 독도와 우산도

| 박병섭 |

일반적으로 영토나 영유권을 역사적으로 논하려면, 그 땅을 국가나 공적 기관이 어떻게 판단하고 어떻게 취급해 왔는가가 중요하고, 사적인 개인이 어떠한 인식을 가지더라도 그것은 별로 중요하지 않다. 그러므로 국가나 공적 기관이 편찬한 사서나 지도 등의 관찬서는 지극히 중요하다. 여기서는 독도가 조선왕조의 관찬서 속에서 어떻게 기술되어 왔는지를 중점적으로 보기로 한다.

이 때 '우산(于山)'이라는 말이 키워드가 된다. '우산'은 우산도를 의미하는 경우와 우산국을 의미하는 경우가 있어 헷갈리기 쉬우므로 먼저 '우산'이라는 말의 뜻을 확실히 해 둘 필요가 있다.

이 말의 사용구분은 조선의 사서에서도 초기에는 애매모호했다. 처음은 독도에 관한 지식이 부족했고 상당한 혼동이 있었다. 그러나 17세기, 일본에서 말하는 '다케시마 일건'의 전후부터 독도에 관한 지리상의 지식이 풍부해졌고 우산도와 우산국의 사용구분이 점차 명확히 관찬서에 기록되기 시작했다. 예를 들면『동국문헌비고(東國文獻備考)』에서 〈여지지가 말하기를, 울릉도와 우산도는 모두 우산국의 땅이다. 우산도는 즉 왜가 말하는 마쓰시마다[1]〉라고 기록되었다. 이 견해는 그 후의 관찬 사서에 계승되어 20세기 초두의『증보문헌비고(增補文獻備考)』등에도 같은 내용이 기술되었다. 이것을 도식적으로 써 보면 다음과 같다.

우산국 = 우산도(왜의 마쓰시마〈松島〉) + 울릉도 (17세기 이후)

1. 『삼국사기(三國史記)』

'우산'이라는 이름이 조선의 정사에 등장한 것은『삼국사기』가 처음이다. 이 사서는 고려시대의 1145년에 편찬되었는데 이 사서 속에서 우산국은 다음과 같이 기술되었다.

삼국사기, 권4, 지증왕(智證王)

13(기원 512)년 여름 6월, 우산국이 복속해 와 해마다 그 땅의 산물을 공물로서 헌상했다. 우산국은 명주(현재의 강원도)의 동쪽 해상에 있는 섬나라이고 별명을 울릉도라고 한다. 이 섬은 사방이 100리 정도이고 그 때까지는 교통이 불편한 것을 이용해 복속하지 않았다. 이찬[2]의 이사부가 하슬라의 군주가 되었다. 그는 우산국 사람들은 사려가 얕아서 성격이 몹시 거칠고, 무력만으로는 항복시킬 수 없지만, 계략을 가지고 임하면 복속시킬 수 있다고 생각했

다. 그래서 많은 목제 사자를 만들어, 군선에 나누어 실었다. 그 나라 해안에 도착하자, 속여서 다음과 같이 말했다. "너희가 만약 복속하지 않는다면, 이 맹수를 풀어놓아, 밟아 죽이게 하겠다"(이것을 듣고) 그 나라 사람들은 무서워하면서 복속했다.[3]

울릉도에는 사적으로서 조선 남방형의 지석묘가 있으므로, 기원전부터 한족이 거주하고 있던 모양이다. 그 사람들이 우산국을 세운 것 같은데 신라가 융성하자 신라에 정복당한 것이다.

당시 우산국은 다른 이름을 울릉도라고도 했지만 우산국 속에 우산도가 포함되었는지 여부는 명기되지 않았다. 그런데도 한국에서는 잘 알려진 '독도는 우리 땅'이라는 노래의 영향으로, 초등학생이라도 지증왕 시대 이래 '독도는 우리 땅'이라고 믿고 있다. 일본이나 한국에서는 울릉도와 독도를 한 쌍으로 생각하는 경향이 강하기 때문에 그것도 이해할 수 있는 이야기다.

한편 조선의 정사가 아니라 야사인『삼국유사(三國遺事)』에도 같은 우산국 정복의 기술이 있지만, 이러한 자료나 사적인 자료는 필요가 없는 한 취급하지 않기로 한다.

2. 『고려사(高麗史)』

신라시대의 인식은 우산국=울릉도이며 우산도의 이름은 등장하지 않았지만, 이 인식은 초기의 고려에 그대로 계승되었다. 『고려사』는 여진족과의 관련에서 우산국에 대해 다음과 같이 기술했다.

현종 9년(1018), 우산국이 동북의 여진의 침략을 받아 농업이 쇠
퇴했으므로, 이원구(李元龜)를 파견해 농기구를 하사 했다[4].

고려시대 초기에 있어 최대의 적은 여진족이었다. 여진족이 건국한
글안(契丹)은 고려의 맹방인 발해를 멸망시켜 고려에 자주 침입했다.
그들은 북방의 국경 지대뿐만이 아니라 울릉도에까지 침입했다. 유목
기마민족인 그들이 놀랍게도 바다를 건너 울릉도를 침략했다는 것이
다. 『고려사』에 우산도의 이름은 다음과 같이 등장한다.

『고려사』권 58, 지리지 3, 울진현

울릉도 : 현의 동쪽 해중에 있다. 신라 때에 우산국이라고 칭했
다. 때로는 무릉, 때로는 우릉이라고도 한다. 섬은 사방이 100
리이고 신라의 지증왕 12년에 항복했다. (고려 초대) 태조 13
년(930)에 그 도민은 백길과 토두를 보내 공물을 헌상했다.
(중략) 일설에 우산과 무릉은 본래 두 섬이라고 한다. 서로
의 거리는 멀지 않아 날씨가 청명하면 바라볼 수 있다[5].

우산도의 이름이 일설의 형태로 쓰여진 것으로 보아 당시 우산도에
대한 인식은 확고한 것이 아니었던 것 같다. 여기서 말하는 우산도가
현재의 어느 섬인가 하는 문제가 있는데 일설의 내용으로 보면 우산
도는 독도를 가리키고 있다고 보아야 한다. 그렇게 말할 수 있는 이유

는 울릉도 주변에서 이에 해당될 만한 섬은 현재의 한국명 죽도(=독도가 아니라 울릉도 동쪽 약 2km에 있는 소도)와 관음도 밖에 없는데 그들은 울릉도로부터의 거리가 각각 2km, 수십m에 불과하고 날씨가 청명하지 않아도 충분히 볼 수 있기 때문에 이들은 해당되지 않는다. 그렇다면 남는 섬은 독도밖에 없기 때문이다.

3. 『태종실록(太宗實錄)』

고려 말기, 왜구 토벌 등으로 공을 세워 영웅이 된 이성계는 1392년 고려 왕조를 무너뜨려 조선왕조를 건국했다. 그 무렵 왜구의 세력이 많이 약해졌는데 소멸된 것은 아니었다.

그로부터 11년 후인 1403년 제3대왕 태종은 왜구를 경계하는 차원에서 강원도 관찰사의 건의를 수용하고 '무릉도 거주민'에게 섬을 나와 본토로 이주해 오도록 명했다. 무릉도란 울릉도를 가리키는 말이다.

그러나 이 명령이 어디까지 철저히 시행되었는지 의문이었다. 1412년 태종은 울릉도의 실정 조사를 명했는데, 강원도 관찰사는 〈유산국도인(流山國島人) 백가물(白加勿) 등 12명이 강원도 고성 어나진(於羅津)에 와서, 우리들은 원래 무릉에서 생장했는데 그 섬에 지금 11호 60명이 살고 있다고 고했다[6]〉는 사실 등을 보고했다. 유산국이란 신라시대의 우산국의 이름이 바뀌어서 전해진 말이다.

정부는 백가물들이 무릉도에 다시 도망가는 것을 우려해 그들을 통주(通州) 등에 나누어 거주시켜 공도(空島)방침을 견지했다. 1416년 공도방침은 다음과 같이 정책으로 결정되었다.

『태종실록』 태종 16년 9월 경인조(1416년 9월 2일)

김인우를 무릉등처 안무사(武陵等處按撫使)로 임명한다. 호조참판 박습(朴習)은 왕에 이렇게 주상(奏上)했다.

"이전에 신이 강원도의 관찰사였을 때 들은 이야기로는 무릉도는 주위가 7식(息)으로 옆에 작은 섬이 있습니다. 그 논은 50여 결이고 들어가는 길은 한 사람이 겨우 통과할 수 있을 정도이어서 두 사람이 나란히 들어갈 수는 없습니다. 옛날 방지용(方之用)이라는 사람이 15가족을 거느리고 들어가서 살았고, 때로는 왜인을 위장하여 본토를 침범하기도 했습니다. 그 섬을 아는 사람이 삼척(三陟)에 있으므로 그 사람을 파견해 조사시켜 주십시오."

왕은 허가했다. 삼척인 전만호(前萬戶)·김인우(金麟雨)를 불러 무릉도에 대해 물었다. 김인우는 "삼척인, 이만(李萬)이 전에 무릉도에 건너간 적이 있으므로 그 섬을 잘 알고 있습니다"라고 말했다. 그래서 이만을 불렀다. 김인우는 다시 주상했다.

"무릉도는 아득한 해 중에 있으므로 사람이 다니지 않기 때문에 병역을 피하는 사람이나 도망자가 섬에 들어가는 일이 있습니다. 만약 이 섬에 많은 사람이 들어가면, 마침내 왜구가 반드시 들어가고 나아가서는 강원도를 침범할 것입니다."

왕은 끄덕여서 김인우를 무릉등처 안무사에, 이만을 동반인으로 하여 병선(兵船) 2척에 뱃사공 2명, 선원 2명, 그리고 대포와 화약, 식량을 주어 그 섬에 건너가서 두목을 설득하여 데려 오도록 명해, 김인우에 의복이나 모자, 구두 등을 하사했다[7].

이 단계에서 우산도의 이름은 아직 등장하지 않았다. 당시 『고려사』는 아직 발간되지 않았고, 울릉도에 관한 한, 당시 존재하고 있던 자료는 『삼국사기』밖에 없었다. 덧붙여서 『삼국사기』의 인식은 〈우산국은 명주의 동쪽 해상에 있는 섬나라이며 별명을 울릉도라고 한다〉라는 것이었다.

한편 〈옆에 작은 섬이 있다〉라는 실록의 기술이 주목된다. 이에 대해서는 후에 언급하기로 하여 그 다음 해의 김인우의 귀환 기사를 먼저 보기로 한다.

『태종실록』 태종 17년 2월 임무조(1417년 2월 5일)

안무사 김인우는 우산도로부터 돌아왔다. 선물로 큰 대나무, 물소 가죽, 모시풀, 솜옷, 등을 헌납하며, 3명을 데려 왔다. 그 섬은 호수는 대략 15 가족, 남녀 86명이 살고 있다. 김인우는 도중에 두 번이나 태풍을 만나 겨우 살아서 돌아왔다[8].

이러한 자료에 대해 다쿠쇼쿠(拓殖)대학 교수 시모조 마사오(下條正男) 씨는 다음과 같이 지적했다.

우산도는 『태종실록』에는 울릉도 옆에 있는 작은 섬으로 되어 있고 섬의 입구가 〈한 사람이 겨우 통과할 수 있을 정도로 두 사람이 나란히 들어갈 수는 없〉다고 기록되어 있는 것으로 판단해도, 고지도에 그려진 우산도는 오늘날의 죽서도(죽도)로 보아야 한다[9].

시모조 씨는 실록에 있는 〈옆의 작은 섬〉을 우산도라고 억지로 정하고 있지만 『태종실록』에는 그러한 기술이 없다. 〈옆의 작은 섬〉은 이름자체가 없는 것이다.

이어서 시모조 씨는 섬의 입구가 〈한 사람이 겨우 통과할 수 있을 정도로 두 사람이 나란히 들어갈 수는 없〉다고 쓰여 있는 섬을 〈옆의 작은 섬〉＝우산도로 하고 있지만 이것도 의문이다. 문맥으로 볼 때 박습의 주상은 무릉도의 설명으로 시종일관 되어 있는 것이 분명하다. 만약 주상 중에 〈그 논은 50여 결〉이라고 되어 있는 섬을 〈옆의 작은 섬〉으로 읽어 버리면, 주제인 무릉도의 논에 대한 설명이 없어 버리므로, 문맥상 앞뒤가 맞지 않는다. 예측을 배제하여 실록의 기사만을 객관적으로 정리하면 다음과 같다.

1. 유산국의 도민의 이야기로는 무릉도에 11가족, 60명이 살고 있다.
2. 이번에 박습이 들은 바로는 무릉도에 방지용 등 15가족이 살고 있다.
3. 그리고 무릉도 옆에 작은 섬이 있다.
4. 우산도로부터 돌아온 무릉도등처 안무사 김인우는 3명을 데리고 돌아왔다. 그 섬에는 15가족, 86명이 살고 있다.

여기서 우산도에 15가족이 살고 있다고 쓰여 있는 것이 주목된다. 한편 무릉도에 15가족, 혹은 11가족이 살고 있다고 되어 있으므로, 아무래도 우산도와 무릉도는 같은 섬을 가리키고 있는 모양이다.

이것은, 태종이 무릉도 조사에 파견한 김인우가 무릉도가 아니라 우산도로부터 돌아왔다고 기술되어 있으므로, 두 섬은 동일한 섬을 가리키고 있을 가능성이 더욱 높아진다. 본래 김인우를 무릉도에 파견했으므로, 무릉도로부터 돌아왔다고 기술하는 것이 이치에 맞는다. 그렇게 쓰지 않았다는 것은 우산도를 우산국과 혼동했거나 무릉도와 혼동했을 가능성이 높다.

한편 여기서 주목되는 것은 강원도 관찰사가 무릉도 옆에 〈작은 섬〉이 있었다고 인식하고 있던 부분이다. 이 섬은 독도일 수도 있고, 혹은 한국명의 죽도(竹島)일 수도 있다.

요컨대 여러 가지 가능성을 생각할 수 있지만 『태종실록』에서는 유산국이나 우산도, 무릉도, 〈옆의 작은 섬〉 등의 상호관계가 애매모호하다. 1403년이라고 하면 일본에서는 무로마치(室町)시대(1336-1573) 초기, 아시카가 요시미쓰(足利義滿)의 시대가 되는데, 당시 조선에는 아직 울릉도를 그린 지도도 없었던 모양이므로 멀리 떨어져 있는 작은 섬에 대한 인식이 애매모호했다고 해도 무리가 없는 것이다.

4. 『세종실록(世宗實錄)』

태종시대에 무릉(울릉)도를 공도로 하는 방침이 결정되어 도민은 종종 본토에 돌아와야 했었는데, 그 후에도 부역 등을 피하기 위해 이 섬에 건너가는 사람들은 끊이지 않았다. 태종의 삼남으로 제4대 국왕이 된 세종은 선왕 때 무릉도에 파견된 김인우를 다시 안무사로 임명하여 도민을 데리고 돌아오게 했는데 그것이 『세종실록』에 다음과 같이 기록되었다. 1425년의 일이다.

『세종실록』 세종7년 10월 을유조(1425년 10월 20일)

우산무릉등처 안무사, 김인우가 본도에 역을 피한 남녀 20명을 수색, 잡아와서 복명했다. 최초, 인우는 병선 2척으로 무릉도에 들어갔는데 선군 46명을 태운 1척은 회오리바람을 맞아, 행방불명이 되었다. 왕은 제경에게 "인우는 20여 명을 잡았지만 40여 명을 잃었으므로 무슨 이익이 있었을까"라고 말했다.

이 섬은 별로 특산물도 없고, 도망자들의 동기는 오로지 부역을 피하려는 데 있다. 예조참판·김자지(金自知)는 이번에 잡은 도망자를 법에 따라 처벌하도록 말했다. 왕은 "그들은 타국에 밀항한 것은 아니다. 그리고 전에도 사면한 적이 있으므로 처벌은 적당치 않다"고 하여 병조에 명해 그들을 충청도의 깊은 산군(山郡)으로 옮겨, 다시 도망갈 수 없게 한 뒤에 3년간 부역을 면제했다[10].

이 때 조난한 승무원은 36명이 사망해, 10명이 일본의 이와미(石見) 나가하마(長浜)에 표착하여 후에 조선에 송환되었다고 실록에 기록되었다. 그런데 위의 기사로 주목되는 것은 '우산무릉등처(等處) 안무사'라는 명칭이다. '등'이라는 글자로 우산과 무릉은 별개의 존재, 즉 그것들은 두 섬으로서 인식되어 있었음을 알 수 있다.

그런데 조선왕조는 공도정책을 견지하기 위해 다시 무릉 도민을 데리고 돌아왔는데 그것도 오래가지 않아 10년이 지나자 섬에 건너가는 사람들이 다시 속출했다. 얼마 후에 섬은 특산물이 많으며 토지는 비옥하고 게다가 도망자가 있다는 소문도 있어, 조정도 방치하지 못하게 되었다. 그러므로 남회(南薈), 조민(曺敏)을 무릉도 순심경차관(巡審敬差官)으로 파견해, 도민을 데리고 돌아오게 했다고 실록에 기록되었다.

『세종실록』세종 20년 7월 무술조(1438년 7월 15일)

호군의 남회, 사직의 조민이 무릉 등지에서 돌아와 복명했다. 남녀 66명을 잡아 섬에서 산출되는 사철이나 종유석, 산 전복, 큰 대나무 등을 증정했다. 그들이 말하기를, 배로 출발하여 섬에 하루와 하룻밤으로 도착했다. 새벽에 인가를 덮쳤지만 반항하는 사람은 없었다. 다 본국인이다. 그들이 말하기를, 이 땅은 비옥하고 풍요하다고 듣고 1년 전 봄에 밀항해 왔다는 것이다. 그 섬은 사면이 모두 돌로 되어 있고 잡목과 대나무가 숲을 이루고 있다. 서해안에 한군데 정박할 수 있는 곳이 있다. 동서는 하루 정도, 남북은 하루 반 정도의 거리이다[11].

종종 공도정책은 섬을 포기한 것과 마찬가지라고 오해하는 사람이 있는데 공도정책은 물론 판도(영토)의 포기가 아니다. 세종의 말로 알 수 있듯이 섬은 타국령이 아니라 자국령이며, 자국령이기 때문에 공도정책이든 무엇이든 간에 정책을 정할 수 있는 것이다. 타국령에 공도 '정책'을 시행하는 것은 불가능하다.

5. 『세종실록지리지』와 우산도

먼저 독도 영유 문제의 중요 문헌인 『세종실록지리지』의 성립경위를 설명하기로 한다. 이 지리지는 세종 6(1424)년에 편찬이 시작되었는데 두 단계를 거쳐 제작되었음이 서문으로 읽을 수 있다.

1. 동국의 지리지는 삼국사에 간단히 기록되어 있을 뿐이고 그 밖에 이렇다 할 만한 문헌이 없다.
2. 그러므로 세종대왕은 윤유(尹維), 신장(申檣) 등에 주군(州郡)연혁을 고찰하게 하여 이 책을 편찬시켰다. 때는 세종 14(1432)년이었다.
3. 그 후 행정구역의 변동이 있었다.
4. 특히 북방의 양계(兩界) 지역에 신설된 주진(州鎭)등인데 그것들을 해당되는 도의 말미에 변동 사항으로 추가했다.

1432년에 완성된 원본은 『신찬 팔도지리지(新撰八道地理志)』라고 불리지만 이것은 현재 『경상도 지리지』이외는 현존하지 않는다. 지리지의 편찬은 왕명을 받은 호조(戶曹)와 예조(禮曹)가 기술에 통일성을 갖게 하기 위해 일정한 규식(規式)을 지방관청에 제시하여 그 회답을 편찬하는 형식으로 제작되었다. 규식은 12항목으로 되어 있는데 섬에 관계되는 부분을 보면 〈해도(海島)의 위치 및 육지와의 거리(수로), 본읍과의 거리, 4면의 상거(相距)잇수, 전답 결수, 민가 유무〉라고 되어 있다[12]. 그러나 우산도에 대해서는 이에 반해 간단히 다음과 같이 기술되었다.

『세종실록지리지』 강원도 울진현(1454년)

우산, 무릉 두 섬은 현의 동쪽 해중에 있다. 두 섬은 서로 거리가 멀지 않고, 날씨가 청명하면 바라볼 수 있다. 신라 때 우산국이라고 칭했다. 일설에 울릉도라고도 한다. 그 땅의 크기는 100리이다[13].

규식에 따르면, 우산도와 무릉도가 울진현으로부터 어느 정도 떨어져 있는지를 우선 기술되어야 하지만, 그렇게 하지 않았던 것은 두 섬이 너무 멀어서 실제의 거리를 잘 몰랐기 때문이라고 생각된다. 이 규식을 핑계로 시모조 씨는 〈우산, 무릉 두 섬은 현의 동쪽 해중에 있다. 두 섬은 서로 거리가 멀지 않고, 날씨가 청명하면 바라볼 수 있다〉 중의 〈두 섬은 서로 거리가 멀지 않고(二島相去不遠)〉를 '두 섬이 가까이에 있다는 사실을 표시'했음에 불과하다고 해석했다[14].

그러나 시모조 씨는 두 섬이 어디 근처에 있는가에 대해서 명기하지 않았다. 시모조 씨는 규식을 핑계로 하고 있으므로, 아마 두 섬은 한국본토에서 멀지 않다고 해석하고 있는 것으로 보인다.

그렇지만 이것은 의문이다. 문중에 '상(相)' 자가 삽입되어 있으므로 멀지 않은 것은 두 섬 사이의 관계이며 〈두 섬은 서로 떨어져 있는 것이 멀지 않고〉라고 밖에 읽을 수 없다. 만약 두 섬이 한국 본토에서 멀지 않다고 쓴다면, '상(相)'을 쓰지 않고 단지 〈二島去不遠〉으로 쓰면 충분하기 때문이다.

한편 만약 시모조 씨가 〈二島相去不遠〉을 〈두 섬은 서로 떨어져 있는 거리가 멀지 않고〉라고 해석하고 있다면, 뒤에 이어지는 〈風日淸明 則可望見〉의 주어는 당연히 두 섬이 되어, 울릉도, 우산도는 서로 기후가 좋을 때만 바라볼 수 있다고 해석해야 한다. 그런데 시모조 씨는 이것을 부정하여 주어를 자의적으로 울릉도만으로 하여 〈육지인 울진현으로부터 울릉도는 바라볼 수 있는 '거리'에 있다〉라고 해석하지 않으면 안 된다〉라고 억지로 주장한다[15].

그러나 왜 주어가 두 섬 중 울릉도만이 되는지에 대해 설명이 없다. 시모조 씨의 '규식'해석에 따르면 주어는 우산도일지도 모르고 혹은 오히려 우산도, 울릉도 두 섬을 주어로 하는지도 모르지만 두 섬으로 하는 편이 이치에 맞는다. 그럼에도 불구하고, 우산도를 빼고 주어를 울릉도만으로 단정하는 근거는 문맥상 어디에도 없다.

지리지의 숙명인데, 지리지는 완벽하게 작성했다고 해도 시대의 변화로 완성되었을 때부터 기술의 부적합함이나 실제와의 불일치가 사실상 드러나기 시작된다. 그 때문에 개정 작업은 끊임없이 계속될 필요가 있다.

『세종실록지리지』는 완성된 다음 해인 1455년부터 개정 작업이 시작되었다. 그것이 양성지(梁誠之)의 『팔도지리지(八道地理志)』이다. 완성되기까지 21년 걸려, 성종 7(1476)년에 완성되었다. 이것은 현존하지 않지만, 이 책에 처음으로 지도가 첨부되었고 그 지도는 물론『동국여지승람』이나 그 개정판인 『신증동국여지승람』으로 계승되었다.

6. 『성종실록(成宗實錄)』과 삼봉도(三峰島)

1470년, 성종은 12세로 제9대 왕이 되었는데 성장하고 나서는 치세에 뛰어나 유교 사상에 의한 왕도 정치를 견고히 만든 것을 비롯하여 왕조의 많은 부분의 기초를 닦았다. 그런 뜻으로 사후 '성종'이라는 묘호(廟號)를 받았다. 실제로 성종의 시대는 조선 개국 이래 가장 평화로운 시대였고 그 시대 후기에는 너무 평화로워서 퇴폐적인 분위기가 생길 정도였다[16].

성종 원년(1470), 조정에 동북의 영안도(=현재의 함경도) 관찰사로부터 부역을 피한 '배국정범(背國情犯)'이 '삼봉도'에 입도하는 폐해가 심하다는 보고가 들어왔다. 조정은 삼봉도를 울릉도라고 생각해 도민을 데려오기 위해 상봉도 경차관(敬差官) 박종원(朴宗元) 및 군대를 파견했다. 배는 강한 바람을 맞았지만, 4척 중 3척이 울릉도에 간신히 도착해, 3일간 섬을 수색했다. 그들은 주거를 찾아냈지만 거주민을 발견하지 못했다. 그 보고를 받은 조정은 삼봉도와 울릉도는 다른 섬이 아닌가 생각하게 되어, 그 조사를 영안도 관찰사에 명했다. 관찰사로는 전에 1471년에 삼봉도에 표박하여 도민과 직접 접한 적이 있다는 경성의 김한경(金漢京)들을 파견했다.

1475년, 김한경들은 삼봉도로부터 7~8리(3km 정도) 떨어진 지점에서 섬을 바라볼 수가 있었지만, 바람이 강했기 때문에 상륙하지 못했다[17]. 이러한 기록으로부터 생각하면 울릉도를 영안도에서는 삼봉도라고 부르고 있던 것 같다. 그러나 이 보고로도 의문을 불식시키지 못한 조정은 더욱 삼봉도에 대한 상세한 조사를 명했다. 1476년 관찰사는 김자주(金自周)에게 마상선 5척을 주어 이에 도항경력이 있는 김흥(金興)이나 김한경, 이오을망(李吾乙亡)들을 참여시켰다. 김자주들은 이 삼봉도 탐색과정에서 오늘날의 독도를 확인한 모양이고 실록에 다음과 같이 기록되었다.

『성종실록』 성종 7(1476)년 10월 정유조(1476년 10월 27일)

25일, 서쪽으로 섬이 7, 8리 남짓한 거리에 정박하여 멀리 바라보았다. 섬의 북쪽에는 세 개 바위가 열립하여 그 다음에 작은 섬이 있다. 그 다음에 암석이 열립하여 그 다음에 중도(中島)가 있다. 중도 서쪽에 또 작은 섬이 있다. 다 해수가 통하여 흐르고 있다. 그리고 해도(海島) 사이에 인형처럼 서 있는 것이 30 있다. 무서워서 섬에 가까이 갈 수가 없었다. 섬의 형태를 그림으로 그리고 돌아왔다[18].

섬의 형태를 그렸다는 도형은 현재 남아 있지 않으므로, 섬의 정확한 형태는 알 수 없지만, 이 섬을 둘러싸고 한일간에서 주장이 대립하고 있다. 가와카미 겐조(川上健三) 씨는 다음과 같이 썼다.

고려대의 신 교수는 상술한 바와 같이 〈김자주가 말한 삼봉도의 형상은 지금의 독도와 완전히 같다〉라고 하여, 그리고 〈김자주가 말한 섬의 북쪽에 세 바위가 열립하고 있다는 것은 서도 북쪽에 높이 솟은 3개의 바위를 말한 것이다〉라고 하고 그리고 중도란 서도를 말하는 것이고, 작은 섬과 암석이란 동도와 서도 사이에 산재해 있는 무수한 바위를 가리키고 있다, 라고 말하고 있지만, 그 형상은 오히려 울릉도에 비정(比定)하는 것이 더욱 자연스럽다. 즉 신 교수는 김자주가 말하는 '중도'를 오늘날의 서도에 비정 하고 있지만, 서도는 독도 최대의 섬이므로 이것을 '중도'라고 하는 것은 맞지 않는다. 오늘날의 독도는 이 서도와 이에 뒤잇는 동도로 섬의 중요부분을 구성해 있고 이 두 섬을 둘러싼 다른 암초들은 그 크기에 있어 주된 두 섬과는 각별한 차이가 있다. 김자주가 말하는 것은 하나의 중심 섬을 둘러싸고 중도 · 작은 섬 · 암석 등의 부속 도서들이 있다는 식으로 읽을 수 있으므로 이런 점에서도 이 기술을 오늘날의 독도에 비정하는 것은 적당하지 않다.

그리고 더 흥미로운 것은, 김자주의 보고 속에 나오는, 섬의 북쪽에 있는 세 바위가 열립해 있다는 광경이다. 이것은 울릉도 북단 가까이에 있는 세 바위의 절경을 가리키고 있다고 생각하는 것이 보다 적절하다. 세 바위는 해안의 절벽에 가깝고 높이 50~60m의 큰 바위가 마치 창을 세운 것처럼 해면에 솟아 있어 바다로부터 현저한 목표물이 되어 있기 때문이다. 그리고 그 부근에는 김자주가 말하는 작은 섬 · 암석에 해당되는 관음기(觀音崎), 공암(孔岩) 등 일련의 암초가 점재해 있다[19].

'세 바위 열립'이라고 표현된 경관은 울릉도가 어울리는지, 독도가 어울리는지에 대해서는 두 섬을 실제로 보고 비교하지 않으면 확실히 말할 수 없다. 그러나 그 외의 묘사로 생각할 때 문제의 섬을 울릉도로 하는 것은 여러 가지 점에서 무리가 있지 아닐까 생각된다.

우선 김자주가 울릉도를 묘사했다면 북해안의 대암주 부근 밖에 설명하지 않았다는 것이 되는데 그것은 너무나 부자연스럽고 생각하기 어려운 부분이다. 한편 주위가 몇 km나 있는 큰 섬을 설명하는데, 작은 '암석'까지 들고 진술한다는 것도 부자연스럽다고 하지 않을 수 없다.

이것은 김자주들이 큰 섬이 아니라 작은 섬을 묘사했으므로 그 주위에 있는 작은 암석까지 기술했다고 보는 것이 자연스러운 일이다. 그리고 〈해수가 통하여 흐르고 있다〉라는 표현도 울릉도보다 독도의 묘사로 보는 것이 보다 어울린다는 것이 분명하다.

한편 가와카미 씨는 독도에서 최대의 섬을 〈중도로 하는 것은 맞지 않는다〉라고 썼지만 그 섬이 최대라면 별로 부자연스러운 표현으로 생각되지 않는다. 오히려 가와카미설에 따르면 울릉도 본도가 '중도', 관음기 등이 '작은 섬', 공암이 '암석'에 상당하지만, 그렇다면 '중도'인 울릉도 본도는 작은 섬들과는 비교가 되지 않을 정도로 거대하므로 중도라는 표현 자체가 성립되지 않기 때문에 가와카미설은 더욱 맞지 않는다.

그리고 가와카미 씨는 작은 섬인 '관음기'가 대암주(大巖柱) 부근에 있다고 하지만, 10만 분의 1의 지도를 볼 때 대암주 부근에는 작은 섬이 눈에 띄지 않는다. 공암이라는 바위가 있을 뿐이다.

그리고 만약 김자주들이 겨우 도착한 섬이 삼봉(울릉)도라면, 이 섬에 두 번이나 간 적이 있는 김한경들이 그 섬이 울릉도임을 모를 리가 없다. 특히 이 섬에는 〈바다로부터 현저한 목표물〉이 되어 있는 세 개의 대암주가 있으므로 놓칠 리가 없다고 생각된다. 역시 김자주는 울릉도가 아니라 다른 섬을 보았다고 생각하지 않을 수 없다.

이상과 같이 가와카미 씨의 반론은 근거가 빈약하다. 역시 김자주가 본 섬은 오늘날의 독도라고 봐야 한다.

7. 『동국여지승람』과 우산도

한글 창성 등 문화면에서 훌륭한 업적을 남긴 세종은 지리서『세종
실록지리지』를 남겼는데, 이후 지리지 편찬의 전통은 조선왕조에 견
고히 뿌리 내렸다. 『세종실록지리지』가 완성되자 즉시 그 다음 해
(1455)부터 새로운 지리지 편찬이 시작되었다. 그것이 양성지의『팔
도지리지』이다. 주목해야 할 것은 이 지리지에 처음으로 지도가 첨부
된 점이다. 그것도 조선 팔도 지도에 한정되지 않고 주변의 일본이나
명, 요동도(遼東圖) 등도 첨부된 것이다.

이 지리지는 성종 9(1478)년에 완성되었는데 매우 자료 가치가 높
아서 군사상의 관점에서 취급이 문제가 되었다. 조정이 〈지리지와 지
도는 관아에서 보관해야 하므로 민간에 유포해서는 안 된다〉라고 했
으므로 일반적으로는 유통되지 않았다. 그 때문에 발행 부수도 적고
전란 등으로 흩어버려 없어졌는지 현재에 전해지지 않았다. 지방지인
『경상도 속찬지리지(慶尙道續撰地理志)』만이 전해졌다.

부속 지도도 전해지지 않았지만, 조선의 지도만은『동국여지승람』
에 계승되었다고 한다. 『동국여지승람』은『팔도지리지』 직후부터 편
찬이 시작되어 성종 12(1481)년에 완성되었다. 이 책의 제4판에 해당
되는『신증동국여지승람』(1531)은 제1급의 사료로 일본 제국주의 시
대인 1930년에『삼국사기』나『삼국유사』에 이어서 고서로서는 세 번
째로 조선사학회가 복간했다.

『여지승람』의 성격인데, 이것은 자연 지리서라기보다는 인문지리
에 가깝고 고사 고전이 풍부하게 기재되어 있어 역사 지리서 혹은 독

사(讀史) 지리서처럼 읽기 쉬운 것이 특징이다. 이것은 중앙집권이라는 정치체제의 필요성에서 온 성격이라 생각된다.

당시의 지방 행정에서는 지방장관 등은 과거시험에 합격한 관리가 중앙으로부터 파견되었다. 임기는 부패나 지방 세력의 비대화를 막기 위해 관찰사(도〈道〉장관)는 1년, 수령(守令)은 5년으로 짧게 설정되어 있었다. 그리고 현지 출신자를 피했으므로, 관찰사는 그 지방의 사정을 잘 모르는 것이 보통이었다. 그러한 지방장관이나 그들을 통괄하는 중앙 관리가 지방의 사정을 파악하는 데 도움이 되도록『동국여지승람』은 편찬된 것이다[20].

서론이 길어졌는데『동국여지승람』(『여지승람』으로 생략한다)에 우산도, 울릉도는 다음과 같이 기록되었다.

『동국여지승람』울진현 우산도, 울릉도

일설에 무릉이라고 한다. 일설에 우릉이라고 한다. 두 섬은 현의 동쪽 해중에 있다. 삼봉이 높고 험하고 하늘에 우뚝 솟아 있다. 남쪽의 봉우리는 약간 낮다. 기후가 청명하면 봉우리 꼭대기의 수목이나 기슭의 모래사장이나 물가를 역력히 볼 수 있다. 바람을 타면 이틀로 도착할 수 있다. 일설에 의하면 우산, 울릉도는 본래 한 섬이라고 한다. 그 땅의 크기는 100리이다.

신라 때 그 땅이 험하다는 사실에 의지하여 복속하지 않았다. 지증왕 12(511)년, 이사부가 하슬라의 군주가 되었다. 이사부는 이렇게 말했다. 우산국 사람들은 사려가 얕고 성격이 거칠어서 무력만으로는 항복시킬 수 없지만, 계략을 세우면 복속시킬 수 있다. 그래서 목제의 사자상을 많이 만들고 전선(戰船)에 나누어서 태웠다. 그 나라의 해안에 도착하자 이렇게 거짓을 말했다.

"너희들이 만약 복속하지 않다는 것이라면 이 맹수를 풀어 놓아, 밟아 죽이게 하겠다."

이것을 듣고 그 나라의 사람들은 무서워하면서 항복했다.

고려 태조 13(930)년, 그 도민의 사자인 백길과 토두가 공물을 가져 왔다.

의종 13(1159)년, 왕이 듣는 바로는 울릉의 땅은 넓고 토지가 비옥하여 백성이 거주할 수 있다는 것이었다. 그러므로 명주도(강원도) 감창사인 김유립(金柔立)을 파견해 조사시켰다. 김유립이 섬에서 돌아와 주상했다. 섬에는 큰 산이 있고 산정에서 동쪽으로 가면 1만여 보, 서쪽으로는 1만 3천 보, 남쪽으로는 1만 5천 보, 북쪽으로는 8천여 보로 바다에 이른다. 촌락의 흔적이 7군데 있고 돌부처나 철의 종, 석탑이 있다. 약초가 많이 나 있다.

고려시대 무신 정권의 최충헌(崔忠獻)이 무릉도는 토양이 비옥하고 진목이나 해산물이 많다고 발의 했으므로 사람을 파견해 조사시켰다. 파손된 가옥이 발견되었다. 언제쯤의 것인지 알 수 없다. 여기에 동군민(東郡民)을 옮겨 실제로 살게 했다. 견사는 돌아와 진목이나 해산물을 증정했다. 그 후, 종종 바람과 파랑 때문에 배가 전복되어 희생자가 많이 발생했다. 따라서 거주민을 인양시켰다.

조선왕조의 태종 시대, 그 섬에 도망치는 유랑민이 매우 많다고 들었다. 다시 삼척의 김인우를 안무사에 임명해 도민을 데리고 돌아오게 했다. 그 땅은 비우게 되었다. 김인우는 말했다. 토지는 비옥하고 풍요롭다. 대나무는 깃대처럼 크고, 쥐는 고양이처럼 크며,

복숭아는 되처럼 크다. 모든 물건이 이런 상태이다.

　세종 20(1438)년, 현의 사람이고 만호직(萬戶職)인 남호(南顥)를 파견했다. 수백 명을 이끌고 도망간 사람들을 수색시켰다. 진부 김환(盡俘金丸) 등 70여 명을 데리고 돌아왔다. 그 땅은 드디어 공도가 되었다.

　성종 2(1471)년, 삼봉도에 사람이 있다고 고하는 사람 있었다. 그러므로 박종원을 파견하여 탐색시켰지만, 바람과 파랑 때문에 가지 못하고 돌아왔다. 동행한 배 1척이 울릉도에 도달하여, 큰 대나무나 전복 등을 가지고 돌아왔다. 섬에 거주민은 없다고 주상했다[21].

　이상이 울릉도, 우산도에 관한 모든 기술인데, 내용은『삼국사기』나『고려사』,『조선왕조실록』등의 인용이 대부분이다. 따라서 에피소드의 내용은 거의 같다. 한편 그 사료 간에도 차이가 있으므로,『여지승람』은 그것을 정리하는 필요로 작성된 것이다.

　최대의 문제는 동해에 있는 섬의 숫자이고 한 섬인지 두 섬인지였다.『고려사』는 〈일설에 우산과 무릉은 본래 두 섬이라고 한다. 서로의 거리는 멀지 않고, 날씨가 청명하면 바라볼 수 있다〉라고 하여 일도설(一島說)을 본설로 채용했다. 그런데『세종실록지리지』는 이도설(二島說)을 본설로 채용해 〈우산, 무릉 두 섬은 현의 동쪽 해중에 있다. 두 섬은 서로 떨어져 있는 거리가 멀지 않고, 날씨가 청명하면 바라볼 수 있다〉라고 기술했다.

　두 사료의 어긋나는 점을『여지승람』은『세종실록지리지』의 이도설을 본설로 채용해『고려사』의 일도설을 일설로 소개하는 것으로 매듭지었다. 이것은 그 후의 역사적 사실을 가미했기 때문이라고 생각된다. 전술한 바와 같이 성종 때 조정에 있어 미지의 섬인 '삼봉도' 탐색이 실시되었다. 그 때 김자주 일행은 '삼봉도'에 간 적이 있는 김한경도 모르는 섬을 발견하여, 도형을 그려서 돌아왔다. 이러한 사실을 가미했는지 『여지승람』은 이도설을 본설로 하여 이도이명(二島二名)으로 했다.

『여지승람』의 이도이명설은 구체적으로 지도에도 표현되었다. 그것이 부속 지도인 '팔도총도'이다. 그 지도에서 우산도는 울릉도 보다 약간 작게, 그리고 울릉도의 서쪽에 그려졌다. 우산도의 위치나 크기를 잘 모르는 채로 지도가 작성된 것 같았다.

이것을 오늘날의 시각으로 보면 그야말로 신뢰성이 낮은 지도로 보이지만, '팔도총도'는 같은 시기에 작성된 일본 지도와 비교하면 오히려 그 정확성에 놀랄 정도이다.

『여지승람』과 동년대의 일본 지도는 존재하지 않지만, 반세기 후인 아즈치 모모야마(安土桃山)시대에 그려진 일본의 대표적인 지도에 '일본 지도 병풍(2곡1척)'이 있다[22]. 그 지도에는 대마도와 이키(壹岐)섬이 그려졌는데 실제로는 대마도가 훨씬 크지만 두 섬이 거의 같은 크기로 그려져 있는 것을 비롯하여 지바현(千葉縣) 동쪽에 사도(佐渡)섬과 거의 같은 크기의 섬이 두 개 그려졌지만 이것은 존재하지 않는 섬이다. 그리고 혼슈(本州)는 동서로 뻗은 형태로 그려졌다. 16세기의 지도는 자칫하면 이 정도이므로 정확하지 않은 것이 오히려 당연하다고 할 수 있다.

그러한 시대적 제약을 고려할 때 『여지승람』에서 특히 중요한 것은, 조선왕조가 1531년 이전에 위치는 정확하지 않았지만 동해에 우산도와 울릉도라는 두 섬을 인식하고 있었다는 것과 이도이명설이『세종실록지리지』에 이어 본설이 되었다는 점이다.

8. 『동국문헌비고』와 안용복

겐로쿠시대, 1692년, 93년에 2년 계속하여 일본과 조선 두 나라의 어민들이 울릉도에서 조우했다. 두 번째 조우했을 때 오야가(大谷家)는 조선인 어부 안용복 등 두 명을 일본에 연행했는데 그 3년 후 안용복은 스스로 일본에 건너가 울릉도와 우산도는 조선령이라고 호소했다.

이 사건은 '다케시마 일건'이라고 불려 독도의 귀속 문제에 중대한 영향을 주었다. 안용복의 도일에 관한 조선의 동시대 사료로서는, 정사인『숙종실록』이 있다. 이 문헌은 그 성격상, 사건을 연대순으로 기록한 것이다. 한편 그것을 요약한 관찬 사료로『동국문헌비고』(1770)와 그 증보판인『증보문헌비고』(1908)가 있는데, 이들은 요약되어 있는 만큼 읽기 쉬운 것이 특징이다.

이러한 사료에 안용복의 진술이 인용되었는데 그것은 기본적으로 '공훈이야기'의 성격을 띠는 것은 말할 나위도 없다. 그러나 물론 사료가 안용복의 공훈을 전면적으로 신뢰하고 있는 것이 아니다.『숙종실록』에서는 안용복을 '표풍우민(漂風愚民)'이라고 적혀 있다.

그리고 안용복의 두 번째 무단 도일 때의 관리를 위장한 행동은 참수형에 해당되는 죄였다. 그러나 그 한편으로 그의 항의 행동이 대마도의 울릉도 횡령을 막았다고 해서, 조선왕조는 안용복의 공적도 동시에 인정했다. 그 때문에 그는 참수형을 면해 유형에 처해진 것으로 끝났다.

한편 그의 항의 행동을 오늘날의 시각으로 보면 안용복은 「여지지」가 적은 〈울릉, 우산은 모두 우산국의 땅이다. 우산은 즉 왜가 말하는 마쓰시마다〉라는 인식을 조선에 정착시켰다는 점에서 주목된다. 일본에서도 비슷한 상황이 있고 〈울릉도, 일본에서 이것을 다케시마라고 칭한다. 자산도, 일본에서 마쓰시마라고 부른다[23]〉라고 이해되었다. 이것은 오늘날의 독도문제에 중요한 계기를 마련한 것으로 특필할 만하다.

서론이 길어졌는데 안용복의 도일을 『동국문헌비고』에서 보기로 한다.

처음 동래(현 부산시)의 안용복은 예능노군(隷能櫓軍)으로 왜의 말에 통하였다. 숙종 19(1693)년 여름, 바다에서 고기잡이를 하고 있었을 때 표류하여 울릉도에 도착했는데 우연히 왜의 배를 만나 구속되고 오랑도(五浪島)에 들어갔다. 거기서 안용복은 도주에 이렇게 말했다.

"울릉도는 우리나라까지의 거리가 하루인 데 비해 일본까지는 5일 정도 걸린다. 이것은 우리나라에 속하는 것이 아닌가. 조선인 스스로 조선 땅에 갔는데 왜 구속하는 것인가."

오키 도주는 안용복을 굴복 시킬 수 없다고 보자 그를 호키주(伯耆州)에 보냈다. 주의 태수는 그에게 은화 등을 주어 후하게 대접했다. 안용복은 일본인이 다시 울릉도에 들어오지 않도록 바랄 뿐이며 은화를 받는 것은 뜻에 맞지 않는다고 말했다. 마침내 호키태수는 관백에 의논해 서계를 작성하여 그에게 하사하고 "울릉도는 일본령이 아니다"라고 말했다.

안용복은 나가사키(長崎) 섬으로 옮겨져 갔다. 도주는 즉 대마도의 일파이다. 관백의 서계를 보여 달라고 요구했으므로 그것을 보여주었는데 빼앗겨 버려, 끝내 돌려받지 못했다.

안용복은 대마도에 보내졌다. 그 때, 대마도주는 관백의 명령을 어기고 울릉도에 관해 몇 차례나 분쟁을 일으켰지만, 이것은 관백의 의사가 아니다. 울릉도는 물고기나 대나무가 풍부해서 왜가 그 섬을 가지면 이익이 크다. 그리고 왜의 일행이 섬에 가면, (조선) 국가가 그것을 후하게 대우하므로 그 때문에 왜의 왕래는 끊이지 않았다.

이에 이르러, 대마도는 자신들의 간계를 안용복이 죄다 폭로하는 것을 우려해 그를 감옥에 넣었다. 그를 동래에 압송해서 왜관에 유폐해, 그 후 90일 지나 비로소 안용복을 돌아가게 했다.

안용복은 동래부에 보고했지만 들어주지 않았다. 다음 해, 접위관(接慰官)이 동래에 오자 안용복은 다시 이전의 사건을 호소했지만, 조정도 역시 이것을 믿지 않았다. 그 당시 왜의 사절이 종종 동래에 왔지만, 장래에 혹시나 양국에 금이 가면 안 된다고 사람들은 그것을 우려할 뿐이고 아무도 대마도의 기만을 모르는 것이었다.

분개한 안용복은 울산 해변에 갔다. 거기의 장사 승(僧), 뇌헌(雷憲)은 배를 갖고 있었다. 안용복은 그를 권유했다. 울릉도는 바다 채소가 많으므로, 거기에 가는 길을 안내하고 싶다고 말했다. 승려는 기꺼이 그를 따랐다.

(1696년) 마침내 돛을 올리고 3일간 밤낮 항해하여 울릉도에 정박했다. 거기에 왜선이 동쪽에서 왔다. 그것을 본 안용복은 그들을 묶어버리자고 말했지만, 선원들은 무서워해 뒷걸음질 했다.

안용복은 혼자 앞으로 나와 화를 내면서 왜 우리 경계를 범하느냐고 왜인들을 매도했다. 왜인이 말하기를, 그들은 원래 마쓰시마를 향하고 있고 막 돌아가려는 참이었다는 것이다. 그러므로 안용복은 왜인을 쫓아 마쓰시마에 이르러 "마쓰시마는 즉 우산도이다. 너희들은 우산도도 우리 경계인 것을 듣지 못했는가"라고 꾸짖어, 막대기로 그 밥솥을 부수었다. 왜인은 크게 놀라 도망쳤다. 안용복은 호키주에 가서 상황을 태수에 고했다. 태수는 그들을 죄다 잡아서 재판에 넘겼다. 안용복은 울릉감세관이라고 거짓으로 자칭하여, 당(堂)에 올라 태수와 대등하게 예를 나누었다. 그리고 큰 소리로 이렇게 말했다.

"대마도가 중간에서 거짓말한 것을 바로잡는 일은 단지 울릉도 한 가지 일만이 아니다. 우리나라가 보낸 화폐를 대마도가 일본에 전매하여 큰 이익을 올렸다. 그리고 대마도는 쌀 15두를 한 곡(斛)으로 해야 하는데 7두를 한 곡으로, 옷감 30자를 한 필로 해야 하는데 20자를 한 필로 했고 한 속(束)의 종이를 3속이라고 속였는데, 관백이 이것을 어떻게 취급하는지 모른다. 나는 관백에게 일서(一書)를 보내고 싶다."

호키태수는 이것을 허가했다. 그 때쯤 대마도 도주의 부친이 에도에 있어 이것을 듣고 크게 놀라, 호키태수에게 "그 서한이 아침에 알려지면 저녁에는 우리 아들이 죽게 되므로, 태수는 아무쪼록 잘 다루어 주셨으면 한다"고 빌었다.

태수는 에도에서 돌아오자, 안용복에 서한을 보내지 말도록 요청했다. 그리고 (안용복에게) 신속히 대마도에 가고 만약 분쟁 같은 것이 있으면 사람이나 서한을 보내라고 말했다.

안용복은 귀국하여 양양(襄陽)에 머물고 관아에 보고했다. 그리고 호키주에 있었을 때 태수에게 제시한 문서를 그동안의 증거로 제출했다. 다른 종자(從者)도 한사람씩 조사를 받았지만, 안용복의 말과 차이가 없었다. 이에 이르러, 왜는 다시 거짓을 말하는 것이 불가능함을 깨달았고 동래부에 서신을 보내 '다시 울릉도에 사람을 보내지 않도록 한다'고 사죄했다.

이 때, 일의 발단이 안용복에 있었기 때문에, 왜는 그를 증오하여 안용복이 대마도를 경유하지 않았던 행동을 죄로 했다. 구 약정에서는 대마도에서 부산으로 향하는 길 이외는 모두 금지로 한다는 일문이 있기 때문이다.

조정에서 논의하여 안용복의 죄는 참수형에 해당된다고 모두 주장했지만, 영돈녕(領敦寧)·윤지완(尹趾完), 영중추·남구만(南九萬)은 그를 죽이면 대마도를 기쁘게 하는 반면 그 인걸을 분격시키는 결과가 되므로, 그의 비나 쓸모가 없는 점을 바로잡아야 하는 것이고 살려두고 후일을 위해 도움이 되도록 해야 한다고 말했다. 결국 그를 유배시켰다. 이제 왜가 울릉도를 다시 일본 땅으로 하려고 하지 않는 것은 모두 안용복의 공로이다.

안용복의 공훈이야기는 허실 다 담겨져 있지만, 일본에서는 사소한 일로 허의 부분만을 강조하고 지적하는 경향이 있어, 냉정한 연구는 적다. 예를 들어 시모조 씨는 안용복의 '우산도상'에 관한 모순점을 여러 가지 지적하고 있지만, 정사에서 우민으로 되어 있는 안용복의 '개인적'인 우산도상이 조선왕조의 우산도상이 될 리도 없으므로 시모조 씨의 주장은 소용없는 탐색에 불과하다.

그러나 향토사를 중시한 나이토 세이추(內藤正中) 씨는 객관적 관점에서 핵심에 다가가는 연구를 하고 있다. 핵심이란, 안용복의 소장 및 안용복이 받았다는 '관백의 서계'에 대해서이다. 나이토 씨는 관백의 서계는 있을 수 없다고 하는 한편, 안용복의 소장에 대해서는 다음과 같이 주장한다.

> 문제는 그것(안용목의 처우)만이 아니다. 귀국한 안용복(안동지)이 비변사에서 진술한 내용 중에, 호키태수와 대좌해 울릉·우산 두 섬은 조선령이라는 서계를 받았다고 나오지만 과연 사실인지 여부에 관한 문제가 중요하다.
>
> 이에 대해서는 우선 돗토리 번주(藩主: 지방 영주)가 (에도로부터) 귀환한 것은 7월 19일이며, 6월 23일자의 막부의 지시(안용복에 대한 처우)를 받은 이상, 이객(異客)의 소원을 돗토리에서 수리(受理)한다는 것은 있을 수 없는 일이다. 그리고 번주가 귀환했을 때에는, 이객 일행은 고야마이케(湖山池)에 있는 아오시마(靑島)에 감시를 받으며 감금되어 있었던 것이다. 그러나 고야마이케에 옮겨질 때까지는 그들은 마을의 집회소에 있었고 외교 사절로서의 대우를 받고 있었다. 따라서 그 사이에 안용복이 관백 즉 도쿠가와 장군 앞으로 보낸 소장을 돗토리번 관리에게 먼저 건네준 것이 아닐까

하는 의문이 생긴다.

이렇게 말하는 것은 1697년(겐로쿠 10) 2월에 대마번주가 조선의 동래부사에 보낸 질문 속에서 〈지난 가을에 귀국 사람이 서장을 관아에 제출한 일이 있었다. 조정의 명령이었는가〉라고 말한 적이 있기 때문이다. 이에 대해 동래부사는 〈표풍의 우민은 계획하여 작위 하려는 자가 있지만 조정이 아는 바가 아니다〉라고 대답했고 그 다음 해 3월의 문서에는 〈서장을 올리기까지 이르렀다는 것은 정말로 망작(妄作 : 주책이 없는 일)의 죄가 있다〉라고 기록되어 있다.

대마번주는 〈귀국 사람이 서장을 관아에 제출한 일〉이라고 하여, 일본과 조선과의 외교 장소에서 문제 삼았다. 이에 대해 조선 측도 〈서장을 올리기까지 이르렀다는 것〉이라고 대답해 '표풍의 우민'에 지나지 않는 안용복이 멋대로 한 일이며 조선정부로서는 아는 바가 없고 그런 자에는 〈망작의 죄〉가 있다고 대답한 것이다.

안용복이 일본에서 문서를 제출했다는 것은 조선과 일본이 공통으로 인식하는 사실이었다는 것이다. 일본에서 서장을 제출했다고 하면, 안용복의 발자취로 보아 그 장소는 돗토리번이었다고 생각할 수밖에 없다[24].

안용복의 소장이 돗토리번에 제출되어 그것을 대마번이 알고 있던 것으로 보아 그의 소장은 도쿠가와 막부에도 보내졌을 수가 있다. 그러나 그 당시는 도쿠가와 막부는 다케시마(울릉도) 포기를 이미 결정한 상태였으므로, 그의 항의 행동은 막부의 정책에 아무런 영향을 주지 못했다.

한편 〈마쓰시마는 즉 우산도 … 우리 경계〉라는 안용복의 호소는 후

세에 중요한 영향을 남겼다. 안용복이 그러한 인식을 갖게 된 배경은 『동국문헌비고』에 기록된 「여지지」의 견해가 당시는 동래의 어민에게까지 뻗어 있었음을 나타내고 있다는 것이다. 『증보문헌비고』(『동국문헌비고』)는 다음과 같이 썼다.

> 성종2년, 따로 삼봉도에 대해 고하는 사람이 있었다. 그래서 정부는 박원종을 보러 가게 했다. 그러나 바람과 파도가 심했기 때문에 도달하지 못하고 돌아왔지만 동행한 배 중 한 척만이 울릉도에 머물고 큰 대나무나 큰 전복을 취했다. 섬에는 거주민이 없다고 한다. 〈여지지가 말하기를, 울릉, 우산은 모두 우산국의 땅, 우산은 즉 왜가 말하는 마쓰시마다[25]〉

〈 〉 속에 있는 문장은 작은 글자체로 쓰인 부분인데 이에 의해 1656년 이전부터 이미 다음과 같은 인식이 조선정부에서는 주류였던 것을 알 수 있다.

우산국 = 울릉도 + 우산도
우산도 = 왜가 말하는 마쓰시마

9. 『숙종실록』과 『울릉도사적(蔚陵島事蹟)』, 『만기요람(萬機要覽)』

조일 어민의 조우로 시작된 '다케시마 일건'은 조선왕조에 있어 중대한 외교 문제가 되었다. 또 이 사건을 계기로 조정은 울릉도에 대조사단을 파견했는데 그 조사 과정에서 독도의 존재가 재확인되는 등, 오늘날의 영유권 문제에 큰 영향을 주기도 했다. 먼저 이 조사단의 상세와 '다케시마 일건'에의 조선 측의 대응을 중심으로 보기로 한다.

'다케시마 일건' 교섭의 당초, 조선정부는 원만하게 일을 끝마치려고 고육지책을 취했다. 조선왕조는 대마번이 주장하는 '다케시마'가 실은 조선의 울릉도와 동일한 섬이라는 것을 알면서 그것들을 명목상 다른 섬으로 하여 울릉도를 조선령으로 '다케시마'를 일본령으로 하는 것으로 '다케시마 일건'의 해결을 시도해 본 것이다. 그러나 울릉도를 일본령으로 하는 것이 목적인 대마번은 이에 만족하지 못했고, 조선의 서계에서 〈폐경지 울릉도(弊境之蔚陵島)〉라는 글자를 삭제하도록 조선정부에 강경하게 요구했다. 그것은 조선정부에 미봉책을 허락하지 않는 비수였던 만큼, 조선정부는 반발했다. 조선정부 내에서는 문제의 두 섬은 동일한 섬이라는 진실을 중시한 원칙적인 해결책을 취하는 것이 좋다는 의견이 점차 우세해져 『숙종실록』에 의하면 정부는 다음과 같은 내용의 강경한 서계를 일본에 보냈다.

우리나라의 강원도 울진현에 속도가 있어 울릉도라고 한다. 동해에 있어 바람과 파도가 위험해서 배가 떠나지 않기 때문에, 주민을 본토로 옮겨 공도(空島)로 했다. 그리고 가끔 관리를 파견하여 조사시켰다. 이번에 우리 어민이 섬에 가 보았더니 귀국 사람들이 월경 침범하여 섬에 와서 반대로 우리 어민 두 명을 잡아 에도(江戶)에 보냈다. 다행히 귀국의 장군께서 사정을 헤아려, 후하게 대접한 다음 돌려보내 주셨다. 교린의 정이 두터운 것은 정말로 감격스러울 따름이다. 그렇지만 우리 어민이 고기잡이를 하고 있던 곳은, 원래 조선의 영토인 울릉도이며, 대나무가 나므로 다케시마라고도 하여 일도이명(一島二名)이다.

울릉도에 대해서는 단지 조선의 서적에 나올 뿐만이 아니라, 귀국 일본인도 알고 있다. 그럼에도 불구하고 서면으로 다케시마는 일본령이라며 조선 어선의 왕래를 금지하려고 했고, 일본인이 우리 조선의 영토를 침범한 것은 문제 삼지 않은 채 반대로 우리 어민을 구속한 것은 너무 잘못된 일이며 성심의 길에 어긋난다고 생각한다. 깊이 바라는 것은 우리의 의향을 에도막부에 보고하여 일본 연해의 사람들이 울릉도에 도해함으로 인해 다시 사건이 일어나지 않도록 명령해주셨으면 한다[26].

그리고 그 후에도 양국간에서 서간 교환이 몇 차례 행해졌고 결국 일본은 외교교섭에서 져 울릉도(다케시마)를 포기했다. 전술한 바와 같이 도쿠가와막부는 원래 울릉도를 '조선의 속도'라고 기록해 있었으므로, 당연한 결말이었다. 한편 조선정부는 150명으로 구성되는 대조사단을 울릉도에 파견했는데, 그 경위를 송병기 씨는 다음과 같이 썼다.

일본과의 울릉도 분규는 정부 당로자가 아닌 일반인에게도 관심을 불러일으켰던 것 같다. 가령 1694(숙종 20)년 7월의 전무겸선전관(前武兼宣傳官) 성초행(成楚行)의 상소(上疏)가 그러한 것이었다. 그는 울릉도가 국가의 요충이며 땅이 넓고 기름짐에도 불구하고 오랫동안 버려왔었다 하고, 근자에 일본이 감히 '구거지계(求居之計)'를 내고 있다고 하니 이곳에 특별히 첨(僉)·제(制) 양 진(鎭)을 특설하여 저들로 하여금 넘보지 못하도록 해야 한다고 주장하였다.

자연, 정부에서도 문제가 되고 있는 울릉도 비어책(備禦策)에 대하여 관심을 갖기 시작하였다. 영의정 남구만(南九萬)이 삼척첨사(三陟僉使)를 울릉도에 파견, 형세를 조사하여 민호(民戶)를 이주시키거나 진(鎭)을 설치함으로써 일본에 대비해야 한다고 건의하고 있는 것이 그것이다.

남구만의 건의에 따라 장한상(張漢相)이 삼척첨사로 발탁되었다. 장한상은 이 해(1694, 숙종 20) 9월 19일 삼척을 출발하였다. 일행은 별견역관(別遣譯官, 왜어역관〈倭語譯官〉) 안신휘(安愼徽)를 포함하여 총 150명이었고, 기선(騎船) 2척, 급수선(汲水船) 4척이 동원되었다. 장한상 일행은 9월 20일부터 10월 3일까지 13일 동안 체류하면서 울릉도를 살피고 10월 6일 삼척으로 돌아왔다. 장한상의 울릉도 심찰(審察)에 대하여는 『숙종실록』에도 기록되어 있으나 「울릉도사적(鬱陵島事蹟)」에 보다 자세히 전하고 있다.

장한상은 울릉도 심찰결과를 산천(山川)·도리(道理)를 적어 넣은 지도와 함께 정부에 보고하였다. 그 요지는 왜인이 왕래한 흔적은 있으나 살고 있지는 않다는 것, 해로(海路)가 순탄치 않아 일본이 횡점(橫占)한다 하더라도 제방(除防)하기 어렵다는 것, 보(堡, 토석〈土石〉으로 쌓은 작은 성)를 설치하려 하여도 땅이 좁고 큰 나무들이 많아 인민을 주접(住接)시키기 어렵다는 것, 토질을 알아보려고 모맥(麰麥, 밀보리)을 심고 왔다는 것 등이었다[27].

조사단장인 장한상이 임명된 첨사란 각 진(鎭, 한 지방을 지키는 군영〈軍營〉)에 속한 종삼품의 무관직을 말한다. 장첨사가 일본어 통역까지 데려간 이유는 일본인과 조우할 경우에 대비한 것임은 말할 나위도 없다. 그러한 철저한 준비를 했기 때문에 일행은 150명이 달하는 많은 인원수가 되었는데, 그만큼 조사에는 열정적이었다. 일행은 울릉도 지도까지 작성하는 등 면밀한 조사를 했고 이 때 모두에서 말한 에피소드가 있었다. 즉 조사 과정에서 일행은 독도를 볼 수 있었던 것이다. 장한상은 그것을 보고서 「울릉도사적」에 다음과 같이 적었다.

> 동쪽 5리 정도에 하나의 작은 섬이 있는데 높지 않고 낮은 바다 대나무가 일면에 나 있다. 비가 그쳐 안개가 깬 날 산에 들어가 중봉(中峯)에 오르면 남북의 양봉이 올려보아야 할 정도로 높이 마주 보고 있는데 이것을 삼봉이라고 한다.
> 서쪽을 바라보면 대관령의 구불구불한 모습이 보이고 동쪽을 바라보면 바다 속에 한 섬이 보이는데, 아득하게 진(辰) 방향에 위치하여 그 크기는 울도의 3분의 1 미만이고 (거리는) 300여 리에 불과하다[28].

동쪽 5리(2km)에 있는 작은 섬은 그 방향이나 거리로 보아 현재 울릉도의 동쪽 2km에 있는 죽도를 가리키고 있다는 것은 의심할 여지가 없다. 한편 장한상이 울릉도의 진(辰)방향, 즉 동남동에 본 섬은 독도 이외로 생각할 수 없다. 그 섬까지의 거리를 장한상은 3백여 리(약 120km)로 하고 있는데, 이것은 울릉도와 독도 간의 실제 거리 92km에 상당히 가까운 수치이다. 덧붙여서 일본 에도시대의 사료는 두 섬 간의 거리를 40리(약 160km)로 했다. 그것보다는 정확하다고

```
蔚陵島事蹟
甲戌九月日江原道三陟營將張漢相馳
報內蔚陵島被討事去九月十九日巳時
量自三陟府南面莊五里津待風所發船
緣由曹已馳報爲有在果僉使與別遣譯
官安愼徽領來諸僉使各人及沙格并一百
五十名騎船各一隻汲水船四隻中從
其大小分載同日巳時量回西風開洋是
                                    (PAGE 1)

面霽而霧捲之日入山登中峯則南北兩
峯岌崇相面此所謂三峯也西望大關嶺
逶迤之狀東望海中有一島杳在辰方而
其大未滿蔚島三分之一不過三百餘里
北至二十餘里南近四十餘里回互往來
西望遠近臆度如斯是齊西望大谷中有
一人居基地三所又有人居基地二所東
南長谷亦有人居基地七所石葬十九所
                                    (PAGE 5)
```

「울릉도사적」, 독도에 해당되는 섬을 기술

할 수 있는데 장한상은 그 거리를 어떻게 산출했는지 궁금하다. 100km 나 떨어진 곳으로부터 실제의 거리를 알아맞추는 것은 억측으로도 어렵기 때문에 아마도 도중까지 실제로 도해했을 가능성을 배제할 수 없다. 그렇지 않으면 다른 기록 등으로 미리 거리에 대한 지식을 갖고 있었을 수도 있다.

한편 섬의 크기는 울릉도의 1/3 미만이라고 되어 있는데 실제의 독도는 울릉도의 1/317이며 1/3 미만임은 틀림없지만, 장한상은 독도를 상당히 크게 보았다는 이야기가 된다. 이 사실은 장한상이 실제로 독도 가까이까지 도해하지 않았음을 나타내고 있다. 그러나 섬의 크기에는 차이가 있어도 동남동 방향에 3백여 리 정도 떨어진 섬은 실제로는 단 하나, 즉 독도 밖에 존재하지 않기 때문에 그가 본 섬이 독도임에 틀림없다.

그런데 조사단은 출발 전에 울릉도에 대해 문헌기록 등을 어느 정도 알아본 다음에 출발했다고 생각되는데, 장한상이 우산도에 관한 지식을 얻은 가능성이 있는 사서를 정리하면 다음과 같다.

1. 『세종실록』 지리지(1454년)
〈우산, 무릉 두 섬은 현의 동쪽 해중에 있다. 두 섬은 서로 거리가 멀지 않고, 기후가 청명하면 바라볼 수 있다.〉

2. 『성종실록』(1476년), 삼봉도 탐색 기록 및 독도의 지형도
〈25일, 섬의 동쪽 7~8리에 정박하여 멀리 바라보았다. 섬의 북쪽에는 세개 바위가 열립하여 그 다음에 작은 섬이 있다. 다음에 암석이 열립하여 그 다음에 중도(中島)가 있다. 중도 서쪽에 또 작은 섬이 있다. 다 해수가 통하여 흐르고 있다. 그리고 해도(海島) 사이에 인형처럼 서 있는 것이 30 있다. 무서워서 섬에 가까이 갈 수가 없었다. 섬의 형태를 그림으로 그리고 돌아왔다.〉

3. 『동국여지승람』(1481년)
〈울진현 우산도, 울릉도. 일설에 무릉, 일설에 우릉, 두 섬은 현의 동쪽 해중에 있다.〉

4. 유형원 「여지지」(1656년)
〈울릉, 우산 모두 우산국의 땅, 우산은 즉 왜가 말하는 마쓰시마이다.〉

마지막의 「여지지」는 사적인 사료이므로 본래라면 거론할 가치가 없다. 영유 논쟁에는 관찬 사료만이 중요하기 때문이다. 그렇지만 「여지지」는 관찬 사료 『동국문헌비고』(1770)에 그 일부가 인용되었으므로 결코 무시할 수 없는 사료이다.

이러한 역사적 배경을 고려할 때, 장한상이 본 독도는 우산도임에 틀림없지만, 장한상은 그 이름을 기록에 남기지 않았다. 그리고 이러한 사료들은 울릉도와 우산도의 구체적인 거리에 대해서 아무런 기술을 남기지 않았다. 따라서 장한상이 언급한 거리의 측정방법은 여전히 의문으로 남는다.

『동국문헌비고』 이후, 「여지지」의 우산도=마쓰시마라는 인식은 조선의 관찬 사료에 완전히 정착되었다. 이후 울릉도=우산도라는 일도설(一島說)은 사라졌다. 이에 따라 우산도 지도도 변화했는데 그것을 송병기 씨는 다음과 같이 썼다.

　　울릉도에 대한 지리적 지식의 확대는 지도 작성에도 영향을 주어 우산도의 위치가 명확하게 부각되고 있는 것도 주목할 만한 것이다. 종래의 지도, 가령 『신증동국여지승람』에 실려 있는 「팔도총도」나 「강원도도」는 우산도를 내륙 쪽으로, 울릉도를 그 동쪽으로 하여 거의 같은 크기로 붙여서 그리고 있다. 그런데 정상기(鄭尙驥, 1679-1752)의 「동국지도」에 와서는 울릉도가 내륙 쪽으로 우산도가 그 동쪽으로 옮겨질 뿐 아니라, 거리나 크기가 정확하게 표기되고 있는 것을 볼 수가 있다[29]. 이것은 1694년(숙종 20)에 삼척첨사 장한상이 울릉도 동쪽으로 300여 리(120km) 떨어진 곳에 있는 작은

섬이 있음을 확인한 것이나, 1696년(숙종 22)에 안용복 등이 우산
도를 직접 답사한 사실과도 관련지어 생각해 볼 수 있을 것이다.

이래 조선 후기의 지도첩에는, 비록 그 위치가 울릉도 동남쪽으
로 처진다든지 하여 일정하지는 않으나, 우산도 혹은 자산도가 계
속 표시되고 있다. 이것은 정상기의 「동국지도」에서 영향을 받은
것이었다. 그러나 한편으로는 울릉도 밖으로 있는 섬이 우산도라는
인식이 계속되고 있음을 의미하는 것이기도 하다[30].

조선정부는 '다케시마 일건' 이후, 조일간에서 문제가 된 울릉도를
정기적으로 수토(搜討)하게 되었다. 이것은 필연적으로 울릉도 주변
에 대한 관심을 불러 일으켰다. 『숙종실록』 40년조에 의하면 1714년
강원도 어사 조석명(趙錫命)이 영동 지방의 해안 방비를 논의했을 때
울릉도 주변에 대해 다음과 같이 기록되었다.

어민의 이야기를 자세히 들어 보니 〈평해, 울진은 울릉도에서 가
장 가까운 거리에 있어서 해로가 조금도 차단되지 않는다. 울릉도
동쪽에서 도서가 이어지고 왜의 경계와 접한다〉라는 것이다.

이 일절은 일본 영토 가까이에 조선령의 섬이 있음을 시사하고 있
음과 동시에 일본과의 경계 부근까지 어민이 갔다는 가능성을 말하고
있다. 국경 부근의 그 섬은 이름이 기록되지 않았으나 이 섬은 우산도
라고 생각하는 것이 타당하다.

그런데 『동국문헌비고』에 쓰인 우산도=마쓰시마라는 인식은 그 후

『증보문헌비고』, 우산국의 우산도는 왜가 말하는 마쓰시마라고 기술.

의 관찬 사료에서도 재확인된다. 우선 『만기요람』(1808)을 들을 수 있다. 송병기 씨는 다음과 같이 썼다.

『동국문헌비고』에 이어 19세기 초엽(1808 · 순조 8년경)에는 왕명에 따라 『만기요람』이 편찬되었다. 그리고 그 군정편(軍政篇) 4, 해방(海防) 동해조에는 『증보문헌비고』에 실려 있는 『동국문헌비고』울진조의 부록 기사, 즉 울릉도 · 우산도의 위치와 연혁, 울릉도 영유권 분규, 안용복 도일 사건, 「여지지」의 기사 등을 가감없이 그대로 전재하고 있다. 이는 우산도는 조선령이며 일본 측에서 부르는 송도(마쓰시마)라는 『동국문헌비고』의 견해를 『만기요람』에서도 그대로 계승 수용하고 있음을 뜻하는 것이다. 『만기요람』은 국왕이 좌우에 놓고 참고할 목적으로 편찬된 정무 지침서였다[31].

이와 같이 『만기요람』에도 〈「여지지」가 말하기를, 울릉, 우산은 모두 우산국의 땅, 우산은 즉 왜가 말하는 마쓰시마이다〉라고 적혀 우산도=마쓰시마(송도)라는 인식이 재확인되었다.

10. 『고종실록』과 울릉도검찰

에도시대의 '다케시마 일건' 이후, 독도와 울릉도를 둘러싸고 양국 간에는 대사건 없이 평온한 시대가 계속되었다. 그러나 메이지유신을 계기로 일본제국에서는 대외팽창의 기운이 고조되었고, 일본정부의 정책과는 별도로 일본인들이 울릉도에 활발하게 도항하기 시작했다. 이는 필연적으로 울릉도에 깔고 있던 조선정부의 공도정책을 크게 변화시키기에 이르렀다.

1881년에 조선의 울릉도수토관은 울릉도에서 일본인이 벌목하고 있는 것을 발견했다. 조선정부로서도 방치해 놓을 수 없게 되어 관계기관이 대책에 착수했다. 통리기무아문(統理機務衙門)이 다음과 같이 제안한 것이 『고종실록』 18년 5월조에 기록되어 있다.

그런데 그들 일본인이 울릉도에서 몰래 나무를 벌채하여 (일본으로) 운반해 가는 것은 변금정책에 걸리는 것이어서 엄중히 막지 않으면 안 된다. 장래 이 사실을 서계에 써서 동래(부산)의 왜관 앞으로 보내, 일본 외무성에 전송하도록 할 것이다. 생각하니 이 섬은 망망한 바다 가운데에 있지만, 그대로 공도로 해 두는 것은 외로울 뿐이다. 그 형세가 요충지인 것인지 혹은 방어를 긴밀히 할 수 있는지 등을 죄다 심사하여 처리해야 한다. 부호군 이규원(李奎遠)을 울릉도검찰사로 임명하여 빨리 보내 철저히 검토하여 의견을 정리, 품의하는 것은 어떤가.

이 제안은 승인되어 일본에 항의함과 동시에 검찰사로서 이규원이 임명되어 왕을 알현했다는 것이 『고종실록』이나 『승정원일기(承政院日記)』에 기록되어 있다. 승정원이란 왕명이나 왕에의 제언을 취급하는 관청이고 그 공적인 기록이 『승정원일기』이며, 현재 1623-1894년도 분인 3,047권이라는 방대한 사료가 남아 있다. 조선은 『조선왕조실록』이나 『승정원일기』 등으로 기록을 중시한 나라였다.

이규원은 울릉도에 출발하기 전에 왕과 면담했는데 그 때의 면담내용이 『고종실록』과 『승정원일기』에 기록되었다. 후자는 그 대화를 고종 19년(1882) 4월 7일조에 다음과 같이 기록했다.

고종이 말씀하시기를, "울릉도에는 근래에 와서 다른 나라 사람들이 무상으로 왕래하면서 스스로 점거함에 맡기는 폐단이 있다고 한다. 그리고 송죽도(松竹島)와 우산도(芋山島)는 울릉도의 곁에 있는데 서로 떨어져 있는 거리가 얼마나 되는지 또 무슨 물건이 나는지 자세히 알 수 없다.(중략)"

이규원이 말하기를, "우산도(芋山島)는 바로 울릉도이며 우산(芋山)이란 바로 옛날의 나라 수도의 이름입니다. 송죽도(松竹島)는 하나의 작은 섬인데 울릉도와 떨어진 거리는 3수십 리쯤 됩니다. 여기서 나는 물건은 단향(檀香)과 담배설대라고 합니다."

고종이 말씀하시기를, "우산도(芋山島)라고도 하고 송죽도(松竹島)라고도 하는데 다『여지승람』에 실려 있다. 그리고 또 혹은 송도(松島), 죽도(竹島)라고도 하는데 우산도(芋山島)와 함께 이 세 섬을 통칭 울릉도라고 하였다. 그 형세에 대하여 함께 알아볼 것이다.(중략)"

이규원 말하시기를 "삼가 깊이 들어가서 살펴보겠습니다. 어떤 사람들은 송도(松島)와 죽도(竹島)는 울릉도의 동쪽에 있다고 하지만 이것은 송죽도 밖에 따로 송도와 죽도가 있는 것은 아닙니다."

왕과 이규원의 우산도 인식에는 조금 차이가 있는 것을 읽을 수 있다. 그것을 정리하면 다음과 같다.

왕(3도 인식) : 울릉도(통칭) = 울릉도(본도) + 우산도 + 송죽도
이규원(크게는 2도 인식, 상세하게는 3도 인식) :
울릉도 = 우산도, 송죽도 = 송도 + 죽도

단순히 울릉도라고 하면 울릉도 본도를 가리키는 경우와 우산도 등 부속의 섬을 포함하여 말하는 경우 두 가지 있었음을 알 수 있다. 즉 우산도와 송죽도는 울릉도의 부속 섬으로 취급되는 경우가 있는 것이다. 한편 송죽도라는 이름이 등장한 것은 이 때가 관찬 사료로는 처음이므로 주목된다.

1882년 4월, 이규원은 동해의 섬에 대해 애매모호한 지식만 갖고 울릉도를 검찰하기 위해 길을 떠났다. 귀경 후, 그는 『울릉도검찰일기』나 『계초본(啓草本)』을 썼는데 후자에 '우산'은 다음과 같이 기록되었다.

> 송죽 우산 등의 섬에 대해서는 현지에 살고 있는 동포들은 다 근방에 있는 작은 섬들이 이에 해당한다고 한다. 그런데 근거가 되는 지도도 없고, 그리고 안내 지표도 없다. 맑은 날에 높은 곳에 올라면 곳을 바라보면 천리를 엿볼 수 있었으나, 한 조각의 돌도 한 줌의 흙도 없었다. 즉 '울릉'을 '우산'이라고 칭하는 것은 제주를 탐라라고 칭하는 것과 마찬가지다[32].

우산도를 울릉도라고 믿고 울릉도에 온 이규원은, 송죽도, 우산도는 울릉도 근방에 있는 작은 섬이라는 주민들의 이야기를 듣고, 울릉도, 송죽도 이외에 우산도가 존재한다는 것을 주민의 전문이라는 형태로 확인했다. 왕의 3도 인식은 섬에 사는 주민의 증언으로 뒷받침된 것이다.

그리고 문중에 '탐라'가 등장하는데 제주도의 별명인 탐라는 고려에 흡수된 탐라국을 가리키는 말이다. 여기서 유의해야 할 것은 탐라는 국명이며 섬의 이름이 아니라는 점이다. 그러한 사정은, 신라에 흡수

된 우산국과 비슷하고 우산은 울릉도의 별명이 되었다. 그것을 정리하면 이 시대의 인식은 다음과 같았다.

탐라국 = 제주도 + 근방의 작은 섬들
우산국 = 울릉도 + 송죽도 + 우산도

결국 이규원의 검찰로 우산도의 이름은 확인되었지만 답사는 실시되지 않았고 그 위치는 애매모호한 채로 남겨졌다. 그러나 적어도 이 섬은 송죽도와 구별된다는 것만은 확실하다. 대체로 조선의 고지도에 우산도는 울릉도 바로 동쪽에 그려지는 경우가 많았기 때문에, 우산도를 현재의 죽도와 혼동하고 있는 것이 아닐까 생각되기 쉽지만, 적어도 19세기말 무렵은 그렇지 않았던 것이 확실하다. 한편 송죽도는 후에 한국관보(1900)에 게재된 죽도로 보인다. 덧붙여 이규원이 높은 곳에서 주위를 돌아보고 〈한 조각의 돌〉도 보지 않았다는 사실로 이규원은 우산도의 존재를 인식하지 못했다는 단락적인 이해를 하는 사람이 있지만, 그것은 논리적 비약이다.

그런 논법을 확대시키면 단순히 보이지 않았다는 이유만으로 이규원은 출발 전에 인식하고 있던 송죽도의 존재마저 부정해 버렸다는 결론이 날 수 있지만, 물론 사료에 그런 기술자체가 없는 것이다. 실제로는 이규원은 송죽도나 우산도가 보이지 않는 상황에서 주위를 돌아보았다는 것에 불과한 것이다. 당연히 보지 못했다는 것과 인식하지 못했다는 것은 별개의 문제이다. 역사적 사실로 이규원은 검찰의 과정에서 우산도의 존재를 그 이름만이라도 확인했던 것이다. 아울러 이규원은 울릉도 주변의 섬으로 도항(島項)과 죽도(竹島)를 실제로 확인하고 〈울릉도외도〉를 작성하였다.

한편 이규원의 본래의 임무인 울릉도 본도 답사는 상세히 실시되었다. 그 과정에서 이규원은 섬에 살고 있는 대다수가 전라도 출신자였는데 그들을 다수 만나기도 하고 일본인과 조우하기도 했다. 일본인과는 필담으로 회화했는데 그것으로 일본인이 울릉도에 '마쓰시마'라는 표목을 세운 것을 알았고 이규원은 실제로 그 표목을 확인했다. 길이 1.8m의 표목에는 〈대일본국 마쓰시마 게야키다니(槻谷) 메이지 2(1869)년 2월 이와사키 다다테루(岩崎忠照) 이를 세움〉이라고 적혀 있었다. 이러한 일본의 뻔뻔한 침입은 조선정부에 수백 년간의 공도정책을 전환시키게 했다. 그것을 호리 가즈오(堀和生) 씨는 다음과 같이 썼다.

1882년 5월 울릉도에 검찰사 이규원이 파견되어 그 보고에 입각하여 같은 해 12월 '울릉도 개척령'이 내려졌다. 그리고 같은 해 먼저 도장(島長)이 취임하여 이민이주정책이 시작되었다. 즉 이 때부터 울릉도는 단순한 지도상의 판도가 아니라, 조선 사회에 실질적으로 편입되어 갔다. 1883년 김옥균이 '동남제도 개척사 겸 포경(捕鯨)사'에 임명되어 의욕적인 울릉도 개발정책이 세워졌지만 그것은 그의 실각에 의해 결실을 맺지 못했다. 그 후, 울릉도의 행정기구는 몇 번 개편되었고 1895년에는 도장이 도감(島監)으로 바뀌었는데, 그때까지 실시된 정부의 부세 면제와 이주 장려에 의해 울릉도의 조선인 인구는 순조롭게 증가했다. 그리고 1900년 10월 마침내 울릉도는 군(郡)으로 승격되었고 중앙에서 군수가 임명되어 파견되었다. 이와 같이 울릉도는 1880년대 이후 완전한 미개 상태로부터 점차 정리된 조선인 사회를 형성하기 시작했다. 그러나 행정 기구가 본토보다 현격히 덜 정비되어 있었기 때문에, 일본의 침략을 보다 조기에 당하게 된 것이다[33].

이후, 일본인이 울릉도를 얼마나 침략했는지에 대해서는 제1장에서 언급한 바 있다.

....

註

1) 「輿地志云 鬱陵于山皆于山國地 于山則倭所謂松島也」.

2) 이찬(伊湌)은 신라관위 17등급 중 제2등급.

3) 三國史記 卷四 智證麻立干.
   十三年、夏六月、于山國歸服、歲以土宜爲貢、于山國、在溟州東海島、或名鬱陵島、地方一百里、恃嶮不服、伊湌異斯夫、謂何琵羅州軍主、謂于山人愚悍、難以威來、可以計服、乃多造木偶師子、分載戰船、抵其國海岸、誑告曰、汝若不服、則放此猛獸踏殺之、國人恐懼則降.

4) 『高麗史』卷四世家, 顯宗九年十一月丙寅.
   以于山國 被東北女眞所寇 廢農業 遣李元龜 賜農器.

5) 『高麗史』卷58, 地理志3, 蔚珍縣.
   鬱陵島：在縣正東海中 新羅時稱于山國 一云武陵 一云羽陵 地方百里 智證王一二年來降 太祖一三年 其島人使白吉土豆 獻方物 毅宗十一年 王聞 鬱陵島 地廣土肥 舊有州縣 可以居民 遣溟州道監倉 金柔立往視 柔立回奏云 島中有大山從山頂向東行至海一萬余步 向西行一萬三千余步 向南行一萬五千余步 有村落基址七所 有石佛鐵鍾石塔 多生柴胡蒿本石南草 然多岩石民不可居 遂寢其議 一云于山武陵本二島 相距不遠 風日淸明 則可望見.

6) 『太宗實錄』太宗12年4月己巳條(1412년 4월 15일)
   命議政府 議處流山國島人 江原道觀察使報云 流山國 白加勿等十二名 來泊高城於羅津 言曰 予等生長武陵 其島內人戶十一 男女共六十餘 今移居本島 是島自東

至西 自南至北 皆二息 周回八息 無牛馬水田 唯種豆一斗……

7) 『太宗實錄』太宗16年9月庚寅條(1416년 9월 2일)

以金麟雨爲武陵等處按撫使 戶曹參判朴習啓 臣嘗爲江原道觀察使 聞武陵島周回
七息 傍有小島 其田可五十餘結 所入之路 纔通一人 不可竝行 昔有方之用者 率十
五家入居 或時假倭爲寇 知其島者 在三陟 請使之往見 上可之 乃召三陟人 前萬戶
金麟雨 問武陵島事 麟雨言 三陟人李萬 嘗往武陵而還 詳知其島之事 召李萬 麟雨
又啓 武陵島遙在海中 人不相通 故避軍役者 或逃入焉 若此島多接人則 倭終必入
寇 因此而侵於江原道矣 上此然 以金麟雨爲武陵等處按撫使以萬爲伴人 給兵船二
隻 抄工二名 引海二名 火㷪火藥及糧 往其島 諭其頭目人以來 賜麟雨及萬衣笠靴

8) 『太宗實錄』太宗17年2月壬戌條(1417년 2월 5일)

按撫使金麟雨還自于山島 獻土産大竹水牛皮生苧綿子檢樸木等物 且率居人三名
以來 其島戶凡十五口 男女幷八十六 麟雨之往還也 再逢颱風 僅得其生

9) 下條正男, 「竹島問題、金炳烈氏に再反論する」, 『現代コリア』1999년 5월호, p.61.

10) 『世宗實錄』世宗7年10月乙酉條(1425년 10월 20일)

于山武陵等處按撫使金麟雨 搜捕本島避役男婦二十人 來復命 初麟雨領兵船二隻
入茂陵島 船軍四十六名 所坐一艘 飄不知去向 上謂諸卿曰 麟雨捕還二十餘人 而
失四十餘人 何益哉 此島別無異産 所以逃入者 專以窺免賦役 禮曹參判金自知啓曰
今此捕還逃民 請論如律 上曰 此人非潛從他國 且赦前所犯 不可加罪 仍命兵曹置
于忠淸道深遠山郡 使勿復逃 限三年復戶

11) 『世宗實錄』世宗20年7月戊戌條(1438년 7월 15일)

護軍南薈 司直曺敏 回自茂陵島復命 進所捕男婦六十六及産出沙鐵石鍾乳生鮑大
竹等物 仍啓曰 發船一日一夜乃至 日未明 掩襲人家 無有拒者 皆本國人也自言聞
此地沃饒 年前春 潛逃而來 其島四面皆石 雜木與竹成林 西面一處可泊舟楫 東西
一日程 南北一日半程

12) 方東仁『韓國地圖의 歷史』신규 문화사, 2001년, p.266.

13) 『世宗實錄地理志』江原道蔚珍縣條(1454)

于山武陵二島 在縣正東海中 二島相去不遠 風日淸明 則可望見 新羅時稱于山國
一云鬱陵島 地方百里

14) 下條正男「竹島問題、金炳烈氏に再反論する」『現代コリア』1999.5월호, p.55.

15) 下條正男, 전게서, p.55.

16) 朴永圭『朝鮮王朝實錄』新潮社, 1997, p.113.

17) 『成宗實錄』(卷68) 成宗7年6月癸巳條(1476년 6월 22일)

下書永安道觀察使李克均曰 今見卿啓 知鏡城金漢京等二人 辛卯五月 漂泊三峰島
與島人相接 又於乙未五月 漢京等六人 向此島 距七八里許 望見阻風 竟不得達 此

言雖不可信 亦或非妄 今宜別遣壯健 可信人三人 同漢京等入送搜覓

18) 『成宗實錄』(卷72) 成宗7年10月丁酉條(1476년 10월 27일)

兵曹啓 永興人金自周供云 李道觀察使 以三峰島尋覓事 遣自周及宋永老 與前日
往還 金興 金漢京 李吾乙亡等 十二人 給麻尚船五隻入送 去九月一六日 於鏡城地
瓮仇味 發船向島 同日到宿會寧地靑巖 一七日 到宿寧地加麟串 一八日到宿慶源
地末應大 二五日 西距島七八里許到泊 望見則 於島北 有三石列立 次小島 次巖石
列立 次中島 中島之西又有小島 皆海水通流 亦海島之間 有如人形 別立者三十 因
疑俱 不得直到 畫島形而來 臣謂 往年朴宗元 由江原道 發船遭風 不得直到 今漢
京等 發船於鏡城瓮仇味 再由此路出入 至畫島形而來 今若更往 可以尋覓 請於明
年四月風和時選有文武才者一人入送 從之

19) 川上健三『竹島의 歷史地理學的 研究』(복각판) 古今書院, 1996, p.130.

20) 方東仁『韓國地圖의 歷史』신구문화사, 2001.

21) 『東國輿地勝覽』卷之45, 蔚珍縣.

蔚珍縣 于山島、鬱陵島。一云武陵。一云羽陵。二島在縣正東海中。三峰岌嶪撑
空。南峯稍卑。風日淸明。則峯頭樹木及山根沙渚。歷歷可見。風便則二日可
到。一說于山、鬱陵島本一島。地方百里。

新羅時恃險不服。智證王十二年。異斯夫爲何琵羅州軍主。謂。于山國人愚悍。
難以威服。可以計服。乃多以木造獅子。分載戰船。抵其國誆之曰。汝若不服。
則卽放此獸踏殺之。國人恐懼來降。

高麗太祖十三年。其島人使白吉土豆。獻方物。

毅宗十三年。王聞鬱陵地廣土肥。可以居民。遣溟州道監倉金柔立往視。柔立回
奏云。島中有大山。從山頂向東行。至海一萬餘步。向西行一萬三千餘步。向南
行一萬五千餘步。向北行八千餘步。有村落基址七所。或有石佛鐵鍾石塔。多生
柴胡藁本石南草。

後崔忠獻獻議。以武陵土壤膏沃。多珍木海錯。遣使往觀之。有屋基破礎宛然。
不知何代人居也。於是移東郡民以實之。及使還。多以珍木海錯進之。後屢爲風
濤所蕩覆舟。人多物故。因還其居民。

本朝 太宗時。聞流民逃其島者甚多。再遣三陟人金麟雨爲按撫使。刷出。空其地。
麟雨言。土地沃饒。竹大如杠。鼠大如猫。桃核大於升。凡物稱是。

世宗二十年。遣縣人萬戶南顥。率數百人往搜逋民。盡俘金丸等七十餘人而還。
其地遂空。

成宗二年有告。別有三峯島者。及遣朴宗元往覓之。因風濤不得泊而還。同行一
船。泊鬱陵島。只取大竹大鰒魚。回啓云。島中無居民矣。

22) 神戶市博物館『古地圖 셀렉션』(第2版) 神戶市體育協會, 2000, p.29.

23) 『因幡志』

24) 內藤正中『竹島 (鬱陵島)를 둘러싼 日朝關係史』多賀出版, 2000, p.106.

25) 『增補文獻備考』卷之31, 興地考19

　　『增補文獻備考』(1908)는 『東國文獻備考』(1770)의 증보판. 『成宗實錄』에서는 成宗 3년에 朴宗元을 파견했다고 나온다.

　　「成宗二年 有告別三峯島者 乃遣朴元宗往見之 因風濤不得到而還 同行一船泊鬱陵島 只取大竹大鰒魚 同啓云島中無居民矣〈興地志云 鬱陵于山皆于山國地 于山則倭所謂松島也〉」

26) 內藤正中『竹島(鬱陵島)를 둘러싼 日朝關係史』多賀出版, 2000, p.77.

27) 宋炳基『鬱陵島와 獨島』檀國大學校出版部, 1999, p.41.

28) 張漢相 「蔚陵島事蹟」

　　東方五里許 有一小島 不甚高大 海長竹叢生於一面 霽雨霽捲之日 入山登中峯 則南北兩峯 岌崇相面 此謂三峯也 西望大關嶺透迤之狀 東望海中有一島 杳在辰方而其大未滿蔚島三分之一 不過三百余里

29) 李燦, 「韓國古地圖로 보는 獨島」, 『鬱陵島獨島學術調查研究』, 韓國史學會, 1978, p.119.

30) 宋炳基, 전게서, p.57.

31) 宋炳基, 전게서, p.180.

32) 『啓草本』

　　是白乎旀 松竹于山等島 僑寓諸人 皆以傍近小島當之 然旣無圖籍之可據 又無鄕導之指的 淸明之日 登高遠眺 則千里可窺 以更無一拳石一撮土 則于山指稱鬱陵 卽如耽羅指稱濟州

33) 堀和生, 「1905年 日本의 竹島編入」, 『朝鮮史研究會論文集』24호, 1987, p.107.

오키의 안용복

| 나이토 세이추 |

1. 서언

한일 양국간에서 대립하고 있는 독도의 영유권 문제에서, 반드시 등장하는 인물이 안용복이다. 조선국 경상도 동래 출신인 안용복은 17세기말에 일본 호키국(伯耆國)에 건너가서 돗토리 번주(鳥取藩主)로부터 울릉도와 자산도(독도)는 조선의 영토임을 인정한 서계를 받았다고 하여, 일본 내에서 독도 영유권을 주장한 조선인으로 한국의 중·고등학교 국사 교과서 속에서 특필되어 있다.

안용복이 일본에서 독도의 영유권을 주장했다는 것은 『조선왕조실록』 등에 적혀 있다. 다만 그런 기록은 안용복이 호키국에서 조선으로 귀국한 후에 체포되어 조사를 받은 비변사에서의 진술이 토대가 되어 있다. 그 진술의 신빙성에 대해 객관적으로 입증할 수 있는 사료는 없고, 비변사에서 동행자들도 비슷한 진술을 했다고 기록되어 있는 정도에 머무르고 있기 때문에 안용복의 진술에는 문제가 있다고 보아야 할 것이다. 무엇보다도 일본에서 일어난 사건인 만큼 일본 측의 기록, 특히 당사자였던 돗토리번의 기록과 대조해 볼 필요가 있다. 다행히 돗토리번에는 이케다가(池田家) 문서를 비롯해 『인부연표(因府年表)』나 『다케시마고(竹島考)』 등의 관계 사료가 남아 있어, 호키, 이나바(因幡) 양국에서의 안용복의 발자취나 돗토리번의 대응에 대해 알 수 있다.

그런데 안용복이 1696(겐로쿠 9)년 5월에 오키국(隱岐國)에 도착했을 때의 취조기록이 시마네현(島根縣) 오키군 아마초(海士町)의 무라카미가(村上家)에서 2005년 5월에 발견되었다. 그것이 「겐로쿠(元祿) 9 병자년 조선 배 착안 한 권의 각서」이다.

아마초의 무라카미가는 오키 도젠(島前)의 공문(公文)역을 역임했고 마쓰에번(松江藩 : 현 시마네현의 일부) 소속이 된 1721년부터 실시된 다이쇼야(大庄屋 : 촌장) 제도에서는 도젠 두 군을 대표하는 촌장이 되었다. 오키국은 1638년부터 1687년까지는 마쓰에번 소속이었으나 1688년부터 1720년까지는 막부령이 되어 이와미국(石見國 : 현 시마네현의 일부) 은산료 오모리(大森) 대관 관할 하에 들어갔다. 따라서 이와미국 대관소(代官所)에서 파견된 오키국의 관리는 인원수도 적었기 때문에, 촌장은 일상적으로 행정 실무에 종사해 있었다. 그 관계로 조선배가 왔을 때의 취조에 대해도 무라카미가의 촌장이 입회하여 기록을 남긴 것으로 보인다.

1696(겐로쿠 9)년 5월 18일에 오키국 도고(島後)의 니시무라(西村) 해안에 착안한 조선 배에는 안용복 등 11명이 타고 있었다. 조사를

받았을 때 안용복은 「조선 팔도지도(朝鮮八道地圖)」를 제시하면서 일본에서 다케시마(竹島), 마쓰시마(松島)라고 불리는 섬은 조선국 강원도에 속하는 조선의 섬임을 밝힌다. 아울러 자신들은 돗토리의 호키태수에 소송할 것이 있어 오키에 들렀고 순풍을 타고 호키국으로 도해할 생각이라고 말했다.

오키국에서는 5월 23일에 오모리의 이와미주 대관소 앞으로 '각서'를 보고서로 제출했다. 그 후 안용복 등은 6월 4일에 호키국 아카사키(赤崎)을 향했다. 따라서 5월 23일부터 6월 4일까지의 오키국 체류 상황에 대해서는 밝히지 못한다. 돗토리번 내에 체류 했을 때의 일에 대해서는 돗토리번의 제 기록에 의해 상세히 알 수 있지만, 그들이 성시(城市)에 도착한 6월 21일로부터 8월 6일에 조선으로의 귀국 길에 오르는 약 50일간에 대한 기록은, 세상에서 소문이 날 것을 꺼린 탓인지 매우 간결하게 적는 형태로만 남아 있다.

그러므로 『조선왕조실록』 등에서 안용복이 진술했다고 기록된 내용, 즉 돗토리 번주를 상대로 다케시마, 마쓰시마가 조선령인 울릉도와 자산도라고 주장한 내용이 안용복이 정말로 주장한 것인지 여부를 확인할 수 있는 돗토리번 측 사료는 없는 것이다. 그러나 오키에서 대관소 관리가 조사한 「조선배 착안 한 권의 각서」로 분명하듯이, 안용복 등은 다케시마, 마쓰시마가 조선령임을 주장하기 위한 준비를 다 하고 호키주를 목표로 도해해 온 것은 사실로 확인되었다. 그리고 호키에 도착했을 때 뱃머리에 '조울양도감세장신 안동지기(朝鬱兩島 監稅將臣安同知騎)'라고 쓴 깃발을 달고 있던 것들도 오키에서 영유권을 주장하기 위해 며칠 간 준비한 기록이 있으므로 그곳에서의 준비한 것으로 이해할 수 있다. 이런 사실들로 안용복이 비변사에서 말한 모든 진술이 자기연출의 픽션으로 전면적으로 부정하는 견해에 대해서는 다시 검토할 필요가 있다고 생각한다.

그리고 마쓰시마(=독도)는 조선왕조 시대에는 '우산도'라고 불렸지만 안용복은 비변사에서의 진술 및 오키에서도 '자산도(子山島)'라고 말하고 있으므로, 본고에서도 우산도를 '자산도'라고 쓰기로 한다.

2. 오키국에 착안(着岸)한 조선 배

조선 배가 오키 도고(島後) 니시무라에 도착한 것은 1696(겐로쿠 9)년 5월 18일이었다. 그러나 거기는 거친 파도가 몰아치는 해안이었으므로 배는 나카무라(中村)에 가고, 19일 밤에 오쿠촌(大久村)의 가요이 포에 들어갔다. 이에 20일에 사이고(西鄕)에서 온 관리에 의한 조사가 시작된 것이다. 22일에 조사는 끝나, 관리들은 이와미주 대관소에 보내는 조서를 작성하면서 사이고에 배를 회송 하려고 했지만, 풍우가 심해서 배는 그대로 오쿠촌에 남게 되었다.

조선배는 길이 3장(9m), 폭 1장 2척(3.6m), 깊이 4척 2촌(1.3m)이고 쌀 80석을 실 수 있는 배로, 돛대 2개, 돛 2개, 키 1개, 노 5자루, 나무로 된 닻 2개를 갖고 있었다. 뱃머리에는 무명의 깃발이 2장 있었고 그 외에 닥나무 4개, 깔개의 돗자리, 개 가죽 등이 있었다.

이 여러 물건에 대해서는 따로 「조선배에 있는 도구의 각(朝鮮舟在之道具之覺)」에 기록되어 있다. 그 각서에서는 기타 다음과 같은 배

안의 물건이 적혀 있다.

백미(가마니에 3합 정도 남아 있음), 미역 3표, 소금 1표, 마른 전복 1개, 나무 1묶음(길이 6척 8촌, 둘레 1척), 대나무 6개(길이 3척 5촌, 혹은 3척), 칼 1자루(이 칼은 무기로 쓸 수 없음, 대략 만들어졌음), 작은 칼 1자루(작은 칼이지만 요리 등으로 쓰이는 식칼과 같음), 창 4자루(모두 전복을 잡을 때 쓴다고 함, 긴 것은 4척쯤이 됨), 긴 칼 1자루, 반궁(半弓) 하나, 화살 1상자, 돛대 2개(그 중 하나는 여덟 발, 하나는 여섯 발, 그 중 하나는 대나무임), 키 하나(1장 4척 5촌), 왕강 (짚, 참피나무의 껍질), 뜸 10장 정도(그 중 2장은 길이가 5척, 넓이가 1장 2척, 나머지는 일본 뜸보다 조금 크다), 개가죽 3장, 까는 돗자리 3장(배의 돛의 종류) 등이 있고 〈이와 같이 조사했고 틀림없습니다(右 之通見分仕候處紛無御座候)〉라고 쓰여 있다.

승선하고 있던 사람들은 무두 11명이었다. 이름을 써낸 사람은, 안용복, 이패원, 김가과, 뇌헌, 연습 등 5명이고, 연령을 적은 사람은 안용복, 뇌헌, 연습 등 3명만이었고 다른 속인(俗人) 3명, 승려 3명은 이름과 연령을 밝히지 않았다.

안용복은 43세, 관과 같은 검은 삿갓을 쓰고, 수정의 끈, 무명의 윗도리, 허리에 〈통정대부, 갑오생, 주동래, 인조입(通政大夫、甲午 生、住東萊、印彫入)〉이라고 적힌 패를 달고 있었다. 부채에는 작은 상자에 든 도장, 그리고 귀이개가 든 작은 상자를 달고 있었다.

김가과(金可果)도 관과 같은 검은 삿갓을 쓰고 무명의 흰 윗도리를 입고 있었지만, 부채는 가지고 있지 않았다. 연령은 분명치 않다.

뇌헌(雷憲)은 흥왕사(興旺寺)의 주지스님이고 나이는 55세이다. 관과 같이 검은 삿갓, 무명의 섬세하고 아름다운 윗도리를 입고 부채를 가지고 있었다. 금조산 주인(金鳥山朱印)으로 강희 8년 윤 3월 20일로 적힌 문서, 길이 1척, 폭 4촌, 높이 4촌의 상자를 갖고 있었고, 그 안에는 방울의 쇠장식, 대나무로 만든 산목(算木), 벼루, 필묵이 있었다. 또 염주는 일본의 선종에서 사용하는 것과 같았고, 주의 수는 10개 정도였다. 연습(衍習)은 뇌헌의 제자 승려이고 33세로 의상은 뇌헌과 같다. 다른 승려 3명은 울릉도를 구경하기 위해 동행했다고 말했다.

이상이 승선하고 있던 11명에 대한 조사 결과로, 이름, 연령, 의복, 소지품 등이 조사되었다. 또한 이름 등에 대해서는, 뇌헌 이외의 10명 전원이, 조사 때마다 차이가 있는 것이 다음의 표로 알 수 있다.

隱岐(오키)에서 『조선배 착안 한 권의 각서』	伯耆(호키)에서 『다케시마고(竹島考)』	귀국 후 『조선왕조실록』
安龍福 43세	安同知(朝鬱兩島監稅將)	安龍福(東萊人)
李秤元	李秤將(進士軍官)	李仁成(平山浦人)
金可果	金秤將(進士軍官)	金成吉(樂安人)
金耳官	金沙工(帶率)	
柳上工	劉格率(帶率)	劉日夫(興海人)
유카이	劉漢夫(帶率)	劉奉石(寧海人)
雷 憲 55세	雷 憲(金鳥僧將釋氏)	雷 憲(順天僧)
衍 習 33세	習化主(釋氏帶率僧)	金順立(貴延安人)
靈 律	律化主(釋氏帶率僧)	靈律丹(勝淡連習)
勝 淡	淡法主(釋氏帶率僧)	
丹 靑	責 主(釋氏帶率僧)	

표에서 '호키'라는 말의 뜻은 호키국에 상륙하여 돗토리번에서 조사가 이루어졌다는 것이고 『다케시마고』에 의한다. '귀국 후'란 『조선왕조실록』에 나오는 비변사에서 조사를 받았을 때의 내용이다.

착안한 조선인에 대한 조사는 11명 중 안용복, 뇌헌, 김가과 등 3명이 대표하여 오키의 관리에 대답하는 형태로 진행되었다. 그 때 안용복이 〈통사이니 물어보시면 답해 드린다〉라고 했듯이 안용복이 통역이 되어 일본어로 질의응답이 이루어졌다. 안용복의 일본어는 부산왜관에 출입하면서 외웠다고 전해지는데 1693년에 울릉도에서 요나고(米子)로 연행되었을 때도 '일본어통사'가 되었다고 적혀 있다. 다만 오키에 이어 호키국에 가서, 아오야(青谷)의 전념사(專念寺)에서 돗토리번 유생과 대담 한 후에는, 성시인 돗토리에 들어가도 일본어는 잘 모른다고 적혀 있다.

3. 겐로쿠 6(1693)년의 안용복

오키에서 관리의 조사가 진행되었을 때 안용복은 〈4년 전의 유년(酉年) 여름에 울릉도에서 호키주의 배로 일본에 연행되었다〉고 말해, 4년 전의 연행사건을 언급했다. 그 때는 '도리베'라는 사람도 함께 있었지만 이번에는 그를 울릉도에 남겨 놓고 왔다고 덧붙였다.

1696(겐로쿠 9)년에서 4년 전이란 1692년이지만, 유년(酉年)이면 1693년이다. 그 해 3월에 안빈샤(안용복)와 도라헤(박어둔) 등 두 사람이 울릉도에서 요나고에 연행되었다. 그 때의 일본 측의 기록에는

다음과 같이 적혀 있다.

1692(겐로쿠 5)년에 울릉도에 도해한 무라카와가(村川家)의 배는 처음으로 울릉도에서 조선인을 만났다. 다만 조선인이 53명이나 있는데 비해 일본 측은 21명밖에 없었으므로, 조선인이 다케시마(울릉도)에 와 있었다는 증거물만을 확보해 서둘러 돗토리에 돌아왔다. 그때 조선인 중에 일본어를 할 줄 아는 사람이 있었으므로 〈이 섬은 공방(막부장군) 님으로부터 배령하여 매년 도해해 온 섬인데 무엇 때문에 왔는가〉라고 엄하게 심문했다고 무라카와가의 사공이 쓴 「구상의 각(口上之覺)」에 적혀 있다.

그리고 1693년 3월에는 오야가(大谷家)의 배가 도해했다. 이 해에도 조선인이 먼저 와 있었는데 그들 중에 전년 만난 통사가 있었으므로, 그와 더 한 사람을 배에 태워 돌아왔다. 그것은 전년에 다케시마(울릉도)에 와서는 안 된다고 엄하게 혼냈음에도 불구하고 금년에도 왔으므로 지극히 폐가 되었다는 것을 보여주기 위해 요나고에 연행해 왔다고 한다.

조선인 두 사람을 태우고 3월 18일에 다케시마(울릉도)를 출발, 20일에 오키의 후쿠우라(福浦)에 도착, 거기서 대관소 관리들의 조사를 받았다. 그리고 23일에 후쿠우라를 출발할 때 조선인 두 명에게 술 1통이 선물되었다고 사공은 적었다. 그 이유에 대해서는 알 수 없다.

도중 도젠(島前)을 거쳐 27일에 오야가의 배는 요나고에 귀착, 안용복 등을 나다마치(灘町)의 오야 규에몬(大谷九右衛門) 댁에 수용했다. 돗토리번은 단속반장과 경비를 위한 하급 무사 2명을 거기에 배치했다. 조사는 돗토리에서 가로(家老) 아라오 다이와(荒尾大和)와 그의 백부인 아라오 슈리(荒尾修理)가 파견되어 맡았고, 1개월 후인 4월 28일이 되어 〈당인(唐人)의 구술서 및 소지한 문서 3통〉이 돗토리번에 보내졌고 30일에는 그것은 그대로 에도(江戶)의 돗토리번주 저택에 회송되었다.

조사를 끝내고 에도에서의 지시를 기다리고 있는 동안, 돗토리번의 『히카에 첩(控帳 : 적어놓은 기록장)』 5월 11일조에는 〈안빈슌(=안용복)은 기분전환을 위해 외출하고 싶다 등 여러 가지 말하기에 아라오 슈리까지 이야기가 올라갔으나 외출은 안 된다고 지시가 있었다. 그리고 술을 마시고 싶다고 요청했는데 그것은 괜찮지만 주야에 3승이상은 안 된다고 전달했다〉라고 기록되어 있다. 5월 11일이라면 3월 27일에 요나고에 연행된 이후 50일 가까이 지났을 무렵이기도 하다. 조사가 끝나 안용복의 「구술서」도 제출되었으므로 기분 전환을 위해 외출하고 싶다고 요청했고, 기타 여러 가지 불평을 말한 모양이다. 외출은 허가되지 않았지만, 하루에 3승까지는 술을 마셔도 된다는 이야기가 된 것이다.

여기서 일본어통사가 안빈슌이라는 이름이었다는 것이 판명된다. 1828년에 돗토리 번사(藩士 : 번 소속의 무사〈武士〉) 오카지마 마사요시(岡島正義)가 정리한 『다케시마고』에 의하면 안용복의 이름은 울릉도에서 만났을 때에 물어보았다고 되어 있으며 〈나는 사는 곳은 조선국 경상도 동래현이고 안핀샤, 나이는 42세이다. 이 사람은 울산의 사람이고 도라헤라고 한다, 나이는 34세이다〉라고 대답했다고 기록되어 있다.

막부의 지시가 나온 것은 5월 26일이었다. 지시는, 조선인을 육로로 나가사키(長崎)에 보내라는 내용이었고『다케시마고』에는 〈관동(關東 : 에도)의 명령을 전하는데 막부 노중(老中)께서는, 조선인에게 이후 다케시마(울릉도)에 도해하지 말도록 엄하게 말하고 히젠국(肥前國) 나가사키까지 송환하라는 취지로 재정하셨다〉라고 적혀 있다.

『히카에 첩』에 의하면, 나가사키에 보내기 전에 조선인을 돗토리까지 데려 오라고 돗토리 번청이 명했다. 이 때문에 3명으로 호위하며 의사까지 동반시켜 안용복 등은 요나고로부터 돗토리에 보내졌다. 돗토리의 성시에는 6월 1일에 도착했고 우선 가로(家老) 아라오 다이와 집에 들어갔고 다음 날로부터 1주일간은 성시의 집회소에 수용되었다. 아라오 저택으로부터 집회소로 옮긴 밤에는 중신 4명이 일부러 조선인 두 명을 만났다. 조선인이 진기해서 그랬는지는 확실하지 않다. 그런데『다케시마고』에 의하면 〈안핀샤는 사납고 난폭한 사람이다〉라고 기록되어 있고『인부연표(因府年表)』에서도 〈이객(異客) 중에 난폭한 사람이 있다〉라고 적혀 있다. 그 때문인지 성시로 들어갈 때는 〈여성과 어린이는 밖에 나오지 말 것〉이라고 돗토리번이 고시문을 내기도 했다.

나가사키로의 호송은 해상의 길은 걱정스럽다고 하여 육상의 길로 보내는 것, 그리고 〈모든 준비에 대해 각각 관리들에게 명령했다〉라고 기록되어 있어 돗토리번으로서 충분한 배려를 하여 보낸 것을 알수 있다. 여행길에서는 가신 2명이 사자로 임명되었고, 의사, 경비요원 5명, 하급무사 약간, 신여를 짊어지는 사람, 그리고 요리인까지 동행시켰다. 6월 7일에 돗토리를 출발하여 6월 30일에 나가사키에 도착, 7월 1일에 나가사키 대관소에 2명의 조선인을 인도했다. 두 사

람은 나가사키에서는 대마번 관리에게 맡겨 조사를 받았고 8월 14일
에 대마번에서 온 사람에게 인도되어 9월 3일에 대마번에 도착, 9월
말에 대마번의 사자와 함께 조선으로 귀국했다.

대마번의 『조선통교대기』에는 〈겐로쿠 6 계유(癸酉)년, 이 해에 조
선인 40여명, 우리 이나바주(因幡州) 다케시마에 와서 고기잡이를 하
였으므로 체포한 2명을 그들의 나라로 송환했다. 9월에 관리 다다 요
자에몬(多田與左衛門)으로 하여금 문서를 작성시켜 그것을 보내드렸
다〉라고 기록되어 있다. 〈우리 이나바주 다케시마〉라고 적혀 있는 부
분이 주목된다.

이에 대해 한국 측 사료로서는 『조선왕조실록』 등이 있다. 여기서
는 신용하의 『사적(史的) 해명 독도(다케시마)』(인터출판) 속에 나오
는 기술을 아래에 인용하기로 한다.

수적으로 우세하였던 일본 어부들은 조선 울산 어부들의 대표격
인 안용복(安龍福), 박어둔(朴於屯) 등에게 의논하자고 꾀어내어
은기도(隱岐島)로 납치해 갔다.

안용복은 은기도주에게 울릉도는 조선 영토임을 지적하고, "조선
사람이 조선 땅에 들어갔는데 왜 잡아왔는가"라고 항의하였다. 이
에 은기도주는 안용복 등을 그의 상사인 백기주(伯耆州) 태수에게
이송하였다. 백기주태수의 심문에 안용복은 당당하게 울릉도가 조
선영토임을 강조하고, 조선 영토인 울릉도에 일본 어부들의 출입을
금지해 줄 것을 요구하였다. 당시 백기주 태수는 울릉도가 조선 영
토임을 알고 있었기 때문에 안용복을 강호(江戶=에도)의 관백(關白
; 幕府將軍)에게 이송하였다. 막부의 관백도 여러 가지 조사 후에

안용복의 주장이 사실임을 인정하여 "울릉도는 일본 영토가 아니다"(鬱陵島非日本界)는 서계(書契)를 백기주 태수를 시켜서 써 주고 안용복 등을 강호[東京=에도], 장기(長崎), 대마도(對馬島)를 거쳐 조선에 송환시켰다.

그러나 안용복 등이 장기에 이르자 대마도주는 안용복 등을 다시 잡아가두었으며, 대마도에 이르자 대마도주는 관백이 백기주 태수를 시켜서 안용복에게 써 준 서계를 빼앗고, 안용복 등을 일본 영토인 죽도(竹島; 다케시마=울릉도)를 침범한 죄인으로 묶어서 조선 동래부에 인계하면서 왜의 사절에게 서찰을 주어 조선 측에 뜻밖의 요구를 해 왔다.

일본 측의 사료는 돗토리번에서 구속한 안용복 등에 어떤 처우를 했는가, 그리고 요나고→돗토리→나가사키라는 루트로 돌려보냈다는 것이 중심적으로 기록되어 있다. 이에 대해 한국 측의 사료는 안용복의 비변사에서의 진술에 입각해 있다. 안용복의 발자취도 오키→호키번(=호키주)→막부→나가사키→대마도가 되어 있어 일본 측 기록과 크게 차이가 난다.

문제가 되는 점은 첫째, 오키에서 도주에게 울릉도가 조선 영토라고 주장하여 자신을 납치, 연행한 것은 부당하다고 항의했는지 여부이다. 그때의 취조 내용은 알 수 없지만 사공의 구술서에서는 〈번소(番所)에서 당인(唐人)에게 술을 한 통 주셨다〉라고 적혀 있는 것을 어떻게 해석하는가가 문제로 남는다. 안용복 본인의 의사에 반해 연행된 사실에 대한 오키 측의 진사(陳謝)의 의미가 담겨져 있던 것일까.

둘째, 오키국은 막부의 직할 영지이며, 오야가가 속하는 호키국과는 관계가 없다. 따라서 오키의 관리가 안용복을 돗토리번에 인도한 것이 아니다. 오키로부터 돗토리의 요나고로 연행한 것은, 오야가의 배의 사공이 다케시마(울릉도) 도해 사업이 조선인에 의해 방해 당하고 있는 실정을 호소하기 위해 안용복 등을 그 증인으로 삼는 목적이 있었기 때문이다.

셋째, 요나고에서 두 사람은 오야 저택 내에 구류되었고 돗토리번은 이에 하급 무사 2명을 경비로 파견했다. 조사는 돗토리번의 가로 아라오 다이와와 백부 아라오 슈리가 담당했다. 안용복이 다케시마 즉 울릉도가 조선 영토라고 주장했는지 여부는 확인할 수 없지만 그렇게 언급했다는 가능성마저 부정할 수는 없다. 조서로서 돗토리 번청과 에도막부에 보내진 「당인(唐人)의 구술서」 즉 안용복의 진술서가 있다. 그 내용은 밝혀지지 않았지만 「당인의 구술서」가 막부에 보내짐으로써 막부의 다케시마(울릉도) 영유권에 대한 인식이 오히려 분명해져서 조선정부에 대한 조선인의 다케시마 도해 금지 요청이 이루어졌기 때문에, 안용복 등이 어떠한 주장을 했다고 보아야 한다.

물론 안용복이 말하듯이 돗토리에서 에도로 보내져서 막부에서 심문을 받은 다음, 돗토리 번주가 다케시마(울릉도)는 조선령이라는 서계(書契)를 안용복에 주었다는 이야기 등은 모두 안용복이 지어낸 이야기로 보아야 한다.

넷째, 나가사키에서 대마번으로 인도된 후에는 안용복에 대한 처우가 돌변하여 죄인으로 취급되었다는 사살에 대해서이다. 『조선왕조실록』에는 〈호키에서 받은 은화와 문서를 대마도인이 탈취했다〉라고 적혀 있고, 돗토리 번주로부터 받은 은화와 서계를 대마번에서 몰수했다고 기록되어 있지만 이것은 사실이 아니다.

오키 그리고 요나고와 돗토리에서 받은 대응은 분명히 후대였다고 해야 한다. 이에 대해 대마번의 경우는 막부의 의향을 받아 다케시마에의 조선인 도해 금지를 조선에 요청하게 된 이상, 안용복 등은 월경 침범의 죄인으로 처우되는 결과가 된 것이다.

4. 겐로쿠 9(1696)년의 안용복

1694(겐로쿠 7)년에는 기후악화로 인해 일본의 다케시마(울릉도)로 도해하는 배가 도중에서 되돌아왔다. 같은 해 11월, 그 다음해 봄의 도해 준비를 위해, 무라카와, 오야 두 가문은 돗토리번에 예년대로 자금 대여를 신청했다. 아울러 울릉도에서 조선인을 만나면 어떻게 대처하면 좋은지에 대해 물었다. 이에 대한 돗토리번의 회답은 이전에 없었던 냉담한 것이었다. 즉 〈비용 차용의 건은 매번해 주었으므로 이번에는 허가하지 않는다. 도해에 관해서는 상인들이 알아서 하고 조선인과 섬에서 만날 때에 대해 지시할 수 없다〉라는 내용이었다.

마침 '다케시마 일건'이라고 불리는 조일 양국간의 외교교섭이 시작된 지 1년이 경과된 시점이었다. 조선 측은 그때까지의 〈우리 경계인 울릉도〉와 〈귀국 경계인 다케시마〉라고 하면서 다른 섬이 두 개 있는 것처럼 진술해 온 타협적 표현을 고치고 〈왜인이 말하는 다케시마, 즉 우리나라 울릉도〉라는 주장을 펴기 시작해 일본 측에 양보를 강요하고 있었다.

그런 정세를 반영해 돗토리번에서도 다케시마(울릉도) 도해 사업에 대한 재검토가 시작되었던 가능성을 배제할 수 없다. 그리고 1695(겐로쿠 8)년 말에는, 울릉도는 조선 영토임을 일본 측도 확인함을 통해 '다케시마 일건'의 결착을 시도하는 방향이 설정되었고 1696년 1월에 막부에 의해 '다케시마 도해 금지령'이 내려진다.

오키에 안용복 등 11명이 착안(着岸)한 것은 1696년의 5월 18일이었다. 이미 1월에 막부에 의한 도해 금지령이 내려졌으므로, 일본인의 다케시마 도해자는 없었을 것이다. 그러나 안용복이 귀국 후 비변사에서 진술한 기록『조선왕조실록』숙종 22년 9월 무인조에는 완전히 다른 상황이 기록되어 있다. 신용하의 저서로부터 인용한다.

울릉도에는 과연 다수의 일본 배들이 와서 정박해 있었다. 안용복이 외치기를 "울릉도는 본래 우리의 땅인데 왜인이 어찌 감히 국경을 넘어와 침범하는가, 너희들은 모두 묶어 마땅하다"고 뱃머리로 나아가면서 크게 꾸짖었다. 일본인들은 말하기를, "우리들은 본래 송도(우산도·독도─인용자)에 사는데, 우연히 고기잡이를 나왔다가 이렇게 되었으니 마땅히 우리 땅으로 돌아갈 것이다"라고 하였다. 안용복이 이에 "송도는 곧 자(子 ; '于'의 잘못 인쇄)산도인데 이 역시 우리나라의 땅이다. 너희들이 감히 어떻게 여기에 산다고 하느냐"(松島卽子山島 此亦我國地 汝敢住此島)고 말하고, 이튿날 새벽 우산도[독도, 松島]로 들어가 보니 그 일본 어부들이 가마솥을 걸고 물고기를 조리고 있으므로, 막대기로 이를 부수고 큰소리로 이를 꾸짖으니 일본인들이 모두 배를 타고 본국으로 돌아갔다.

안용복 등은 그 길로 일본 어부들을 쫓아 일본의 은기도(隱岐島 : 오키섬)로 들어갔다. 은기도주가 안용복에게 찾아온 이유를 물으니, 안용복이 큰소리로, "몇 년 전에 내가 이곳에 들어와 울릉·자[子]산 등의 섬을 조선 땅의 경계로 정하고 관백의 서계를 받아가기에 이르렀는데, 이 나라는 정식(定式)도 없이 또 우리 경지를 침범하였으니 이것이 무슨 도리인가"(傾年吾人來此處以鬱陵·子山等 島 定以朝鮮地界 至有關白書契 而本國不有定式 今又侵犯 我境 是 何道理云爾)라고 말하였다.

이에 은기도주는 안용복의 항의를 백기주(호키주 : 伯嗜)에 마땅히 전보하겠다고 말하였다. 그러나 오래 기다려도 백기주로부터는 아무런 소식이 없었다.

울릉도에서 일본인을 만났다는 이야기는 안용복이 지어낸 이야기이고 사실이 아니라는 것은 이미 지적했다. 그리고 그는 오키에 온 후 과연 울릉도와 자산도(우산도)가 조선 영토라고 주장했을까. 이에 대해 무라카미 가문의 문서인 「각서」를 살펴보자.

안용복은 조사를 한 대관소 관리에 대해서 '조선팔도지도'를 내밀었다. 그리고 그 자리에서 그가 말한 내용이 다음과 같이 기록되어 있다.

안용복이 말하기를 다케시마를 대나무 섬이라고 하는데 조선국 강원도 동래부 안에 울릉도라는 섬이 있어 이것을 대나무 섬이라고도 한다. 즉 팔도 지도에 적혀 있어 가져 왔다.

다케시마와 같은 도 안에 자산이라는 섬이 있다. 이것을 마쓰시마라고 한다. 이 둘 다 팔도 지도에 적혀 있다.

안용복은 질문을 받지 않았음에도 불구하고, 다케시마(울릉도), 마쓰시마(자산도)에 대해 진술한 것이다. 그리고 두 섬 모두 조선국 강원도 동래부에 속해 있고 팔도지도에도 기록되어 있다고 주장한 것이다. 팔도지도는 지참했다고 했지만 무라카미가 문서 속에는 없는 모양이다.

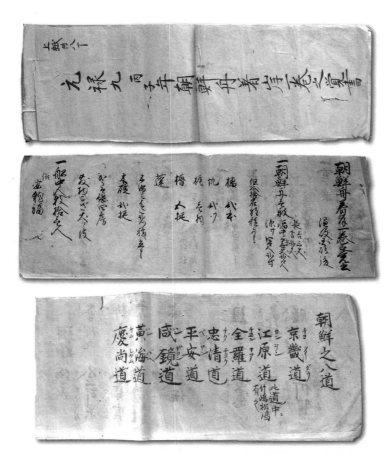

강원도 안에 '다케시마, 마쓰시마가 있다(竹嶋 松嶋有之)'라고 쓰여 있다.

조선 팔도를 열거한 서면에서는 강원도 부분에 다케시마와 마쓰시마가 적혀 있다. 그 부분에는 〈이 도 안에 다케시마, 마쓰시마가 있음〉이라고 적혀 있는데, 다른 도 소속의 섬에 대해서는 적혀 있지 않은 것으로 보아, 다케시마(울릉도)와 마쓰시마(자산도, 독도)를 조선의 영토로서 주장하기 위해 특별히 만들어 간 것이라고 할 수 있다.

다케시마와 마쓰시마의 위치 관계에 대해서는 같은 「각서」 속에 다음과 같이 적혀 있다.

당자 3월 18일 조선국을 조식 후에 출발하여 같은 날 다케시마에 도착한 후 저녁밥을 먹었다고 한다.

5월 15일 다케시마를 출발, 같은 날 마쓰시마에 도착했고 5월 16일 마쓰시마를 떠나 18일 아침에 오키섬의 니시무라 해안에 도착했다.

다케시마와 조선 사이는 30리이고 다케시마와 마쓰시마 사이는 50리라고 말한다.

실제로는 한국의 울진과 울릉도 사이는 140km, 울릉도와 독도 사이는 92km이다. 따라서 여기서 말하는, 조선 본토와 다케시마 사이가 30리, 다케시마와 마쓰시마 사이가 50리라는 것은 정확하지 않다. 그리고 본토에서 아침 식사 후에 출발하면 울릉도에는 저녁때에 도착한다는 것도, 리(里)수에 맞춰서 말한 것이라고 생각된다. 여하튼 이러한 표현은 울릉도는 조선에 가깝다는 것, 따라서 조선의 영토임을 말하기 위한 배려에서 나온 것이라 생각된다.

그리고 시간적인 거리를 보면, 5월 15일에 다케시마를 출발하여 같은 날에 마쓰시마에 도착했고, 16일에 마쓰시마를 떠나 18일 아침에 오키에 도착했다고 하는데, 이것은 실태와 일치한다. 1667년에 사이토 호센(齋藤豊仙)이 쓴 『은주시청합기』에서도 오키의 북서방향으로 1박 2일로 마쓰시마에, 그리고 하루 더 가면 다케시마에 도착한다고 기록되어 있다.

이상으로 살펴본 바와 같이 안용복의 울릉도(다케시마), 자산도(마쓰시마)에 대한 위치 관계 인식은 확실했고, 두 섬은 함께 조선국 강원도 동래부에 속하는 섬이라는 것을 '조선팔도지도'를 사용해 설명했고 그것을 일본 측 오키국 대관소 관리가 기록에 써놓은 것 등이 밝혀졌는데 그 문서가 무라카미가 문서인 「겐로쿠 9 병자년 조선 배 착안 한권의 각서」인 것이다.

5. 오키의 안용복

오키에 온 안용복이 울릉도(다케시마), 자산도(마쓰시마)가 모두 조선의 영토임을 명시해, 일본 측 관리로 하여금 기록시킨 것은 영유권 문제를 둘러싼 안용복의 역할을 결정짓는 의미를 지닌다. 일본 측의 기록 속에서는, 무라카미가문의 「각서」만이 그것을 기록했고 돗토리번의 관계문서에서는 그 내용을 볼 수 없다. 따라서 안용복이 자산도(독도)가 조선의 영토라고 일본 측에 주장한 사실을 확인할 수 있는 문서는 『조선왕조실록』 등의 한국 측 사료가 아니라, 안용복의 오키에서의 언동을 기록한 이 「각서」라고 해야 한다.

덧붙여 이 「각서」에는 안용복이라는 인물을 알기 위해 중요한 몇 가지 단서가 적혀 있다.

첫째, 조사 중에 《(안용복이) 계유년 11월 일본에서 받은 물건을 적은 문서를 한 권 내놓았는데 그것을 필사했다》라고 적혀 있는데 계유년이란 겐로쿠 6(1693)년이므로 울릉도에서 요나고에 연행되었을 해이다.

전술한 바와 같이 돗토리번에서 받았다는 서계나 은화는 귀국 때 대마번에서 몰수당했다고 그 후에 비변사에서 진술했음에도 불구하고, 오키에서는 일본에서 받은 것들과 문서를 가져 왔다고 진술한 것이다. 게다가 그 문서는 대관소 관리가 필사했다고 적혀 있지만 유감스럽게도 현존해 있지 않다.

둘째는 조선 측 문헌에는 안용복이 1696(겐로쿠 9)년에 일본을 방문하기 직전에 울릉도에서 일본인을 쫓아냈고, 자산도에서는 《마쓰시마는 바로 자산도이다. 이것도 우리 땅이다》라고 말했다고 되어 있지만 그것이 사실이 아닌 것은 전술한 바와 같다.

그러나 다케시마와 마쓰시마가 조선의 영토라고 하는 '팔도지도'를 준비해 도일한 것은 분명하다. 오키 도주에 항의했는지는 몰라도 《호키태수 님에게 소송할 것이 있어서》 오키에 들른 것이고, 대관소 관리는 《호키국에서 소송을 할 이유도 적고 내달라》라고 안용복에게 소송 내용에 대해 상세히 쓰고 제출하라고 요구하고 있다.

이에 대한 안용복의 회답은 《그것을 적어놓을 수는 없고 호키국에 가서 상세히 말하겠다》라는 것이었다. 그러니까 오키에서는 항의 내용을 돗토리번에 전달하지는 못했고 소송을 위해 호키에 간다는 것밖에 연락할 수 없었다고 판단된다.

셋째, 6월 4일에 호키에 간 안용복은 뱃머리에 〈조울양도 감세장신 안동지기〉라고 묵서한 깃발을 달아 아오야에 도착해, 전념사에서 돗토리번으로부터 왜 왔는가라는 질문을 받았다. 이 때, 안용복은 관복을 입고 검은 천으로 만든 관을 쓰고 가죽으로 만든 구두를 신고 돗토리번이 준비해 준 가마를 타고 있었다고 비변사에서 진술했는데 오키에서 배 안의 도구를 조사한 기록에는, 관복이나 가죽의 구두는 없었다. 그리고 돗토리번이 가마와 말을 제공한 것은 돗토리 성시로 들어갈 때였고 안용복은 그것을 아오야에서의 일이라고 오인하고 있다.

넷째 돗토리번에서는 외교 사절로 대접을 받고 아오야에서 가로(賀露)를 거쳐 성시에 들어가 마을의 집회소를 숙소로 했다. 당연히 번의 중신과 대담했다고 생각되지만, 그것을 안용복은 번주와 대좌하여 울릉도에의 호키의 배가 도해하는 것에 대해 항의했다고 하고 있지만, 그렇지 않다. 다만 이인성(李仁成)에게 쓰게 한 소문을 돗토리번에 제출하여, 돗토리번으로부터 에도의 번주 저택에 보냈다. 돗토리번주가 그 문서를 막부에 신고한 가능성에 대해서까지 전면 부정할 수는 없다.

그렇게 말하는 것은 『조선왕조실록』 숙종 23년 2월 을미조에는 1697(겐로쿠 10)년 2월에, 대마번주가 조선의 동래부사에 질문한 내용 속에 〈지난 가을 귀국인이 서간을 제출한 일이 있었다. 조정의 명령에 의한 것인가〉라고 물었더니 동래부사는 〈표류한 우민에 이르러서는 일부러 어떤 일을 할 때가 있으나 조정이 모르는 일이다〉라고 대답한 것을 적었고, 그리고 『조선통교대기』가 적은 그 다음 해 3월의 문서에서는 〈제출된 문서의 건에 이르러는 정말로 망작(亡作)의 죄가 있다〉라고 되어 있다. 그것은 안용복이 일본에서 문서를 제출한 것을 조일 양국이 모두 인정하는 것이고 문서를 제출했다면 돗토리번에 체재 중의 일이다.

다섯째, 오키에 간 안용복은 울릉도나 자산도에 도해해 온 일본인에 대해 고함치고 쫓아버린 남자의 이미지와는 달리 지극히 우호적으로 행동하고 있어 이에 오키 사람들도 가능한 한 배려하여 우호적으로 대응하고 있던 것을 알 수 있다.

대관소 관리의 조사가 끝났을 때 안용복은 '호의'라고 칭해 말린 전복 5봉지를 대관소 관리들에게, 또 1봉지를 오쿠촌 촌장에 주려고 했다. 이것은 받아들여지지 않고 반환되었지만 선물을 하려고 한 것은 토산품을 줄 생각이었을까, 신세를 진 데 대한 사례의 의미가 담겨져 있었다고 보아야 하는 것일까.

그리고 조선인들은 가져 온 밥쌀이 없어져, 저녁밥을 먹지 못했다고 말했다. 오쿠촌의 촌장이 배 안을 살펴보니 가마니에 밥쌀이 3합밖에 남아 있지 않는 것을 보고 불쌍하게 생각하여 흉년으로 쌀이 충분치 못한데도 불구하고, 마을에서 쌀을 모아서 4승 5합을, 그리고 사이고(西鄕)의 관공서가 보내 온 1두 2승 3합의 쌀을 합해서 제공해 주었다. 그 때 안용복이 조선에서는 표착한 배는 구조하여 베풀어주는 것이 보통이므로 밥쌀이 없어진 이상은 구조해 주는 것이 당연하지 않으냐고 말한 데 대해, 오쿠촌의 촌장은 표착한 배라면 구조해 주지만 호키주에 소원하기 위해 온 이상은 밥쌀의 준비는 되어 있을 것이라고 하여 한 번은 요청을 거절한 다음 쌀을 제공해 주었던 것이다.

그리고 매일 서풍이 강해서 흔들리는 배 안에서는 글쓰기를 할 수 없어서 상륙하고 싶다는 요청에 대해서는 바닷가에 가까운 농부 집을 제공하기로 하여 22일부터 안용복 등 4명이 입주해 소송을 위한 초안을 정리했다고 한다.

이상과 같은 에피소드는 안용복의 언동을 생각하는 경우에 참고가 될 것이다.

메이지정부의 독도 판도 외 지령

| 박병섭 |

1877(메이지10)년, 일본의 최고국가기관인 태정관은 독도를 일본의 판도 외로 하는 지령을 내무성에 하달했다. 그 중요한 자료는 일본의 국립공문서관에 소장되어 있지만 일반적으로는 잘 알려져 있지 않다¹⁾. 특히 독도가 그려진 부속 지도는 2006년 7월, 「다케시마-독도 문제 연구 넷」이 그 존재를 밝힐 때까지 전혀 알려져 있지 않았다. 여기서는 그 지도가 들어있는『공문록(公文錄)』문서와 태정관의 판도 외 지령이 기록된『태정류전(太政類典)』의 상세한 내용을 소개한다.

1. 내무성 지리료사서(内務省地理寮伺書)

독도를 일본 영토 외로 정한 태정관 지령의 발단은, 내무성 지리료 담당관의 조회서였다. 1876(메이지9)년, 지리료의 다지리(田尻) 등은 시마네현을 순회했을 때 다케시마(울릉도)에 대한 정보를 얻어, 시마네현의 지적 편제계에 다케시마(울릉도)에 대해 조회했다. 이 조회서에 마쓰시마(독도)는 언급되지 않았다. 조회서의 번역은 다음과 같다.

내무성의 지리료로부터 시마네현 앞으로 보낸 조회서[2]
(시마네현 조회서의 첨부문서 · 을 제28호)

귀하 관할인 오키국의 모 방향에 종래 다케시마라고 불린 고도(孤島)가 있다고 들었다. 원래 구 돗토리번(鳥取藩)의 상선이 왕래한 항로도 있다. 조회의 취지는 구두(口頭)로 조사의뢰 및 협의했다. 덧붙여서 지적편제에 관한 지방관의 지침서 제5조의 취지도 있지만 더욱 확인을 위해 협의를 부탁드린다. 위 제5조에 입각해 오래된 기록이나 고지도 등을 조사하셔서 내무성 본성에 물어봐 주시도록 이번의 사항에 대해 조회한다.

메이지 9(1876)년 10월 5일

지리료 제12등 출사(出仕) 다지리 겐신(田尻賢信)

지리대속(地理大屬) 수기야마 에이조(杉山榮藏)

시마네현 지적 편제계 귀중

2. 시마네현 「일본해내 다케시마 외일도 지적편찬방사 (日本海內竹島外一島地籍編纂方伺)」

지리료의 조회를 받은 시마네현은 다케시마(울릉도)에 도해하던 오야(大谷) 가문의 기록 등을 첨부하여 같은 해 10월 16일, 내무경에게 「일본해내 다케시마 외일도 지적편찬방사(日本海內竹島外一島地籍編纂方伺)」라는 문서를 제출했다. 그 번역문은 다음과 같다.

「일본해(=동해) 내에 있는 다케시마 외일도의 지적 편찬 방법에 관한 조회서」[3]

귀성(내무성)의 지리료 직원이 이 땅의 지적편찬 조사를 위해 본현(시마네현)을 순회했을 때, 일본해 내에 있는 다케시마를 조사하는 건에 대해 별지 을(乙) 제28호와 같이 조회가 있었다.

본도(本島 : 울릉도)는 에이로쿠(永祿)년간(1558-1569)에 발견된 섬이라고 한다. 그러므로 구 돗토리 번(鳥取藩)이 겐나(元和) 4년(1618)으로부터 겐로쿠(元祿) 8년(1695)까지 약 78년간 돗토리 번 영지내의 호키(伯耆)국 요나고 초(米子町)의 상인 오야 규우에몬(大谷九右衛門), 무라카와 이치베에(村川市兵衛)라는 사람이 구 에도막부(江戶幕府)의 허가를 받고 매년 도해하여 섬에 있는 동식물을 싣고 돌아와 내지(內地 : 일본본토)에서 매각한 것은 이미 확증이 있다. 오늘날에 (당시의) 고문서, 구 서장 등이 전해져 있으므로 별지로 유래의 개략과 도면을 첨부해 놓았다.

이번에 섬 전체를 실사하고 나서 자세한 내용을 곁들여 기재해야 하는데 원래 본현 관할로 확정된 것도 아니고, 또 북쪽 바다 100여 리에 떨어져 있어 항로도 분명치 않아 보통의 범선 등으로는 잘 왕래할 수 없으므로 위 오야(大谷) 모, 무라카와(村川) 모의 전기가 있어 추후 상세한 내용을 말씀드리고자 한다.

그러므로 대략적으로 추론하는 바, (다케시마는) 관내의 오키국

의 북서방향에 있어 산인(山陰)지방(=서일본의 동해 측 지방) 일대
의 서부에 속한다고 볼 때는 본현 국도(國圖)에 기재하여 지적에 편
입하는데 이 건은 어떻게 취급하면 좋을지 부디 지령을 부탁드린다.
　　메이지9(1876)년 10월 16일　현령 사토 노부히로(佐藤信寛) 대리
　　　　　　　　　　　시마네현 참사(參事) 사카이 지로(境二郎)
　　내무경　오쿠보 도시미치(大久保利通) 귀하

　여기서 주목되는 부분은 시마네현이 지리료의 조회에는 없었던 '외
일도'를 추가하여 내무성에 조회서를 제출한 점이다. '다케시마 외일
도'에 대해 일본 국회도서관에 근무하는 쓰카모토 다카시(塚本孝) 씨
는 다음과 같이 주장한다.

　　이 "다케시마"는 울릉도를 가리키며 "외일도"는 마찬가지로 에도
　시대에 도해한 마쓰시마 즉 오늘날의 다케시마(=독도)이다. 시마네
　현이 두 섬을 지적에 편입할 방향으로 지시를 요청한 것은 "다케시
　마(울릉도)"에 대해서는 현지(오야가)에서는 겐로쿠 9(1696)년의
　도해 금지를 조선으로부터 "다케시마(울릉도)"가 일본령임을 인정
　하는 증서를 받은 다음의 조치였다는 인식(상기 『공문록』 수록 문
　서, 혹은 『다케시마 도해유래기 발서공(竹島渡海由來記拔書控)』)에
　의한 것으로 생각되고 "외일도"는 "다케시마"에 대해 지적을 편제한
　다면 마쓰시마도 잊어서는 안 된다는 생각이었던 것으로 보인다[4].

시마네현이 일부러 '외일도'를 추가 기재한 것은, 고래의 자료에 '다

케시마 부근 마쓰시마(竹嶋近邊松嶋)'라든지 '다케시마 내 마쓰시마(竹嶋之內松嶋)'라는 기록이 있어 마쓰시마는 다케시마와 한 쌍이라는 인식이 강했기 때문으로 보인다. 원래 마쓰시마(독도)는 그 이름에 반해 소나무는커녕 나무가 하나도 나 있지 않음에도 불구하고 '마쓰시마(松島)'라고 불린 것은 다케시마와 한 쌍을 이룬다는 발상에서였다고 생각된다. 덧붙여서 '외일도'가 마쓰시마(독도)임은 시마네현 조회서에 첨부된 다음 문서「유래의 개략」과 부속 지도「이소타케시마 약도(磯竹島略圖)」로 명백하다.

시마네현 「유래의 개략」[5)

(그 섬은) 이소타케시마(磯竹島) 또는 다케시마라고 칭하여 오키 국의 북서 120리 정도에 있다. 주위 약 10리 정도이고 산이 준험(峻險)하고 평지(平地)가 적다. 강이 세 줄기 있다. 그리고 폭포가 있다. 그러나 계곡이 깊고 수목과 대나무가 주밀(綢密)하고 수원천을 알지 못한다. (중략)

다음에 일도가 있다. 마쓰시마(松島)라고 부른다. 주위는 약 30 정(町)(약 3.3km) 다케시마와 같은 항로에 있다. 오키 섬에서 80 리 정도의 거리다. 나무나 대나무는 드물고 물고기와 짐승(강치)을 잡을 수 있다.

에이로쿠(永祿) 연간(1558-1569) 호키(伯耆)국 아이미(會見)군 요나고 초(米子町)의 상인 오야(大屋)(후에 오야〈大谷〉로 개명) 진키치(甚吉)가 도해하며 에치고(越後 : 현 니이가타〈新潟〉현)에서 돌아올 때 열대성 저기압을 만나 그 땅(다케시마=울릉도)에 표류했다. 드디어 섬 전체를 순사하여 매우 어패류가 풍부함을 알게 되어 귀국한 날, 검사(檢使) 아베 시로고로(安倍四郞五郞 : 막부의 명에 의해 요나고성에 있던 막부 관리)에 그 취지를 말해 금후 도해하고 싶다고 요청했다. 아베 씨가 에도에 소개하여 허가서를 얻었다. 바로 겐나(元和) 4년(1618) 5월 16일이었다.

이 때 시마네현이 제출한 조회서의 부속 문서는 아래와 같다.

시마네현 「일본해 내 다케시마 외일도 지적편찬 방사(日本海內竹島外一島地籍編纂方伺)」의 부속 문서 일람

(1) 제28호 「지리료의 조회서」

(2) 시마네현 「유래의 개략」

(3) 막부 「도해(渡海) 허가서」[6]

(4) 시마네현 「도해 금제 경위」[7]

(5) 막부 「도해 금제령」[8]

(6) 시마네현 「후기」[9]

(7) 오야가 「도면」

이들은 모두 『공문록』 내무성지부1(內務省之部一)에서 볼 수 있다. 다만, 오야가 「도면」만은 마이크로필름이나 『공문록』 복사본에는 없고 『공문록』 원본에서 「이소타케시마 약도(磯竹島略圖)」로서 볼 수 있다.

3. 내무성 「일본해 내 다케시마 외일도 지적편찬 방사 (日本海內竹島外一島地籍編纂方伺)」

시마네현의 조회서를 받은 내무성은 독자적으로 겐로쿠시대의 「다케시마 일건」에 관한 에도막부의 기록 등을 조사하여 다케시마 외일도(=울릉도와 독도)를 일본과 관계가 없다고 판단했다. 그런 다음에 〈판도의 취함과 버림은 중대한 사건(版圖之取捨ハ重大之事件)〉이라는 인식 하에 우대신에게 아래와 같은 조회서 「일본해 내 다케시마 외일도 지적편찬 방사(日本海內竹島外一島地籍編纂方伺)」를 1877년 3월에 제출했다.

「일본해 내 다케시마 외일도 지적편찬 방사」[10]

다케시마(울릉도) 소할(所轄)의 건에 대해 시마네(島根) 현으로부터 별지처럼 조회가 있어 조사한 바, 해당 섬의 건은 겐로쿠(元祿) 5(1692)년에 조선인이 입도(入島)한 이래 별지 서류에 진술한 대로 겐로쿠 9(1696)년 정월 제1호 구 정부의 평의(評議)한 취지나, 제2호 역관에 대한 서장, 제3호 해당국(=조선)에서의 서한, 제4호 본방(=일본)의 회답 및 구상서 등에 있듯이 겐로쿠 12(1699)년에 이르러 서로 서한의 왕복이 끝나 본방은 관계가 없는 것으로 되었다고 들었는데, 판도의 취함과 버림은 중대한 사건이므로 별지 서류를 첨부해 확인하기 위해 이것을 여쭙는 것이다.

메이지 10(1877)년 3월 17일

내무경 오쿠보 도시미치 대리(內務卿 大久保利通代理)

내무소보　마에지마 히소카(內務少輔 前島密)

우대신 이와쿠라 도모미(右大臣 岩倉具視) 귀하

이 때의 부속 문서는 아래와 같다.

내무성 「일본해 내 다케시마 외일도 지적편찬 방사」 부속 문서 일람

(1) 시마네현 「일본해 내 다케시마 외일도 지적편찬방사」 본문 및 부속 문서 일식

(2) 제1호 「구 정부 평의의 주지」[11]

(3) 제2호 「역관에의 서한」

(4) 제3호 「해당국(조선)으로부터의 서간」

(5) 제4호 「본방 회답 및 구상서」

(6) 지도 「이소타케시마 약도」

4. 태정관의 지령

우대신에게 제출된 조회서는 태정관에 의해 심사되었다. 태정관이란 1868년(케이오 4년) 정체서(政體書)에 의해 설치된 메이지정부의 최고관청이고, 다음 해 관제개혁에 의해 민부성 이하 6성을 관할했다. 오늘날의 내각에 해당된다.

태정관 조사국에서는 내무성의 견해를 인정하는 형태로 태정관의 하기 지령안이 작성되었다.

메이지10(1877)년 3월 20일

대신   본국

　　참의

경보(卿輔)

별지, 내무성이 제출한 조회서「일본해 내 다케시마 외일도 지적
편찬」의 건인데, 이것은 겐로쿠5(1692)년 조선인이 입도(入島)한
이래, 구 정부(에도막부)가 조선과 교섭한 결과, 마침내 본방(일본)
과는 관계가 없다고 알고 있다는 의견에 관해 조회서의 취지를 듣
고 아래와 같이 지령을 내리도록, 이 건에 대해 여쭙겠다.

지령 안

조회서의 취지, 서면 다케시마 외일도의 건은 본방과 관계없다고
명심할 것.

메이지10년 3월 29일

(원문) :

明治10年 3月 20日

　　大臣　　　本局

　　　　參議

　　　　卿輔

別紙內務省伺　日本海內竹嶋外一嶋　地籍編纂之件　右八元祿五年
朝鮮人入嶋以來　舊政府　該國卜往復之末　遂二本邦關係無之相聞候段
申立候上八伺之趣御聞置　左之通　御指令相成可然哉　此段相伺候也

　　御指令按

伺之趣竹島外一嶋之義　本邦關係無之義卜可相心得事

明治10年 3月 29日

지령 안은 품의(稟議)되어 우대신·이와쿠라 도모미, 참의·오쿠마
시게노부, 동 데라시마 무네노리, 오키 다카토 등에 의해 승인, 날인

되었다. 이 결정은 내무성에 전달되었지만 내용이 중대한 만큼 관계서류와 함께 『태정류전(太政類典)』에 아래와 같이 「일본해 내 다케시마 외일도를 판도 외로 정한다(日本海內竹島外一島ヲ版圖外ト定ム)」라는 명칭으로 기록되었다[12].

　　3월 29일 [10년]
　　일본해 내 다케시마 외일도를 판도 외로 정한다

　　다케시마(울릉도) 소할(所轄)의 건에 대해 시마네(島根) 현으로부터 별지와 같이 조회가 있어 조사한 바, 해당 섬의 건은 겐로쿠(元祿) 5(1692)년에 조선인이 입도(入島)한 이래 별지 서류에 진술한 대로 겐로쿠 9(1696)년 정월 제1호 구 정부의 평의(評議)한 취지나, 제2호 역관에 대한 서장, 제3호 해당국(조선)에서의 서한 제4호 본방(=일본)의 회답 및 구상서 등에 있듯이 겐로쿠 12(1699)년에 이르러 서로 서한의 왕복이 끝나 본방은 관계가 없다는 것이 되었다고 들었다만 판도의 취함과 버림은 중대한 사건이므로 별지 서류를 첨부해 확인하기 위해 이것을 여쭙겠다.
　　　　　　　　　　　　　　　　　　　　　　　3월 17일　내무

　　(朱書) 조회하신 취지 다케시마 외일도의 건은 본방과 관계없는 것으로 명심할 것.

이와 같이 메이지시대의 최고 국가기관인 태정관은 내무성이 진언한 대로, 마쓰시마와 다케시마를 한 쌍으로 보는 시각에 입각해, 두 섬을 일본령이 아니라고 하여 공식으로 지령을 내린 것이다.

....

註

1) 일본 국립 공문서관 자료

『공문록』내무성지부(內務省之部), 메이지10년 3월(청구기호, 2A-10-공〈公〉2032)

2) 지리료로부터 시마네현에의 조회서(원문)

御管轄內隱岐國某方二當テ從來竹島卜相唱候孤島有之哉二相聞 固ヨリ舊鳥取藩
商船往復ノ線路モ有之 趣右ハ口演ヲ以テ調査方及御協議置候儀モ有之 加フルニ
地籍編製地方官心得書第五條ノ旨モ有之候得トモ 尙爲念及御協議候 條右五條二
照準 而テ舊記古圖等御取調本省ヘ御伺相成度 此段及御照會候也

　　明治九年十月五日　　地理寮第十二等出仕　田尻賢信

　　　　　　　　　　地理大屬　　　　　　　杦山榮藏

　島根縣地籍編纂係御中

3) 「일본해 내 다케시마 외일도 지적편찬 방사」(원문)

御省地理寮官員地籍編纂莅檢ノ爲メ 本縣巡回ノ砌日本海內二在ル竹島調査ノ儀
二付キ別紙乙第二十八號ノ通リ照會有之候處 本島ハ永祿中發見ノ由ニテ 故鳥取
藩ノ時 元和四年ヨリ元祿八年マテ凡七十八年間 同藩領內伯耆國米子町ノ商 大谷
九右衛門 村川市兵衛ナル者舊幕府ノ許可ヲ經テ毎歲渡海 島中ノ動植物ヲ持歸リ
內地二賣却シ候ハ已二確證有之 今二古書舊狀等持傳ヘ候二付 別紙原由ノ大畧圖
面トモ相副 不取敢致上申候 今回全島實檢ノ上 委曲ヲ具ヘ記載可致ノ處 固ヨリ
本縣管轄二確定致候ニモ無之 且 北海百余里ヲ懸隔シ線路モ不分明 尋常帆舞船等
ノ能ク往返スヘキ非ラサレハ 右大谷某 村川某力傳二就キ追テ詳細ヲ上申可致
候 而シテ其大方ヲ推按スルニ管內隱岐國ノ乾位二當リ山陰一帶ノ西部二貫付ス
ヘキ哉二相見候二付テハ本縣國圖二記載シ地籍二編纂スル等ノ儀ハ如何取計可然
哉 何分ノ御指令相伺候也

　　明治九年十月十六日　　縣今 佐藤信寬代理

　　　　　　　　　　島根縣參事 境二郎

　內務卿 大久保利通殿

4) 塚本孝, 「竹島領有權問題ノ經緯」, 『調査と情報』第289號, 1996, p.5.

5) 시마네현 「유래의 개략」(원문)

磯竹島 一二竹島卜稱ス 隱岐國ノ乾位 一百二拾里許二在リ 周回凡十里許 山峻險
ニシテ平地少シ 川三條在リ 又瀑布アリ 然レドモ深谷幽邃樹竹稠密 其源ヲ知ル能

ハス 唯眼ニ觸レ其多キ者 植物ニハ五鬚松 紫稗檀 黄蘗 椿 樫 桐 雁皮 栂 竹 マノ竹
胡蘿蔔 蒜 款冬 蘘荷 獨活 百合 牛房（ママ） 茱萸 覆盆子 虎杖 アラキパ
動物ニハ 海鹿 猫 鼠 山雀 鳩 鴨 鶸 鳧 鵜 燕 鷺 鵰 鷹 ナヂコアナ鳥 四十雀ノ類
其他 辰砂 岩緑青アルヲ見ル 魚貝ハ枚擧ニ暇アラス 就中 海鹿 鮑ヲ物産ノ最トス
鮑ヲ獲ルニ夕ニ竹ヲ海ニ投ヲ 朝ニコレヲ上レハ鮑 枝葉ニ着クモノ夥シ 其味絶倫
ナリト 又 海鹿一頭能ク數斗ノ油ヲ得ヘシ

次ニ一島アリ 松島卜呼フ 周回三十町許 竹島ト同一線路ニ在リ 隠岐ヲ距ル八拾
里許 樹竹稀ナリ 亦魚獸ヲ産ス 永祿中 伯耆國 會見郡 米子町商 大屋 [後 大谷卜改
ム] 甚吉 航シテ越後ヨリ歸リ颶風ヲ遇フテ此地ニ漂流ス 遂ニ全島ヲ巡視シ頗ル魚
貝ニ富ルヲ識リ歸國ノ日 檢使 安倍四郎五郎 [時ニ幕名ニ因リ米子城ニ居ル] ニ彼
趣ヲ申出シ以後渡海セント請フ 安倍氏江戶ニ紹介シテ許可ノ書ヲ得タリ 實ニ元
和四年五月十六日ナリ

6) 막부「도해 면허」

호키국 요나고로부터 지난 해 다케시마(=울릉도)에 배로 도해를 했다. 그러므로
이번에 도해하고 싶다는 건에 대해 요나고의 상인 무라카와 이치베에·오야 진키치가
요청한 내용에 대해서는 상부에서도 들으시고 이의가 없다고 하셔서 도해의 건에
관해 그들의 뜻대로 하게 하라고 말씀하셨다. 삼가 말씀드립니다.

　　5월 16일

　　　　　　　　　　나가이 시나노노카미(永井信濃守) 나오마사(尙政)
　　　　　　　　　　이노우에 가즈에노카미(井上主計守) 마사나리(正就)
　　　　　　　　　　도이 오이노카미(土井大炊頭) 도시카쓰(利勝)
　　　　　　　　　　사카이 우타노카미(酒井雅樂頭) 다다요(忠世)
　　마쓰다이라 신타로 귀하(松平新太郎殿)

막부「도해 면허」원문
從伯耆國米子竹島先年船相渡ノ由候 然ハ如其今度致渡海度ノ段 米子町人 村川
市兵衛 大屋甚吉申上付テ 達上聞候ノ處 不可有異儀ノ旨被仰出間 被得其意渡海
ノ儀 可被仰付候 恐恐謹言

　　五月十六日

　　　　　　　　　　　　　　　　永井信濃守 尙政
　　　　　　　　　　　　　　　　井上主計頭 正就
　　　　　　　　　　　　　　　　土井大炊頭 利勝
　　　　　　　　　　　　　　　　酒井雅樂頭 忠世

　　松平新太郎殿

7) 시마네현 「도해 금지의 경위」

당시 요나고정에 무라카와 이치베에라는 자가 있었다. 오야씨처럼 아베 시로고로 씨와 가까이 지냈으므로 양가에 대해 명령이 내려졌다. 그러나 본도(다케시마=울릉도)의 발견은 오야 씨에 의한 것이다. 이것으로 매년 간단없이 도해하여 어렵을 했다. 막부는 먼 거리의 땅을 본방(=일본 : 역자 주) 판도 내에 들어간다고 칭하여 선기(船旗) 등을 주어 특별히 상경·알현하게 하여 접시꽃 무늬의 옷을 하사했다. 후에 진키치는 섬에서 죽었다. 분묘가 지금도 있다고 한다.

겐로쿠 7년(1694) 갑술(甲戌)년에 이르러 조선인 중 상륙하는 자가 약간 있었다. 그 사정은 추측하기 어렵다. 단지 선중(船中)의 인원수가 (조선인들보다) 적어서 귀환하여 이것을 (상부에) 호소했다. 다음해 막부의 허가를 얻어 무기를 싣고 (다케시마에) 이르렀더니 그들은 두려워하여 도망쳐 버렸다. 남은 자가 두 사람(아히찬, 도라에이)이 있었다. 바로 포박하여 돌아왔다. 에도와 협의하여 본토(=조선)에 송환했다.

같은 해 그 나라(=조선)로부터 다케시마는 조선에 접근해 있으므로 조선에 속한다고 자꾸 요청해 왔다. 막부에 의논하여 (다케시마가) 일본관내라는 증서가 있으면 이후는 조선에 어렵의 권리를 줘야 한다는 명이 있었다. 그 나라는 이것을 받들었다. 이에 겐로쿠 9년(1696) 정월 도해를 금제했다.

8) 막부 「도해 금지령」

이전에 마쓰다이라 신타로(松平新太郞)가 이나바(因幡)와 호키(伯耆)를 통치했을 때 조회하셨던 바 호키국 요나고의 상인 무라카와 이치베에(村川市兵衛), 오야 진키치(大屋甚吉)는 다케시마에 도해하여 오늘에 이르기까지 어로를 해 왔다고 해도 향후 다케시마로의 도해를 금제한다는 취지가 있었다. 그 취지는 지켜져야 한다. 삼가 말씀드립니다.

겐로쿠9(1696)년 정월 28일.

쓰치야 사가미노카미(土屋相模守)

도다 야마시로노카미(戶田山城守)

아베 분고노카미(阿部豊後守)

오쿠보 가가노카미(大久保加賀守)

9) 시마네현 「후기」

겐나(元和) 4년 정사(丁巳)년(1618)으로부터 겐로쿠(元祿) 8년 을해(乙亥)년(1695)에 이르기까지 약 78년이 된다. (중략)

당시 전해지는 야나기사와(柳澤)씨의 변란이 있었다. 그러므로 막부는 외사(外事)를 살피지 못했으므로 드디어 이 지경에 이르렀다고 한다. 지금 오야가에 전해지는 교호(享保)년간(1716-1730)에 만든 제도(製圖)를 축사(縮寫)하여 첨부한다. 그리고 양가가 소장하는 고문서 등은 후일에 복사가 되면 빠짐없이 모두 제출하려고 한다.

10) 내무성으로부터 태정관에 제출된 조회서, 원문

日本海內竹島外一島地籍編纂方伺

竹島所轄之儀二付 島根縣ヨリ別紙伺出取調候處 該島之儀ハ元祿五年 朝鮮人入
島以來 別紙書類二摘採スル如ク 元祿九年正月 第一號 舊政府評議之旨意二依リ
二號 譯官ヘ達書 三號 該國來柬 四號 本邦回答及ヒロ上書等之如ク 則元祿十二年
二至リ 夫夫往復相濟 本邦關係無之相聞候得共版圖ノ取捨ハ重大之事件二付別紙
書類相添爲念此段相伺候也

明治十年三月十七日

內務卿 大久保利通代理

內務少輔 前島密

右大臣 岩倉具視殿

(原文朱書)　伺之趣 竹島外一島之儀本邦關係無之儀ト可相心得事

(原文朱書)　明治十年三月二九日

11) 「구　정부 평의의 주지」

「1호」

겐로쿠 9년(1696) 정월 28일

텐류인공(天龍院公) 님이 에도 성에 등성하시고 휴가원을 내셨을 적에 백서원(白書
院)에서 로주(老中) 네 분이 열좌(列座)하시는 가운데 도다 야마시로노카미(戶田山
城守) 님이 다케시마의 건에 대해 (도해금지의) 각서 한통을 건네시면서, 지난해부터
호키(伯耆)주 요나고의 상인 두 명이 다케시마에 건너가서 어로를 하고 있는 바,
조선인도 그 섬에 와서 어로를 하며 일본인과 섞여서 쓸데없는 사태가 되므로 앞으로
요나고 상인들의 도해를 금지하라는 뜻을 말씀하셨다.

같은 해 이보다 앞서 정월 9일 미사와 기치자에몬(三澤吉左衛門) 측에서 나오우에
몬(直右衛門)에게 볼일이 있어 나오라고 하시므로 가 보았더니 아베 분고노카미(阿部
豊後守) 님이 나오시고 직접 물으신 것은 다케시마의 건이고 주겐슈(中間衆)인 데와
노카미(出羽守) 님, 우쿄다이후(右京大夫) 님과도 밀담을 하셨다.

원래 다케시마에 관해서는 잘 모른다. 지금까지 호키주로부터 출어해 고기잡이를
해 온 경위를 마쓰다이라 호키노카미(松平伯耆守) 님에게 물었는데, (다케시마는)
이나바(因幡)나 호키에 부속하는 섬도 아니라고 한다. 과거에 요나고의 상인 두 명이
항해하고 싶다는 신청이 있었으므로, 그 때의 영주 마쓰다이라 신타로(松平新太郎)
님으로부터 안내가 있었듯이 이전에는 항해하도록 신타로 님께 (막부가) 봉서를 드리
고 허락했다. 그 때는 사카이 우타노카미(酒井雅樂頭) 님, 도이 오이노카미(土井大
炊頭) 님, 이노우에 가즈에노카미(井上主計守) 님, 나가이 시나노노카미(永井信濃

守) 님이 연판(連判)하셨으므로 생각해보면 대충 다이토쿠인(台德院) 님의 시대였던 것으로 생각한다. 지난해(=과거)라고 해도, 몇 년이었는지 분명하지 않다.

이상과 같은 전말로 항해해 고기잡이를 했을 뿐이므로, 조선의 섬을 뺏으려고 한 것도 아니다. 섬에는 일본인이 거주하고 있지 않는다. 섬으로 가는 도정을 묻자 호키로부터 160리 정도, 조선에는 40리 정도 있으므로, 조선국의 울릉도인 것 같다.

그리고 일본인 거주자가 있다면 우리 측으로 얻어야 할 섬이므로 이제 와서 건네주기는 어렵지만 그렇게 할 증거도 없으므로 우리 측으로부터 태세를 갖춰서 말하지 않는다면 어떻게 될까.

혹은 (전 대마도주) 쓰시마노카미가 울릉도에 관하여 (답장을 조선에) 쓴 건인데, (그가 조선의 서한에서 울릉도라는) 글을 삭제하도록 요구하는 답장을 보내고, 그 대답이 없는 사이에 쓰시마노카미가 사망했기 때문에, 그들의 답장은 조선에 머무르게 되었다고 한다. 그렇다면, 교부(刑部) 님으로부터 울릉도의 건은 (조선에) 이제 말하지 말아야 하는지, 아니면 아무튼 다케시마의 건에 대해 대략 교부 님으로부터 서한으로 통신할 것을 생각하시는지.

이상의 세 가지를 고려하시고 보다 자세히 말씀하시기 바랍니다. 전복을 취하러 갔을 뿐인 무익한 섬이므로, 이 건으로 인해 (조선과의) 오랜 통교가 끊어져버리면 안 되는 것이다. 위광이나 무위를 가지고 담판에 나서는 일도 도리에 맞지 않으므로 그렇게 진행시킬 수 없다.

다케시마의 건은 본래 그렇지가 않았다. 예년에는 오지 않았던 이국인(=조선인)이 (그 섬에) 도해하므로, 거듭 항해하지 않도록 언도(言渡)하라는 말씀이 쓰치야 사가미노카미(土屋相模守) 님으로부터 있었다. 원래 안 되는 일이었던 것이라고 하셨다. 무익한 일에 깊이 관여하는 것도 생각해보아야 한다.

교부 님은 의리가 있어서, 처음에 이와 같이 말한 것을 이제 와서 그렇게 말할 수 없다고 염려하시기도 한다고 생각된다. 그것은 조금도 문제가 없다. 우리들이 문제없도록 배려하므로 생각하시는 대로 염려 마시고 말씀하셔야 한다. 그 쪽 분들도 알고 있어 염려 마시고 말씀하셔야 한다.

같은 것을 몇 번이나 말씀드리는 것은 장황한 것 같지만, 이국에 통보하는 것인 만큼, 아는 바대로 말씀드렸지만 여러 번 전달해야 한다는 것으로 안다. 일은 번잡해서 조금 절차를 세운 뒤에 상부에 말씀드려야 한다고 생각한다.

이상과 같이 언도한 말의 취지는 기억을 위해 문서를 남기도록 하라는 것이므로, 각서를 즉시 건네받아 읽어 보았던 바, 지금 말씀드린 내용이 대강 쓰여 있는 것으로 생각된다.

그렇다면, 이후 일본인은 다케시마에 항해해선 안 된다는 의향이신가 하고 여쭈웠더니 바로 그렇다, 다시는 일본인은 항해하지 말도록 하라는 의향으로 결정이 났다는 것이므로, 다케시마의 건은 돌려준다는 것도 아닌 것으로 생각하시는지 여쭈었으니, 그 말도 맞다. 원래 얻은 섬이 아니므로 돌려준다는 도리도 아니다. 이쪽에서 일을 준비하여 말하기 전의 단계이다. 이쪽에서는 먼저 절대 말하지 않는 것이 좋다. 이상과 같은 지시를 받은 것은 원래 취지와 조금 어긋나 있지만, 일을 무겁게 말하기 보다는, 조금 어긋나 있어도 가볍게 끝나도록 말하는 것이 좋고 이런 점을 양해하라는 명이므로, 이 건은 일단락되었다.

　(에도의 대마번 저택으로) 돌아가 교부 다이후(刑部大輔)에게 전하도록 말씀드리고 퇴석했다.

12) 『태정류전 제2편』 제96권, 메이지10년(청구 기호, 2A-9-태〈太〉318)

메이지시대의 수로지(水路誌)와 국경 확정

| 박병섭 |

　메이지시대가 되어 선박의 항행에 빼놓을 수 없는 수로정보는 일본 해군의 수로국(水路局)에 의해 제공되도록 되었다. 1871년에 창설된 병부성(兵部省) 해군부 수로국은 1886년에 '해군 수로부'로 개칭하여, 1888년에는 해군 이외에도 널리 수로정보를 제공하는 것을 목적으로 해군이라는 명칭을 빼고 단지 수로부라고 칭하게 되었다[1].

　해군은 1880년부터 전 세계를 대상으로 한 '환영수로지(寰瀛水路誌)' 편찬을 시작하여 1883년에는 러시아, 한국 편인 제2권을 간행했다. 그 책에서 독도는 리안코르토 열암이라는 이름으로 '조선 동안 및 제도(朝鮮東岸及諸島)'조에 게재되었다.

　한편, 일본을 중심으로 한 동북아시아 해역의 수로지는 1892년부터 차례차례 간행되었다. 그 수로지 속에서 일본 영토와 외국 영토는 엄밀히 구별되어 있었고 일본령은 『일본수로지』에, 외국령은 『조선수로지』 등 외국의 수로지에 기재되었다. 이것은 대만이나 북방 영토 등, 새롭게 일본 영토에 편입된 지역의 기재 방법으로 보아 분명하다. 그들은 일본 영토로 편입된 후에『일본수로지』에 기재되었다[2]. 물론 독도도 예외가 아니었고, 당초는『조선수로지』에 게재되었으나, 편입 후에는『일본수로지』에 기재되었다.

이와 같이 수로부는 일본의 국경 확정 기관으로서의 역할을 맡게 되었던 것이다. 그 역할의 일단은 수로부가 1905년에 독도를 '무주지' 라고 공식 판단한 예 등으로 엿볼 수 있다.

여기서는 수로부, 나아가서는 일본 제국이 역사적으로 독도를 수로 지에서 어떻게 취급해 왔는지를 구체적으로 보기로 한다. 독도와 관련된 수로지는 시대에 따라 크게 변했다. 그것을 3기로 나누어 구체적으로 보기로 한다.

제1기 일본의 독도 '영토편입' 이전

독도는 1905년의 '영토편입'까지 일본영토라고는 인식되지 않았기 때문에, 당연히『일본수로지』에는 기재되지 않았다.『일본수로지』제 4권은 큐슈(九州)나 혼슈(本州)의 서북 해안만을 취급했는데, 독도는 기재되지 않았다. 그 대신 독도는『조선수로지』(1894)에 '리안코르토 열암'이라는 이름으로 조선 연안에 기재되었다. 내용은 전술한 '환영 수로지'와 거의 같다.

이러한 자료로 볼 때, 일본해군은 분명히 독도를 조선령이라 이해 하고 있었던 것이다. 그리고 5년 후의『조선수로지』개정판에도 그 인식은 바뀌지 않았다.

덧붙여 당시의 조선은 국명을 대한제국으로 개칭했지만, 일본에서는 여전히 '조선'이라는 이름을 속칭으로 사용하고 있었다. 따라서 당시의 일본자료에서 말하는 '조선'이란 '대한제국'을 가리키는 말이었다.

제1기에 독도와 관련된 수로지는 아래와 같다(독도의 명칭이 리얀코르토, 리안코르토 등으로 바뀌고 있다).

1883년 『환영수로지』 제2권, 제5편 : 조선 동해안, '리얀코르토' 열암

1886년 『환영수로지』 제2권 제2판, 제4편 : 조선 동해안, '리얀코르토' 열암[3]

1894년 『조선 수로지』 전(全), 제4편 : 조선 동해안, 리안코르토 열암[4]

1897년 『일본 수로지』 제4권 : 독도에 대한 기술이 없음

1899년 『조선 수로지』 제2판, 제4편 : 조선 동해안, 리안코르토 열암

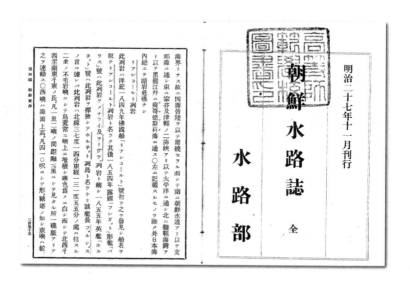

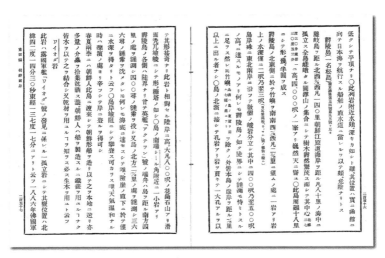

『조선 수로지』에 기재된 리안코르토 열암(=독도)

제2기 독도의 일본 '영토편입' 시기

1905년의 내각 각료회의에서 랸코도(리안코르토 열암의 일본식 속칭, 독도)를 일본령으로 '영토편입'한다고 결정했는데, 이 과정에서 해군 수로부는 국경 확정의 담당 부서로서 중요한 역할을 수행했다. 그 경위를 오쿠하라 헤키운(奧原碧雲)은 다음과 같이 기록했다.

나카이 요사부로(中井養三郎) 씨는 랸코도를 조선의 영토라고 믿고 조선정부에 대하를 청원하는 결심을 하여, (메이지) 37(1904)년의 어로기가 끝나자 즉시 상경하여 오키 출신인 농상무성 수산국 직원 후지타 간타로(藤田勘太郎) 씨에게 도움을 청해, 마키(牧) 수산 국장에 면회하여 진술한 바 있다. 마키 씨, 이에 찬성하여 해군

수로부에 말하고 랸코도의 소속에 대해 확인했다. 나카이 씨는 즉각 기모쓰키(肝付) 수로부장과 면회하여, 랸코도의 소속에는 확고한 징증(徵證)이 없지만 특히 한일 양국으로부터의 거리를 측정하면, 일본 쪽에 10리 가깝다. 이에 더하여 일본인으로 랸코도 경영에 종사하는 자가 있는 이상은, 일본령으로 편입하는 것이 당연하다는 이야기를 듣고, 나카이 씨는 드디어 뜻을 굳게 갖고, 랸코도 영토 편입 및 대하원을 내무, 외무, 농상무 3대신에 제출한 것이다[5].

기모쓰키 가네유키(肝付兼行) 수로부장은 랸코도(독도)를 '무주지'라고 나카이에 회답했고 게다가 각료회의가 있기 전에, 독도에 관한 공식 견해를 내무성에 보낸 당사자였다. 그러나 실은 이 사람이야말로 독도를 조선 소속이라고 판단하여 독도를『일본수로지』가 아닌『조선 수로지』에 편찬시킨 책임자였다. 이『조선수로지』서문은 '수로부장 해군 대령 기모쓰키 가네유키'의 이름으로 쓰였다.

군인인 기모쓰키는 랸코도가 조선령인 것을 알면서도 러일전쟁을 유리하게 수행하기 위해, 독도에 망루를 건설해 러시아함대를 감시한다는 군사 목적으로 주목된 랸코도에 대한 '영토편입'을 지지한 인물이었다. 그 목적을 위해서는 거짓말도 방편이라는 입장에서 랸코도를 '무주지'라고 강변한 것으로 보인다.

1905(메이지 38)년의 '영토편입'이후, 해군은 독도를 일본 영토로 인식하여, 그것을 자료에도 반영시켰다. 편입전의『일본수로지』제4권에는 독도가 기재되지 않았지만, 이 책의 첫 번째 개정판(1907)은 새로운 영토인 독도를 "다케시마[Liancourt rocks]"라는 명칭으로

추가시켰다. 그리고 일본령이 된 것을 명확히 하기 위해 문말에 '메이지 38년 시마네현 소관에 편입되었다'라는 설명을 붙였다.

그렇게 되자 『조선수로지』를 어떻게 개정하는지가 문제가 되었다. 독도를 일본령으로 했으므로 『조선수로지』의 성격으로 판단하면 '리안코르토 열암'을 삭제하는 것이 절차이지만, 공적 자료의 성격상 그렇게 간단히 할 수 없었다. 일반론으로서 공적 자료에 새로운 항목을 추가하는 것은 비교적 문제가 적지만, 종래의 항목을 삭제하게 될 때는 대체로 지장이 생기기 쉽다.

특히 독도는 일본에서는 나가쿠보 세키스이(長久保赤水)의 지도를 비롯해, 대부분의 자료가 보여주듯이 울릉도와 한 쌍이라는 인식이 강한 만큼, 양자를 떼어내 독도만을 삭제한다는 것은 문제가 많았다고 할 수 있다. 결국 『조선수로지』의 두 번째 개정판에서도 독도는 남겨졌다.

그 대신 독도의 이름을 '리안코르토 열암'에서 '다케시마[Liancourt rocks]'로 변경했다. 분명히 독도는 일본령이라는 해군의 인식을 반영한 결과였다. 이러한 자료 일람은 아래와 같다.

1907년 『일본수로지』 제4권, 첫 번째 개정판, 제3편 :
　　　혼슈 북서해안, 다케시마[Liancourt rocks]
1907년 『조선수로지』 두 번째 개정판, 제5편 :
　　　일본해 및 조선 동해안, 다케시마[Liancourt rocks]

제3기 '한국합방' 이후

1910년, 일본은 한국을 제국주의적으로 '합방'했으므로, 국가로서의 '조선'은 소멸되어 일본의 한 지방이 되고 말았다. 합방에 따라, 수로부는 『조선수로지』를 절판으로 하여, 대신 조선의 수로를 『일본수로지』 제6권으로 간행했다. 『일본수로지』로 일본영토를 취급한다는 원칙에 따른 조치였다. 여기서 독도는 제2편 조선동해안에 "다케시마[Liancourt rocks]"라는 명칭으로 기재되었다. 그러므로 독도는 조선 연안이라는 의식에는 변함이 없었던 것이다.

한편 독도를 기재한 앞의 『일본수로지』 제4권은, 개정했을 때에도 "다케시마[Liancourt rocks]" 항목을 그대로 남겼다. 역시 개정판에서는 추가나 정정은 몰라도, 삭제는 어려운 것 같았다.

그 후 『일본수로지』 제6권은, 개정시에 분량이 증가되었기 때문에 상하 두 권이 되어, 『일본수로지』 제10권 상·하로서 간행되었다. 독도는 상권에 "다케시마[Liancourt rocks]"의 이름으로 기재되었다.

그 후, 제10권은 절판이 되어 대신 『조선연안수로지』 제1권, 제2권으로 출판되었다. 지명에 일부러 '연안'이라는 말을 삽입한 이유는 '조선국'의 수로지로 오해 받지 않도록 한 결과로 보인다. 독도는 이 제1권에 "다케시마"의 이름으로 기재되었다. 이러한 자료를 정리하면 아래와 같다.

1911년 『일본 수로지』 제6권, 제2편 :
　　　　조선 동해안, 다케시마[Liancourt rocks]

1916년 『일본 수로지』 제4권, 제1편 :

　　혼슈 북서해안, 다케시마[Liancourt rocks]

1920년 『일본 수로지』 제10권 상, 제2편 :

　　조선 동해안, 다케시마[Liancourt rocks]

1933년 『조선 연안 수로지』 제10권 :

　　조선 동해안 및 남해안, 다케시마(タケシマ)

결국 모든 시기를 통해, 독도에 대해서는 조선 부속 내지는 조선 연안이라는 인식으로 일관되어 있어, 그 인식은 50년 후에도 바뀌지 않았다. 이것은 독도가 일본의 '고유영토'가 아니라, 조선령으로 인식되어 온 역사적 배경으로 보아 당연한 결과였다.

....

註

1) 제2차 대전 이전의 수로부의 변천.

　http://www1.cts.ne.jp/~fleet7/Museum/Muse122.html에서 인용.

　1871(메이지4)년 : 병부성 해군부 수로국으로 발족.

　1872(메이지5)년 : 해군성 수로국, 이어서 해군성 수로료(水路寮)로 개칭.

　1876(메이지9)년 : 해군성 수로국이라고 개칭.

　1886(메이지19)년: 해군 수로부로 개칭.

　1888(메이지21)년: 해군이라는 이름을 빼고 '수로부'로 개칭.

2) 堀和生, 「1905年日本の竹島領土編入」, 『朝鮮史研究會論文集』 第24號, 1987, p.105.

3) 『寰瀛水路誌』 第2卷, 第2版, 第四編 朝鮮東岸, 1886, p.397.

　'리얀코르토' 열암

　이 열암은 1849년 프랑스선박 '리얀코르토'호가 처음으로 이것을 발견하여 선박명을 따서 '리얀코르토' 열암이라고 명명했다. 그 후 1854년 러시아의 '프리게이트'함 '파루라수'호가 이 열암을 '메나라이' 및 '오리브좌'열도라고 칭했고 1855년 영국함 '호루넷토'호가 이 열암을 탐험하여 '호루넷토' 열도라고 명명했다. 해당 함의 함장 '휘르시스'

왈, 해당 열암은 북위 37도 14분 동경 131도 55분에 위치한다. 무산의 2암초이고 새 똥이 항상 섬 위에 충적하여 섬의 색깔이 그 때문에 하얗다. 북서미서로부터 남동미동에 이르는 길이 모두 약 1해리이고 두 섬이 떨어져 있는 거리가 4분의 1해리이지만 의심이 가는 것은 일초맥(一礁脈)이 있고 두 섬을 잇는 것이 아닌가. 서도는 해면상 높이 410피트이고 형태가 당탑(糖塔)과 비슷하다. 동도는 비교적 낮고 꼭데기에 평지가 있다 이 열암부근은 수심이 매우 깊은 것 같지만 그 위치는 마치 (북해도의) 하코다테(函館)를 향해 일본해(=동해)를 항해하여 북상하는 선박의 직수도에 있으므로 매우 위험하다.

(此列岩ハ一千八百四十九年 佛國船「リヤンコールト」號 初テ之ヲ發見シ船名ヲ 取テ「リヤンコールト」列岩と名付ケリ 其後一千八百五十四年 露國「フリゲート」形 鑑「パルラス」號 此列岩ヲ「メナライ」及ヒ「ヲリヴツァ」列島ト稱シ 一千八百五十五年 英鑑「ホルチット」號 此列岩ヲ探險シテ「ホルチット」列島ト名付ケリ 該艦ノ艦長「フォルシス」曰ク 該列岩ハ北緯三十七度十四分 東經一百三十一度五十五分ノ 處ニ位セル濯濯無産ノ二岩嶼ニシテ鳥糞常ニ嶼上ニ充積シ嶼色爲メニ白シ 北西微西ヨリ南東微東ニ至ルノ長サ共計約一里 而シテ二嶼相距ル四分里一ナルモ疑ラクハ一礁脈アリテ之ヲ相連ルナラン 西嶼ハ海面上高サ四百十尺ニシテ形チ糖塔ノ如シ 東嶼ハ較較低クシテ平頂ナリ 此列岩付近 水頗ル深キカ如シト雖モ其位置 恰モ函館ニ向テ日本海ヲ航上スル船舶ノ直水道ニ當レルヲ以テ頗ル危險ナリトス)

4) 『조선 수로지』전(全), 제4편 조선 동해안, 1894, p.255.

리안코르토 열암

이 열암은 서기 1849년 프랑스선박 '리안코르토'호가 처음으로 이것을 발견하여 선박명을 따서 '리안코르토' 열암이라고 명명했다. 그 후 1854년 러시아의 '프리게이트'함 '파라수'호는 이 열암을 '메나라이' 및 '오리브촤' 열암이라 칭했고, 1855년 영국함 '호루넷토'호는 이 열암을 탐험하여 '호루넷토' 열도라고 명명했다. 해당 함장 '훠르시스'에 따르면 이 열암은 북위 37도 14분 동경131도 55분에 위치한다. 불모의 2암초이고 새 똥이 항상 섬 위에 추적하여 섬의 색깔이 그 때문에 하얗다. 북서로부터 남동에서 약간 동쪽에 이르는 길이는 모두 약 1해리이고 두 섬이 떨어져 있는 거리가 4분의 1해리이지만 일초맥(一礁脈)이 있고 두 섬을 잇는다.

- 서도는 해면상 높이 약 410피트이고 형태가 당탑(糖塔)과 비슷하다. 동도는 비교적 낮고 꼭대기에 평지가 있다.
- 이 열암 부근은 수심이 매우 깊은 것 같지만 그 위치는 마치 (북해도의) 하코다테(函館)를 향해 일본해(=동해)를 항해하여 북상하는 선박의 직수도에 있으므로 매우 위험하다.

(此列岩ハ洋紀一八四九年 佛國船「リアンコールト」號初テ之ヲ發見シ 船名ヲ取

テ リアンコールト列岩と名ツク 其後一八五四年 露國「フレガット」形鑑「パラス」
號ハ此列岩ヲ メナライ及ヲリヴツァ列岩ト稱シ 一八五五年 英鑑「ホルヂット」號
は此列岩ヲ探險シテ ホルヂット列島ト名ツケリ 該鑑長フォルシィス ノ言に據レ
バ 此列岩ハ北緯三七度一四分東經一三一度五五分ノ處ニ位スル 二坐ノ不毛岩嶼
ニシテ鳥糞常ニ嶼上ニ堆積シ嶼色爲メニ白シ 而シテ北西西至南東東ノ長サ凡一
里 二嶼ノ間距離一／四里ニシテ見タル所一礁脈アリテ之ヲ連結ス
- 西嶼ハ海面上高サ凡四一〇呎ニシテ形チ糖塔ノ如シ東嶼ハ較較低クシテ平頂ナリ
- 此列岩付近水頗ル深キカ如シト雖モ 其位置ハ實ニ函館ニ向テ日本海ヲ航行ス
  ル船舶ノ直水道ニ當レルヲ以テ頗ル危險ナリトス)

5) 奥原碧雲, 『竹島及鬱陵島』, 보광사, 1907, p.27.

대한제국 칙령의 '석도'

| 박병섭 |

1900년 대한제국은 칙령 41호를 발포해, 울릉도를 울도(鬱島)로 개칭하여 군(郡)으로 격상시켰고 그 관할구역을 울릉도 본도 전체와 죽도(竹島), 석도(石島)로 정했다[1]. 이것을 도식적으로 쓰면 다음과 같다.

울도군 = 울릉도 본도 전체 + 죽도 + 석도

칙령에 기록된 죽도는 현재 한국에서 말하는 울릉도에서 2km 거리에 있는 죽도(竹島)라는데는 이론이 없지만, 석도(石島)가 현재의 독도인지 여부가 오늘날의 독도 영유권 논쟁에 직결되는 중요한 문제이다. 만약 석도가 독도라면 당시 한국이 독도를 행정적으로 관할했다는 이야기가 되므로 독도는 결코 무주지가 아니었고, 일본이 독도를 1905년에 영토 편입한 행위는 당시의 만국 공법에 비추어도 위법이 되어, 일본의 영유권 주장은 매우 불리한 입장이 된다. 이에 대해 시모조 마사오(下條正男) 씨는 다음과 같이 썼다.

> 만약 그 석도가 한국 측의 주장대로 독도라면, 독도가 시마네현
> 에 편입된 1905년보다 전에 독도는 한국령이 된 것이다. 그렇다면
> 일본정부에 의한 독도의 시마네현 편입은, 한국 측 주장대로 위법
> 행위가 된다[2].

석도의 비정(比定)문제를, 연구자는 어떻게 생각해 왔는지 보기로
한다. 우선 나이토 세이추(內藤正中) 교수는 석도를 독도라고 다음과
같이 주장한다.

> 대한제국 칙령41호로 울릉도를 '울도'로 개칭하여, 도감을 '군수'
> 로 개정함과 동시에 '울도군'의 구역에 울릉도 그리고 '죽도'와 '석
> 도'를 포함시킨다고 명확히 규정하므로 석도 즉 독도에 대한 대한
> 제국의 영유권이 분명히 제시되었던 것이다[3].

한편, 석도를 독도 외의 섬에 비정한 사람은 시모조 마사오 씨이다.
시모조 씨는 석도를 관음도(觀音島)라고 다음과 같이 단정한다.

> 그리고 '칙령41호'에 기록된 죽도는 오늘날의 죽서(竹嶼)이고 석
> 도는 오늘날의 관음도라고 할 수 있다. 왜냐하면 독도에서 강치잡
> 이가 시작된 시기는 '칙령41호'가 공포된 지 3년 후(1903년)였고,
> 그 이전에는 (독도는) 절해의 고도(孤島)였기 때문이다[4].

시모조설이란, 한국인은 1903년 이전에 '절해의 고도'인 독도의 존재를 몰랐기 때문에 석도는 독도일 수가 없고, 따라서 석도는 관음도라는 단순한 논법인 것이다.

그런데 이에 대한 반론으로는 쓰카모토 다카시(塚本孝) 씨의 논문을 제시하는 것만으로 충분하다. 쓰카모토 씨는 17세기의 안용복을 '기록상 오늘날의 독도로 향한 최초의 조선인'이라고 지적하고 있는데[5] 이 한 구절만으로도 조선인이 독도의 존재를 알고 있었다는 충분한 근거가 되어, 시모조설은 무너진다.

덧붙여서 관음도가 석도라고 불렸다는 기록은 전혀 없다. 관음도는 1882년에 울릉도를 검찰 한 이규원(李奎遠)이 그린 지도 「울릉도외도(鬱陵島外圖)」에 '도항(島項)'이라는 이름으로 기재되었다. 도항이라는 명칭의 뜻은 '섬의 목덜미'인데, 현재 한국에서는 관음도의 대안(對岸)을 한자 표기로 '도항', 훈독으로 '섬의 목덜미'를 뜻하는 '섬목'이라고 부른다. 이것은 관음도와 울릉도 사이가 100m 정도로 좁고, 그 수역이 목처럼 가늘어져 있으므로 명명된 것으로 보인다.

검찰사의 공식 기록과는 별도로 당시의 울릉도의 거주민은 관음도를 깍새섬이라고 불렀다. 당시의 도민은 관음도에 집단적으로 서식하고 있던 깍새(한국에서 섬새, 일본에서 가다랭이새)를 식량으로 하고 있었으므로 섬의 이름을 깍새섬이라고 부른 것이다. 현재도 한국 시판의 지도에서 이 섬은 한국어로 깍새섬으로 표기되어 있고 오히려 괄호 안에 관음도라고 표시되어 있다[6]. 어쨌든, 관음도의 이름이 석도로 연결되는 요소는 전혀 보이지 않는다. 이러한 사실을 중시했는지 최근 시모조 씨는 관음도설을 주장하지 않게 되었고 대신 아래와 같이 주장하기 시작했다.

'칙령41호'에는 속도(屬島)의 위도나 경도가 명기되어 있지 않기 때문에, 죽도나 석도가 어느 섬을 가리키는지 명확하지 않다. 그것이 후에 독도 문제가 일어났을 때 문제가 된 것이다[7].

석도는 관음도가 아니라면 그 밖에 비정할 수 있는 섬이 독도밖에 없으므로 결국 석도는 독도라는 이야기가 된다. 실제로 독도는 리안크르 열암이라고도 불린 만큼, 섬 전체가 바위로 되어 있어 석도라는 명칭에 어울리는 섬이다.

대한제국 '칙령 41호', 석도가 독도에 해당된다.

당시 울릉도 도민은 울릉도 주변의 섬을 자신들 나름의 애칭으로 깍새섬, 죽도, 석도 등으로 부르고 있던 것이다. 그러한 사실을 우용정(禹用鼎)은 울릉도조사(1900) 과정에서 알게 되었고, 그것을 칙령에 반영시킨 것으로 판단된다. 정부가 울릉도를 군에 승격할 때, 우용정이 관여를 했다는 것이 그의 보고서를 통해 알 수 있다. 그 때의 사정을 송병기(宋炳基) 교수는 다음과 같이 적었다.

우용정이 울릉도로부터 귀경한 직후, 내부대신 이건하에게 제출한 보고서에 「본도 관제개편 청의서가 정부에 유안(留案)되었다」고 하고 있는 것을 보면, 관제 개편 작업은 1900년(광무4) 6월 중순부터 시작되었고 우용정 자신도 이에 관여하고 있었던 것 같다[8].

위의 인용문 중에 있는 「본도 관제개편 청의서」는 아직 발견되지 않고 있지만 우용정의 조언이 있었는지, 울릉도 도민이 애칭으로 부르고 있던 석도가 행정 기관에서 섬의 정식명칭이 된 모양이다. 그러나 석도라는 명칭은 그 후의 기록에는 발견되지 않는다. 대신 1906년에 울도 군수가 조정에 올린 보고서에 '독도(獨島)'라는 명칭이 사용·표기되었다. 독도라는 명칭은 이미 1904년에 일본의 군함 '니이타카(新高)'의 행동일지에 등장한다. 이 군함은 한국인이 이 섬을 독도라고 표기하고 있다고 '군함 니이타카 행동 일지' 9월 25일조에 다음과 같이 기록했다.

마쓰시마에서 '리안코르토' 암 실견자(實見者)로부터 청취한 정보

'리안코르토' 암 : 한인 이것을 독도(獨島)라고 쓰고 본방(=일본)
어부 등은 생략하여 '리안코'도라고 칭한다.

이러한 기록을 보면 일본이 독도를 몰래 편입하기 전부터 울릉도에
거주하는 한국인은 독도를 왕래하고 있었을 뿐만이 아니라 그 섬을
독도라고 표기하고 있었음을 알 수 있다. 독도라고 불리게 된 이유를
직접 나타내는 사료는 없지만, 한국 정부는 다음과 같이 설명했다.

한국의 경상도 방언에 의하면 'Dok'는 돌 혹은 바위를 뜻한다.
그러므로 'Dok do'는 돌 혹은 바위섬을 뜻한다. 떨어져 있는 섬을
뜻하는 'Dok do(獨島)'의 발음은 'Dok do(돌, 혹은 바위섬)'와 정
확히 일치한 것이다. 이와 같이 이 섬은 한국인에 의해 지극히 당연
히, 또 상징적으로 'Dok do'로 불렸다. 왜냐하면 'Dok do'는 실제
로 바위섬이기 때문이다[9].

한국 정부는 'Dok do'는 석도, 즉 바위섬이라는 뜻과, 멀리 떨어져
있는 섬이라는 뜻을 합한 이름이라고 설명한다. 이와 같이 독도가 석
도라는 말로부터 생긴 명칭이라는 견해는 1947년 무렵부터 나온 견해
이다. 경성 대학의 국어학자였던 방종현(方鍾鉉)은 기행문 「독도의
하루」 속에서 독도에 대해 다음과 같이 썼다.

이 섬의 이름이 '석도'의 의(意)에서 온 것이 아닌가 생각된다.

이것은 '돌섬' 또는 '독섬'의 두 가지로 부를 수 있는 것이니 여기서 문제는 이 독도의 외형이 전부 돌로 된 것 같이 보이게 되었다 하는 것과, 또한 '돌'을 어느 방언에서 '독'이라고 하는가를 해결하면, 이 석도라는 명칭이 거의 가까운 해석이 되리라고 할 것이다[10].

방종현 씨는 이와 같이 '돌'에 대한 방언을 조사하는 것이 석도=독도설의 관건이 된다고 말했는데, 이 방언연구는 이미 일본에서 진행된 연구였다. 조선어 연구자인 오구라 신페이(小倉進平)에 의하면, 돌을 '독'이라고 부르는 지역은 아래와 같다[11]. 다만 괄호 안에 표시된 지방은 표준어의 '돌'도 병용하는 지역이다.

전라남도 : (서귀), (대정), (여수), (순천), 벌교, 고흥, 보성, 장흥, (강진), 해남, 영암, 목포, 함평, (영광), 나주, 장성, 담양, 옥과, 곡성, 구례
전라북도 : 운봉, 남원, 순창, 정읍, 금제, 군산, 전주, 임실, 장수, 진안, 무주, 금산
경상남도 : (양산), (하동), (거창), (합천), (창녕), (밀양)
경상북도 : 김천, 상주, (함창), (문경)
충청남도 : (공주), (강경), (홍산), (청양), (서천), 남포, (홍성), 해미, 서산, 면천, 예산, 조치원
충청북도 : (청주), (보은)

매우 견실한 연구가 있었다고 놀랍다. 이것을 보면 돌을 'tok'이라

고 부르는 지역은 경상도보다 전라도가 일반적이라고 할 수 있다. 그 사실에 부합하듯이 초기의 울릉도개척민은 전라도 출신자가 82%를 차지하고 있었다. 그러한 역사를 송병기 교수는 다음과 같이 설명한다.

칙령 41호에 보이는 석도의 연원은 울릉도를 왕래하던 전라남도 연해민들로부터 찾아야 할 것 같다. 전라남도 연해민들이 언제부터 울릉도를 왕래하였는지는 확실히 알 수 없다. 다만 울릉도에 출어했던 동래 출신 노군(櫓軍) 안용복의 제2차 도일(渡日) 때(1696, 숙종 22) 낙안(전남 순천군 낙안면) 사람 김성길, 그리고 순천의 중 뇌헌, 승담, 연습, 영률, 단책 등 6명이 끼어있는 것을 보면, 늦어도 17 세기말부터는 왕래가 시작된 것 같다. 그러나, 전라남도 연해민들의 왕래가 소개되기 시작한 것은 1882년(고종 19)에 이규원이 울릉도를 검찰하면서부터였다.

이규원의 조사에 의하면, 울릉도에 있는 내륙인 수는 약 140명이었다. 이 중, 전라남도가 가장 많아 흥양(고흥) 94명, 낙안 21명 등 모두 115명이었고, 다음이 강원(평해) 14명, 경상(경주, 연일, 함양) 10명, 경기(파주) 1명의 순이었다. 이 전라남도 연해민들은 뱃사람들(선주6, 격졸 109)로 조선(造船), 채곽(採藿), 채어에 종사하였는데, 봄에 울릉도에 와 나무를 베어 배를 만든 뒤, 미역을 따고 고기를 잡으면서 돌아갔다.

전라남도 연해민들의 울릉도 왕래는 개척이 진척됨에 따라 더욱 잦아졌다. 우용정, 김면수 등의 조사에 의하면, 이들은 매년 10척 내외의 배를 건조하였으며, 도민들에게 미곡 등도 공급하고 있었다. 또 이들은 울릉도에서 미역도 채취하였는데, 그 액수는 연간 1

만 원에서 1만2천 원에 달하였고, 이는 일본인의 1897~1899년의 연평균 해산물 채취량보다 6천 원에서 8천 원을 웃도는 액수였다. 전라남도 연해민들의 울릉도 왕래가 개척 이후 더욱 활발해졌음을 말하여 주는 것이다. ……

이들 전라남도 연해민들은 울릉도를 왕래하는 도중에, 그 동남쪽으로 200리쯤(약 50해리) 격하여 위치한 독도를 목격하였을 것이다. 또 미역을 따거나 고기를 잡기 위하여, 혹은 조류나 풍랑으로 인하여 독도에 당도하거나 스쳐 지나가는 경우도 있었을 것이다. 그리고 울릉도, 우산도에 관한 문헌을 접할 수도, 잘 읽을 수도 없었던 이 뱃사람들은 그들이 목격하였거나 당도하였던 독도에다 그들 나름대로의 이름을 붙였을 것이다.

그리하여 전라남도 연해민들은 그들이 목격하였거나 당도하였던 이 섬을 '독섬'이라 불렀을 것으로 보여진다. 그것은 (1) 독도는, 잘 알려진 바와 같이, 나무 한 포기 없고, 풀조차 제대로 자라지 못하는 돌(바위)로 된 섬인 데다가, (2) 전남 방언에서는, 돌(石)을 '돌(tol)'로 부르는 예외가 없는 것은 아니지만(광주), 거의가 '독(tok)'으로 부르거나, 일부 지방(여수, 순천, 강진, 영광)에서 '돌'과 '독'으로 섞어 부르고 있어서, 이 돌로 된 섬을 그들의 방언에 따라 '독섬'이라 부르게 되었으리라는 것은 매우 자연스러운 것이라 생각되기 때문이다. (중략) 이미 앞에서 언급한 바와 같이 지금도 울릉도민들은 독도를 '독섬', 혹은 '돌섬'으로 부르고 있다[12].

전라도 출신자가 대부분이었던 울릉도 도민은 독도를 '독섬'으로 부르고 쓸 때는 의역하여 석도(石島), 음역하여 독도(獨島)라고 쓴 것 같다. 이러한 예는 그 밖에도 전라도에서는 많이 존재하고 있어 신용하(愼鏞廈) 교수는 다음과 같이 설명한다.

전라남도 완도군 노화면 고막리(莞島郡 蘆花面 古幕里)에 있는 한 섬(미나리 서쪽에 있는 섬)은 민간인들은 돌이 많아 '독섬'이라고 불러오고 있는데 표기는 '석도(石島)'로 하고 있으며, 충도리(忠道里)에 있는 한 섬(육도 남쪽에 있는 섬, 돌로 이루어짐)은 주민들은 지금도 '독섬'이라고 호칭하는데, 행정관청에서 표기할 때는 '석도(石島)'로 하고 있다. 또 해남군 화원면 산호리(海南都 花原面 山湖里)에 있는 섬은 민간인들은 '독섬'이라고 호칭하고 있는 것을 공식적으로는 '석호도(石湖島)'라고 표기하고 있다.

또한 민간인들이 '돌'이라는 뜻으로 '독섬'이라고 호칭하고 있는 것을 음(音=소리)을 취하여 '독도(獨島)'라고 표기하고 있는 사례도 꽤 있다. 전라남도 고흥군 남양면 오천리(高興那 南陽面 五泉里)에 있는 한 섬(모녀도〈母女島〉동남쪽에 있는 바위 섬)은 돌로 된 섬이라고 하여 주민들은 '독섬'이라고 호칭해오고 있는데 옛날부터 한자로는 '독도(獨島)'로 표기되고 있다. 또 전라남도 신안군 비금면 수치리(新安郡 飛禽面 水雉里[원수치리]) 앞바다에는 돌로 된 두 개의 섬이 있어 북쪽에 있는 돌섬을 '위쪽에 있는 돌섬'이라는 뜻으로 '웃독섬'이라고 불러왔는데, 한자로 표기할 때는 '상독도(上獨島)'로 표기되어 왔으며, 남쪽에 있는 돌섬을 '아래쪽에 있는 돌섬'이라는 뜻으로 주민들은 '아릿독섬'이라고 부르는데 한자로는 '하독도(下獨島)'로 표기해오고 있다[13].

신용하 교수는 석도, 독도의 예를 『한국지명총람(韓國地名總攬)』을 분석하면서 다른 지역에 있는 같은 예를 많이 소개했다. 그리고 신용하 교수는 섬에 한정하지 않고 마을이나 골짜기 등의 명칭으로 'Dok'을 '석(石)'이나 '독(獨)'이라고 표기하는 구체적인 예를 많이 들었다. 이러한 예증으로 보면 '독섬'을 음역으로 독도로 쓰거나 의역으로 석도로 쓰는 예는 한국에 많이 있었다고 할 수 있다. 그리고 석도와 같은 의역의 예로서 화도(花島), 송도(松島), 죽도(竹島), 율도(栗島) … 등이 있다.

이러한 한국의 연구에 어떻게 대응하는가, 쓰카모토 다카시(塚本孝)는 석도의 비정에 대해 단정을 피하면서, 석도의 가능성을 신중하게 다음과 같이 썼다.

일본이 독도를 영토 편입하기 4년 전인 1900년(광무4년) 10월에 칙령으로 울릉도 군수의 관할구역 내에 '석도'를 정했다. 이 석도가 독도라는 주장도 있다. '석(石)'을 조선어로 '돌'이라고 하는데, 방언으로 '독'이라고도 하므로 '독도'로 연결된다고 흔히 말한다. '독도'라는 명칭이 한국의 문헌에 나타나는 것은 1906년의 울릉도 군수의 보고서가 처음이다. 독도를 시찰한 시마네현의 부장이 울릉도에 들러, 전년에 독도가 일본에 편입된 것을 전했다. 군수는 강원도의 관찰사에게 '본군 소속 독도는 본부의 외양 100여 리에 있는데 … 일본 관리 일행이 관사에 와서 독도는 지금 일본 영지가 되었다, 따라서 시찰의 길로 울릉도에 들렀다, 고 스스로 말했다'라고 보고했다 …….

메이지유신 이후, 멋대로 울릉도에 가는 일본인이 많아졌기 때문에, 조선정부는 이에 대항하여 19세기 후반부터 이 섬을 적극적으로 개발하기로 했다. 만약 석도가 오늘의 독도를 가리킨다면, 그런 환경 속에서 울릉도 거주자가 증가하는 가운데, 독도의 존재를 알게 된 한국인이 그때쯤부터 '독섬'이라고 부르게 되어 울릉도에 군을 두었을 때에 관할지로 이야기가 나오고 후에 본군 소속이라고 썼을 가능성이 있다[14].

그때까지 공도였던 울릉도에 살기 시작한 주민은, 아마 역사적인 지명을 거의 모르거나 무시한 채로 그들 나름대로 친밀한 이름을 붙였을 것이다. '돌섬'을 뜻하는 '독섬'도 그러한 통칭의 하나라고 할 수 있다. 그것을 공식적으로 기록하려면 한자 표기가 있어야 하는데, 그때 신용하 교수가 소개했듯이 훈독과 음독의 괴리가 생겨 '독도(獨島)' 혹은 '석도(石島)'로 기록된 것으로 보인다.

그러한 예를 당시의 울릉도의 지명 중에도 몇 가지 찾아볼 수 있다. 앞에서 언급한 도항(島項) 외에도 1910년에 출판된 오쿠하라 헤키운(奧原碧雲)의 『다케시마 및 울릉도(竹島及鬱陵島)』의 지도에서 찾을 수 있다.

이 지도에서 '죽암(竹岩)'이라는 한자어의 읽기는 일본어의 가타카나로 '데바워(テバヲ)'로 적혀 있다. '데(テ)'는 대나무의 '대'가 변한 말이고 '바워(バヲ)'는 '바위'가 변한 말이어서 결국 일어표기 '데바워(テバヲ)'는 '대바위'라는 한국어이며 한자 표기 '죽암(竹岩)'과 일치한다. 다른 예를 보면 이 지도에 있는 '굴암(屈巖)'의 읽기는 '구리바

『다케시마 및 울릉도』(1910)에 실린 울릉도 지도, '죽암(竹岩)'의 읽기가 '데바위(テバキ)'.

오(クリバオ)'로 적혀 있다. 여기서 '굴'이 '구리(クリ)'가 되었고 '암' 은 '바위'라는 뜻이고 이것이 '바오(バオ)'가 된 것이다. 그러므로 '굴 암'은 '굴바위'라는 뜻이고 그 발음이 일본식으로 '구리바오(クリバ オ)'가 된 것으로 보인다. 또 하나 예를 들면 이 지도에 기록된 '저동

(苧洞)'의 읽기는 가타카나로 '모시게(モシゲ)'로 적혀 있다[15]. '모시(モシ)'는 한자 '저(苧)'자의 일본식 음이고 '게(ゲ)'는 '동(洞)'에 대응하는 모양이다.

이런 예로 알 수 있듯이 당시의 일본식 지명은 한국어 발음이 먼저 있고, 이에 상응하는 가타카나 표기가 나중에 적당히 만들어졌으므로 한자의 일본식 음으로 읽는 방식이 아니었다.

독도의 경우에는 '독섬'이라는 발음을 그 뜻으로 한자로 표기하면 '석도(石島)'가 되고, '독'을 음으로 표기하면서 혼자 떨어져 있는 섬이라는 뜻을 포함하여 '독도(獨島)'가 된 것으로 보인다. 같은 예는 일본에서도 볼 수 있다. 교토(京都)에서 유명한 '가모가와('가모'는 '오리'라는 뜻이고 '가와'는 '강', '천'을 뜻한다 : 역자 주)'는 일본식 음으로 쓰면 '加茂川' 혹은 '賀茂川'가 되고, 뜻으로 쓰면 '鴨川('鴨'는 '오리'라는 뜻의 한자: 역자 주)가 된다. 현재 이 새 가지 모두가 사용되고 있다. 그러므로 가모가와든 독도든 먼저 발음이 있었고 표기는 나중에 적당히 붙여진 것이다.

이와 같이 석도를 독도로 보는 주장에는 충분한 근거가 있지만, 칙령이 독도를 석도로 명기하게 된 경위에 대해 보다 상세한 규명이 필요하다. 이 미싱링크의 규명은 독도=다케시마 논쟁의 중요한 열쇠가 될 것이다.

....

註

1) 大韓帝國官報 第1716號, 1900.
   칙령 제41호, 울릉도를 울도로 개칭하여 도감을 군수로 개정하는 건

제1조 울릉도를 울도로 개칭해 강원도에 부속시켜 도감을 군수로 개정해 관제 중에
　편입시키고 군 등은 5등으로 할 것.
제2조 군청의 위치는 대하동으로 정해 구역은 울릉도 섬 전체와 죽도 석도를 관할할 것.
(제3조 이하 생략)

광무4(1900)년 10월 25일

2) 下條正男, 『「竹島」その歷史と領土問題』, 竹島・北方領土返還要求島根縣會議,
　2005, p.98.
3) 內藤正中, 『竹島(鬱陵島)をめぐる日朝關係史』, 多賀出版, 2000, p.177.
4) 下條正男, 「竹島問題、金炳烈氏に再反論する」, 『現代コリア』5月號, 1999, p.52.
5) 塚本孝, 「竹島領有權問題の經緯」, 『調査と情報』第289號, 1996, p.3.
6) 『道路地圖』, 성지문화사, 2000.
7) 下條正男, 전게서 『「竹島」その歷史と領土問題』, p.98.
8) 宋炳基, 『울릉도와 독도』, 단국대학교 출판부, 1999, p.116.
9) 『韓國政府見解』(英文) 1953.9.9.
10) 宋炳基, 전게서, p.194.
11) 小倉進平, 『朝鮮語方言の研究』上, 岩波書店, 1944, p.218.
12) 宋炳基, 전게서, p.190.
13) 愼鏞廈, 『독도의 민족 영토사 연구』, 지식산업사, 1996, p197.
14) 塚本孝, 「「竹島領有權紛爭」が問う日本の姿勢」, 『中央公論』10月號, 2004, p.117.
15) 奧原碧雲, 『竹島及鬱陵島』付屬地圖, 報光社, 1907.

다케시마(독도) 문제의 사적(史的) 검증

| 나이토 세이추 |

1. 영토편입은 무주지 선점이라고 할 수 있는가

일본 외무성의 홈페이지에는 1905년 일본의 랸코도의 영토편입이 '일본정부가 근대국가로서 다케시마(독도)를 영유할 의지를 재확인한 것이며, 그 이전에는 일본이 다케시마를 영유하고 있지 않았다던가 다른 나라가 다케시마를 영유하고 있었다는 말은 더더욱 아니'라고 쓰여 있다.

그러나 1905년 1월 28일의 일본정부의 각의결정시에는 '…무인도 는 타국에서 이 섬을 점령했다고 인정할만한 형적이 없고, …이번에 영토편입 및 대하(貸下) 청원이 있어, 이러한 때 소속 및 도명(島名) 을 확정시킬 필요가 있음으로 해당되는 섬을 다케시마라고 이름 짓고 지금부터 시마네현 소속 오키도사의 소관으로 한다는 것이며, …따라 서 심사했더니 메이지36(1903)년 이래 나카이 요사부로(中井養三郎)

라는 자가 해당되는 섬에 이주하여 어업에 종사한다는 것이 관계서류를 통해 사실이라고 인정됨으로 이 섬을 우리나라에 속하는 섬으로'한다는 말을 했던 것이다.

여기서는 당시의 국제법에서 말하는 '무주지 선점' 이론을 적용시켜 영토편입을 정당화시킨 것이었다. 말 그대로 랸코도는 무인도이다. 그러나 그 당시 한국의 강원도에 속하는 섬이라는 것은 누구나 다 알고 있었는데 그런 랸코도를 '타국이 이 섬을 점령했다고 인정할 만한 흔적이 없'다고 일방적으로 단정할 수 있는 것이었는지가 확실히 문제가 된다. 더더욱 무주지였다고 한다면 지금 일본정부가 주장하고 있는 고유 영토론과도 모순이 된다.

또 나카이 요사부로가 메이지 36(1903)년 이래 그 섬에 '이주'하여 어업에 종사하고 있었다는 '선점'의 사실도 명백히 사실과는 다른 것이다. 나카이는 4월에서 8월에 걸친 강치 포획기에만 랸코도로 갔고 임시로 작은 초가집을 짓고 '매번 14일씩 임시로 거주'하고 있었을 뿐이기 때문에 원래부터 거기로 '이주'하여 생활하고 있었던 것은 아니다.

역사적으로 고유의 영토로서 영유권을 행사했다고 하는 랸코도를 1905년에는 왜 무주라고 한 것일까. 1905년 당시 일본의 영토가 아니었기 때문에 새로 영토편입 절차를 밟아 랸코도라고 통칭하고 있던 무인도에 다케시마라는 새로운 이름을 붙여 놓은 것에 불과하지 않은가.

역사적으로 일본의 고유영토로서 영유권을 행사해 왔다고 하기에는 일본인의 랸코도에 대한 영유의식이 희박했다고 하지 않을 수 없다.

먼저 그 섬의 이름이 그렇다. 에도시대에는 울릉도가 다케시마였기 때문에 독도를 마쓰시마라고 부르고 있었다는 사실을 잊어버리고 프랑스의 포경선이 명명한 리안쿠르 암(랸코도)을 그 섬의 이름이라고 믿어 의심치 않았던 것은 왜일까라는 문제가 있는 것이다.

또 섬에 새로운 이름을 짓게 된 사정도 그렇다. 시마네현의 내무부장으로부터 현지인으로서 어떻게 생각하는지에 대해 말해보라는 말을 들은 오키도사가 울릉도를 다케시마(竹島)라고 부르는 것은 '오칭(誤稱)'이며 해도(海圖)에는 울릉도가 마쓰시마(松島)라고 되어있으니 새로운 섬은 다케시마라고 명명해야 한다고 한 것이었다. 그가 말한 명명의 이유대로 하자면 역사적으로 일본에서는 울릉도가 다케시마였으므로 랸코도는 에도시대와 마찬가지로 마쓰시마라고 했어야만 했다. 더욱이 이 회답에 관해 시마네현청 내의 어느 누구도 이론을 제기하지 않았으며 오키도사의 회답대로 다케시마로 하여 내무성에 보고 되었고 그대로 각의결정된 것이었다. 현지에서도 섬에 대한 인식이 없었음을 나타내는 것인데 그러한 섬을 어떻게 고유영토라고 할 수 있는 것일까.

그리고 일본정부는 근대국가로서 영유의지를 재확인 한 것이라고 말하나, 재확인이었다고 한다면 그 전에 언제 영유의지를 확인했는지를 명백히 했어야 되지 않았겠는가. 전술한 바와 같이 1696년과 1877년 두 차례에 걸쳐 일본정부가 다케시마(독도)에 대한 영유권을 부정한 역사적 사실은 있었어도, 막부도 메이지정부도 영유의지를 주장한 적은 한 번도 없었기 때문에 도저히 '재확인'이라는 등의 말은 할 수가 없는 것이다.

2. 랸코도의 영토편입 신청

랸코도의 영토편입 신청을 한 나카이 요사부로는 돗토리현 도하쿠
(東伯)군 오가모(小鴨)마을[지금의 구라요시(倉吉)시]에 사는 농가의
삼남으로 출생했다. 나가사키에서 잠수기어법(潛水器漁法)을 습득하
고 1898년에 오키 수산조합의 위탁을 받아 건착망(巾着網) 어업에 종
사했고, 그것을 계기로 오키의 사이고초(西鄕町)로 이주하여 잠수기
어업을 중심으로 한 신어법(新漁法)의 시험조업을 하고 있는 중이었
다. 그리고 1903년에 처음으로 리안코르토(랸코도, 독도)에 출어하여
강치(海驢)잡이를 한 그 다음해에 영토편입을 신청하기에 이르렀던
것이다.

나카이는 랸코도에 출어한 경험에서 강치잡이가 유리하다는 것을
알고 경쟁자를 없애서 사업을 독점할 생각으로 「대하원(貸下願)」을
신청한 것이라고 여겨진다. 이에 대해 정부의 관련부처는 나카이의
신청을 좋은 기회라고 여겨 「대하원」을 「영토편입 및 대하원」으로 바
꾸게 하고, 그것을 접수하여 랸코도의 영토편입에 사용한 것이다. 다
음에서 그러한 경과를 살펴보고 또 정부부처의 누가 영토편입을 주도
해 갔는지에 대해서 밝혀 나가고자 한다.

먼저 나카이 자신이 1910년경에 집필하여 오키도청에 제출한 「사
업경영개요」를 본다.

　　　… 이 섬은 울릉도에 속하며 한국의 영토라고 생각하므로, 실로
　　통감부에서 해 주실 만한 일이 있을 것이라고 생각하여, 상경하여

여러 가지로 방법을 생각하던 중, 그 당시 수산국장 마키 보쿠신(牧朴眞) 씨의 주의를 받아, 반드시 한국영토에 속하는 것이 아닐지도 모른다는 의심이 들어, 그 일을 조사하기 위해 이리저리 뛰어다닌 끝에, 그 당시 수로부장이었던 기모쓰키(肝付)장군이 내리신 단정에 힘입어, 이 섬이 전혀 소속된 곳이 없는 섬이라는 것을 확인했습니다. 이에 따라 자세히 경영상 필요하다고 이유를 쓰고, 이 섬을 우리나라 영토로 편입하여, 그 후에 빌려주실 것을 내무·외무·농상무의 3성 대신에게 청원하고 청원서를 내무성에 제출했더니, 내무성 당국자가 하는 말이, 시국이 시국이니만큼(러일전쟁 중) 한국영토일지도 모르는 일개 황폐한 불모의 암초를 취하여 주위에서 지켜보고 있는 여러 나라들로부터 우리나라(일본)가 한국을 병합하려는 야심이 있다는 의심만 살 뿐이므로, 이익이 매우 적은 것에 반해 결코 쉬운 일이 아니라고 하며, 어떤 말을 해도 청원서를 각하(却下)시키는 것으로 했습니다. 그 정도로 좌절해서는 안 되었기에, 즉시 외무성으로 달려가서 당시 정무국장이었던 야마자 엔지로(山座円次郎) 씨와 많은 논의를 했습니다. 그는 시국이 시국이니 만큼 영토편입은 필요한 일이라고 했습니다. 망루를 건축하고 무선 또는 해저전선을 설치하면 적함을 감시하기에 매우 좋지 않겠는가, 특히 외교에 있어 내무성 같은 곳을 고려할 필요가 없다, 부디 신속하게 청원서를 외무성으로 보내게 하라고 의기양양하게 말했습니다. 이리하여 이 섬은 결국 우리나라 영토로 편입되었습니다.

이 외에, 1933년에 간행된 『오키도지(隱岐島誌)』에는 나카이가 「대하원」을 제출하기까지의 경과에 대한 기술이 있다. 이 책은 1933년에 발간된 것인데, 편집자인 오쿠하라 헤키운(奧原碧雲)이 1906년(明治 39) 3월에 시마네현의 다케시마·울릉도 조사에 참가했을 때, 동행하고 있던 나카이가 한 말을 오쿠하라가 직접 들은 내용을 기록한 것이고 1907년에 간행된 『다케시마 및 울릉도』에도 같은 내용이 있다. 따라서 앞서의 나카이의 「사업경영개요」가 1910년에 집필된 것이므로 그 이전에 기술된 것이 된다.

    …요사부로는 랸코도를 조선의 영토라고 믿어, 그 나라 정부에 빌려주도록 청원할 결심을 하고, 37(1904)년에 어로기가 끝나자마자 즉시 상경하여 오키 출신의 농상무성 수산국원 후지타 간타로(藤田勘太郎)에게 부탁하여, 마키(牧)수산국장을 만나 이야기를 했다. 마키 국장도 역시 이 말을 듣고, 해군 수로부로 하여금 랸코도의 소속에 관해 확인하게 한다. 그 후 요사부로가 수로부장 기모쓰키 가네유키(肝付兼行)를 만나 (랸코도의 소속에 관해) 알려줄 것을 원하자 "이 섬의 소속에 관한 확실한 증거는 없고, 특히 일본과 한국에서 거리를 측정해 보면 일본쪽이 10해리 더 가깝다. 그리고 또 일본인으로서 이 섬의 경영에 종사하는 자가 있는 이상에는 일본영토로 편입해야한다"는 말을 듣고, 결국 마음을 정해 랸코도 영토편입 및 대하원을, 내무·외무·농상무의 세 대신에게 제출했다. …이후 나카이 씨는 내무성 지방국에 출두하여 이노우에(井上)서기관에게 사정을 설명하고, 또 동향사람인 구와타(桑田)법학박사(지금 귀족원 의원)의 소개를 받아 외무성에 출두하여 야마자(山座)정무국장과 만나 일을 꾸미고, 구와타 박사 역시 많이 도왔으므로 그 결과 시마네현청의 의견을 묻게 되었다…….

이 두 가지 자료로써, 나카이가 제출한 랸코도의 「영토편입 및 대하원」이 신청되기까지의 경과를 명백히 밝힐 수 있다. 정부의 요직에 있던 중심인물은, 농상무성 수산국장이었던 마키 보쿠신, 해군성 수로부장이었던 기모쓰키 가네유키, 외무성 정무국장이었던 야마자 엔지로 세 명이었다.

잘 알려져 있는 바와 같이, 해군수로부가 발행한 1894년과 1899년의 『조선수로지』에는 마쓰시마(울릉도)와 리안코르토 열암에 대한 것이 기록되어 있으나 『일본수로지』에는 기록되어 있지 않으므로, 일본 해군이 랸코도를 조선령이라고 인식했던 것을 알 수 있다. 그리고 이것은 우연의 일치지만, 마키 보쿠신 수산국장과 야마자 엔지로 정무국장은 각각 얀코도(랸코도)를 한국령으로 취급한 1903년 간행 『한해통어지침(韓海通漁指針)』과 1904년 간행 『한국실업지침(韓國實業指針)』의 서문을 쓴 사람이다. 어업에 있어서, 또 산업전반에 있어서 일본인의 한국진출을 장려하는 가이드북들이 모두 얀코도를 강원도에 속하는 한국의 섬으로 기술하고 있는 것이다. 이 외에 지리학자인 다부치 도모히코(田渕友彦)도 역시 마찬가지였는데, 얀코도(랸코도)는 한국령이라고 말하는 것이 당시의 상식이었던 것이다.

구즈우 슈스케 『한해통어지침』(흑룡회 출판부, 1903년)

얀코도 울릉도에서 동남쪽으로 약 30리, 우리나라 오키국에서 서북쪽으로 거의 같은 거리만큼 떨어져 있는 바다 가운데 있는 무인도이다. 날씨가 좋을 때 울릉도 산봉우리의 높은 곳에서 이 섬을 볼 수 있다. 한인 및 우리나라 어부는 이 섬을 얀코라고 부르는데 길이는 약 10町 정도이고, 해안이 매우 들쑥날쑥하여, 어선을 정박시키고 풍랑을 피하기에 좋다. 그러나 땔감 및 음료수를 얻기 매우힘든 곳으로서 지상에서 몇 척 아래까지 파 들어가도 물을 얻기가쉽지 않다고 한다. 이 섬에는 대단히 많은 강치(海馬)가 서식하며그 근해에는 전복, 해삼(海鼠), 석화채(石花菜) 등이 풍부하고 몇년 전 야마구치현 잠수기 배가 이것을 알고 출어한 적이 있는데 잠수할 때 수많은 강치 때문에 방해받았다고 한다. 음료수가 다 떨어져서 변변히 따지도 못하고 돌아왔다고 한다. 잘 생각해 보면 그 때당시의 계절은 5, 6월이었고, 강치의 산란기였으므로, 더욱 강치의방해를 받지 않았는가 싶다. 또 그 부근에 상어어장이 있어 몇 년전부터 5, 6월이 되면 오이타현 어로 배 중에 연달아 그 쪽으로 출어하는 배가 있으며, 작년 봄에 그곳에 갔다가 온 어부에게 그곳에대해 물으니, 이제 두세 번 출어한 것에 불과하다고 하니, 아직까지는 별 덕을 못 보았다고는 하나, 매년 잡을 수 있는 어획량이 있고, 지금까지의 경험에서, 그 어장의 상태, 및 상어류가 서식하는모양을 관찰해 보면, 장래에는 매우 유망한 어장이 될 것을 믿어 의심치 않는다고 한다. 이 섬은 어업자를 위해, 더 충분히 조사할 가치가 있다(p.123).

이와나가 주카『최신한국 실업지침』(보문관, 1904)

얀코도 울릉도와 우리나라 오키도의 중간쯤 되는 30리 떨어진바다위에 있다. 섬 어느 곳에도 사람이 살지 않는다. 해안에 배를정박시킬 수 있으나, 땔감과 음료수를 얻기 힘들다. 그 근해에는전복, 해삼, 석화채 등이 나고, 또 많은 상어 떼가 서식하나, 강치

(海驢)의 방해를 받아, 어획에 지장을 받는다고 한다(p.294).

다부치 도모히코『한국 신지리』(박문관, 1905)

얀코도 이 섬(울릉도)에서 동남쪽으로 약 30리 떨어진 곳에 있고, 우리나라 오키도 사이의 거의 중간쯤에 있는 무인도이다. 사람들은 이 섬을 얀코도라고 하는데, 길이는 10정쯤이고, 해안가가 매우 들쑥날쑥하여, 어선을 정박시키기 좋다고는 하나, 땔감과 음료수를 얻기 힘든 곳으로, 땅을 몇 척을 파 내려가기 전 까지는 쉽게 물을 얻을 수 없고, 이 부근에는 많은 강치(海驢)가 서식하고 있으며 해산물이 많다고 한다(p.308).

이상과 같이, 얀코도는 한국영토였다. 따라서 나카이가 '랸코도를 조선의 영토라고 믿어', '울릉도에 속하는 섬으로 한국의 영토라고 생각된다'라 한 것도 당연한 일이었다. 한국령이라고 믿고 있던 나카이는 한국정부에 대하(貸下)청원을 하려고 상경하여, 농상무성에 가서 동향사람인 수산국원 후지타 간타로를 찾아갔고, 그의 소개로 마키 보쿠신 수산국장과 만났다.

마키 수산국장은 예전부터 일본어민의 한해(韓海)로의 출어를 추진하여 온 사람인 만큼, 나카이의 대하원 중에 '우리나라와 강원·함경도와의 어업무역에 적지 않은 이익이 있을 것으로, 이 섬을 경영할 방법을 찾는 것이 무엇보다 필요'하다고 한 랸코도의 역할에 주목하지 않았을 리가 없었다. 마키 국장이 구즈오 슈스케의『한해통어지침』에 서문을 써 보낸 것에 대해서는 앞서 말한 바와 같다. 거기에는 한국령의 얀코도라고 썼는데 나카이의 말을 듣고는 반드시 한국령이라고 할 수는 없지 않은가 라며 해군수로부에 조회하여 다시 섬의 소속에 관해 확인시킨 것이다.

해군수로부에서 기모쓰키 수로부장과 만나 말을 들은즉, 얀코도의 소속에 관한 확고한 증거는 없다고 한다. 얀코도는 오키에서 85해리, 울릉도에서 50해리 떨어진 곳에 위치하는데 기모스키는 이즈모(出雲)의 다코바나(多古鼻)에서는 108해리, 조선의 룻도넬(경북 후포) 곶에서 118해리 떨어져 있으니 일본 쪽이 10해리나 더 가깝고, 더욱이 일본인이 거기서 어로를 하고 있는 이상에는 일본영토로 편입하는 것이 좋다고 주장한 것이다. 나카이는 이 말을 듣고 '수로부장 기모쓰키 장군의 단정에 힘입어, 이 섬의 소속이 없다는 것을 확인했다'고 말하게 되었다.

이리하여 나카이의 대하원은 내무·외무·농상무의 세 대신 앞으로 제출되는데 내무성에서는 이를 접수하지 않고 각하시킨다. 지방국의 이노우에 서기관은 그 이유에 대해 '시국이 시국이니만큼 한국영토일지도 모르는 일개 황폐한 불모의 암초를 취하여 주위에서 지켜보고 있는 여러 나라들로부터 우리나라가 한국을 병합하려는 야심이 있다는 의심을 더 살 뿐이므로, 이익이 매우 적은 것에 반해 결코 쉬운 일이 아니다'라고 설명했던 것이다.

이에 동향사람인 구와타 법학박사의 소개로 외무성의 야마자 정무국장을 찾아가 섬을 왜 빌려야 하는지에 대해 말했다. 한국주재 외교관으로서 오래 근무했고 그가 찾아오기 직전인 7월에 『한국 실업지침』의 서문을 집필한 야마자 국장은, 그 책에서는 얀코도가 한국령이라고 했음에도 불구하고 "시국이 시국이니만큼 빨리 영토로 편입해야 한다. 망루를 건축하고 무선 또는 해저전선을 설치하면 적함을 감시하기에 매우 좋지 않겠는가, 특히 외교에 있어 내무성과 같은 고려를 할 필요가 없다. 부디 신속하게 청원서를 외무성으로 보내게 하라고 의기양양하게"신속한 란코도의 영토편입의 필요성을 말했던 것이다.

3. 영토편입 절차에 관해서

1904년 9월 29일에 나카이 요사부로가 내무외무농상무 세 대신 앞으로 제출한「란코도 영토편입 및 대하원」이 접수되었다. 정부 내무성에서는 시마네현에 조회하여 의견을 물었고 시마네현의 답신에 의거하여 새로운 섬의 이름을 다케시마로 하기로 결정했으며 다시 내무대신이 내각회의에 올려 그 다음해인 1905년 1월 28일 각의에서 결정했으니 이는 다음과 같다.

별지의 내무대신이 올린 무인도 소속에 관한 건을 심사한 바,…무인도는, 타국에서 이 섬을 점령했다고 인정되는 흔적이 없고, 일년 전인 (메이지)36(1903)년에 우리나라 사람인 나카이 요사부로란 자가 어부를 위한 숙소(漁舍)를 지어 사람을 이주시키고 어구를 준비하여 강치잡이를 하기 시작했다. 이번에 영토편입 및 대하(貸下)청원이 있어, 이러한 때 소속 및 도명을 획정할 필요가 있음으로 해당되는 섬을 다케시마라고 이름 짓고 지금부터 시마네현 소속 오키도사의 소관으로 한다는 것이며, 따라서 심사했더니 메이지 36

년 이래 나카이 요사부로(中井養三郎)라는 자가 해당되는 섬에 이주하여 어업에 종사한다는 것이 관계서류를 통해 명백한 사실임이 인정되므로, 국제법상 점령한 사실이 있다고 인정하여 이 섬을 우리나라에 속하는 섬으로 하며, 시마네현 소속 오키도사 소관으로 해도 아무 문제가 없다고 생각한다. 따라서 청원한 대로 각의 결정해도 가하다고 인정된다.

이 일본정부의 각의결정에는 몇 가지 문제점이 있음을 지적하지 않을 수 없다.

첫 번째는, 랸코도가 무인도라고 하는 것은 사실이나, 그것을 '타국에서 이 섬을 점령했다고 인정되는 흔적이 없고'라고 진짜 단정할 수 있는가 하는 문제이다.

두 번째는, 나카이가 진짜 '해당되는 섬에 이주하여 어업에 종사'했는지에 대한 문제인데, 그 실태를 어떤 식으로 확인했는가 하는 문제다.

그리고 일본정부는 '무주지 선점'이라고 하는 국제법 이론을 적용시켜 합법적으로 일본영토로 편입했다고 말하나, 과연 타당성이 있는 이야기일까 하는 문제이다.

먼저 타국이 점령한 흔적이 없다고 하고 있으나 그것은 명백히 일방적인 독단이다. 이미 봐 온 것 같이, 당시 일본에서 발행된 관계도서, 그 중에서도 농상무성의 마키 수산국장, 외무성의 야마자 정무국장이 서문을 쓴 도서 모두 얀코도라고 쓰고 한국강원도에 속하는 섬이라고 했던 것이다. 그것이 당시의 상식이었기 때문에 나카이도 랸코도를 '울릉도에 속하고 한국의 영토다'라고 생각하고 있었던 것이다.

그 생각을 바꾸게 한 것은 해군의 기모쓰키 수로부장이었다. 당초 기모쓰키는 '랸코도의 소속에 관해서는 확고한 증거가 없'다고 하면서도, '일본쪽으로 10해리나 더 가깝'다고 하여 일본영토로의 편입을 권한 것이었다. 10해리가 가깝다고 하는 것은 이즈모의 다코바나에서 108해리, 한국의 룻도넬 곳에서 118해리 떨어져 있기 때문인데 오키에서 85해리 울릉도에서는 55해리이므로 한국 쪽이 더 가까운 것이다. 더욱이 해군 수로부가 작성한 『조선수로지』에는 리안코르토 암이 울릉도와 함께 조선령으로 되어있으며, 『일본수로지』에는 기재되어 있지도 않기 때문에 '기모쓰키 장군의 단정'에 의한 랸코도의 무소속설에는 합리적인 근거가 하나도 없는 것이었다.

더욱이 랸코도는 1900년 대한제국칙령 제41호로서 울도군이 설치되고 이와 함께 석도(石島)라하여 그 군안에 포함된다는 명백한 사실이 있다. 그것은 먼 옛날부터 우산도로서 조선영토로 인식되어 온 섬에 대한 영유권의 재확인이었던 것이다.

이에 반해 일본의 경우는 각의결정문이 말하고 있는 바와 같이 '자금(自今)' 즉 지금부터 일본령으로 한다고 하는 것이었다. 세계대전이 끝난 후부터 일본 외무성은 독도가 일본영토라고 주장하게끔 되었는데, 그렇다고 한다면 '무주지'가 아니었던 것이 되는 것이다.

또 나카이가 1903년 이래 랸코도에 '이주'하여 어업에 종사하고 있었다고 하는 것도 거짓이다. 나카이가 섬에 간 것은 4-8월 사이의 강치어획기 때뿐이었고, 그것도 임시로 지은 숙사에서 10일 정도 머물렀던 것에 불과했다. 이 일에 대해『조선수로지』가 '메이지 37(1904)년 11월 군함 쓰시마(對馬)가 이 섬을 조사 했을 때 동도에 어부가 사용하는 초가집이 있었다고 한다', '이 섬에 작은 숙소를 짓고 매번 약 10일간 머물렀다고 한다'고 보고한 것에서도 실제로 어떤 상황이었는 지에 대해 알 수 있다.

외무성 홈페이지는 이 영토편입에 대해 영유권의 재확인이라고 하고 있다. 즉 '각의 결정 및 시마네현 고시에 의한 다케시마의 시마네현 편입조치는 일본정부가 근대국가로서 다케시마를 영유한다는 의지를 재확인한 것이다. …또한 당시의 신문에도 게재되었던 사실이기 때문에 비밀리에 행해졌던 것도 아니므로 유효적으로 실시되었던 것이다."고 하고 있다.

영유의지의 재확인이라고 하면 처음 확인은 언제 이루어졌는지에 대해 밝힐 필요가 있다는 것은 앞서 말한 바와 같다. 역사의 진실은 그렇지는 않았다.

공시방법이 불충분했던 것은 말할 필요조차 없다. 왜 국가로서 관보에 공시하지 않았던 것일까 "외국정부에 통고하는 것이 국제법상의 의무는 아니다"라는 주가 홈페이지에 달려있으나, 의무는 아니라고 해도 이웃나라에 대한 도의에 대한 문제인 것이다.

랸코도의 영토편입 시에 한 공시는 시마네현 고시와 신문게재였다. 정부의 '관내에 공시'라는 훈령에 의거하여 1905년 2월 22일에 시마네현 고시제 40호로서 현(縣)고시가 행해지고, 『시마네현보』에 발표되었다. 또 같은 해 2월 24일자 『산인(山陰)신문』은 「오키의 새 섬(新島)」이라는 제목의 기사를 실었다.

그 전년 1904년 2월 22일에 러시아에 선전포고하고 국민을 총동원하여 러일전쟁에서의 승리를 향해 나가고 있었고, 한국은 전략적으로 중요한 위치에 있었다. 1904년 4월 23일에는 한국의 수도 한성을 군사적으로 제압하고 「한일의정서」를 체결했다. 한국의 시정은 일본군 지휘 하로 들어가고 일본군이 전략상 필요로 하는 지역을 임기 수용할 수 있도록 정해졌다. 일본군은 한국에서의 주류권과 토지수용권을 확보한 것이었다. 또 1904년 5월 31일 각의에서 「대한시설강령」이 결정되어 한국을 일본의 보호국화 한다는 방향설정이 명확해지고 1904년 8월22일 「제1차 한일협약」에서 한국정부가 재정과 외교 고문을 고용할 것을 정했다.

6월에는 이미 쓰시마 해협에서 육군 수송선이 격파되는 등 블라디보스토크 함대의 남하가 우려되고 있는 상황이었으므로 일본해군에서는 한국동해안에 감시소를 설치하여 해저전신선으로 연결시키기로 하고 울릉도에는 9월에 개통시켰다.

나카이의 청원서를 「영토편입 및 대하원」으로 고쳐 제출하게 한 9월 29일은 울릉도까지 해저 전신선이 연결된 직후였다. 이미 해군성은 랸코도에 망루를 설치할 것인지 말 것인지에 대해 조사하고 있던 중이었다.

각의에서 영토편입을 결정한 1905년 1월 28일은 한성 일대의 치안 경찰권을 일본군이 장악한 전시체제 하에 있던 날이었다. 설령 영토편입에 대해 한국정부에 통고했다고 하더라도 그러한 상황 하에 있던 한국으로서는 이의제기를 할 수 없었다고 생각한다. 한국정부에 통고하는 등의 일은 처음부터 무시되었다고 생각하는 것이 좋다.

4. 시마네현 관원의 울도군수 방문

　한국정부는 일본정부의 편입조치가 있었던 날로부터 1년도 더 지난 1906년 4월이 되어서야 다케시마(독도)의 일본영토편입에 대해 알았다.

　같은 해 3월 28일, 시마네현 관원들로 구성된 45명의 조사단이 다케시마(독도)를 시찰하고 돌아가는 길에 날씨가 나빠져 울릉도에 들리게 되었고 울도군청을 방문하여 심흥택(沈興澤) 군수와 만나 인사를 한 일로 군수가 다케시마(독도)의 일본영토 편입에 대해 알았기 때문이다.

　일본 측의 오쿠하라 헤키운이 쓴 「울도도항일기」와 산인신문 기자가 쓴 「다케시마 토산물」에 대한 보고기사에 의하면, 단장이었던 시마네현 제3부장 진자이 요시타로(神西由太郎)가 군수에게 영토편입을 통고한 것 같이 보이지는 않으며 영토편입에 대해서는 다른 방법으로 한국 측에 통고되었고 군수도 인정했다고 생각하고 있었던 것 같다.

　따라서 일행이 울릉도방문 경위에 대해 말하는 중에, 또는 울릉도는 '우리 관할 하에 있는 다케시마(독도)에 접근했다'라는 인사말을 통해 독도가 다케시마라고 불리며 일본령이 되었다는 것을 군수가 알게 되었다고 생각한다. 군수가 강원도 관찰사에게 '일본관원 일행이 관청에 왔다. 독도가 지금은 일본의 영지이기 때문에 시찰을 하러 왔다'는 보고를 한 것처럼 독도가 일본영지로 되었기 때문에 시찰하러 왔다는 말을 듣고 놀랐다고 하는 것이었다.

　군수는 그 다음날인 3월 29일에 즉시 이 일에 대해 강원도 관찰사에게 보고했고, 관찰사는 4월 29일자로 의정부 참정대신에게 「보고서 호외」를 제출했다. 보고서는 5월 7일에 의정부에 접수되었고, 참정대신은 5월 20일자로 '독도가 일본영지로 되었다는 것은 전혀 근거 없는 일이므로, 계속 독도의 상황과 일본인의 행동에 관해 조사하여 보고할 것'이라는 지령을 내렸다. 의정부 참정대신은 한국 정부의 최고 책임자로서 독도가 일본영토로 편입된 것을 부인하고 한국령임을 명언한 것이었다. 한국정부가 일본에 의한 독도병합을 인정하지 않았음은 1908년에 고종의 명으로 편찬 간행한 『증보문헌비고』의 「여지고 울진조」에 울릉도와 우산도(독도)가 울도군에 소속되어 있다고 한 것에서도 명확해 진다.

7

국제사법재판소나 국제법에 의한 해결

| 박병섭 |

일반적으로 분쟁은 최종적으로 재판소에서 해결해야 한다는 생각
으로 국제간의 분쟁도 마찬가지로 국제사법재판소에서 해결해야 한
다는 목소리를 일본에서 자주 듣는다.

그러나 국내의 분쟁과 국제적인 분쟁에는 결정적인 차이가 있다.
국내의 경우에는 헌법이나 법률 등이 명문화되어 있어 재판의 판단
기준이 명확히 제시되어 있지만, 국제간의 경우에는 그러한 기준의
명문규정이 존재하지 않는다. 존재하는 것은 단지 ① 국가간의 조약
류, ② 현재까지의 국제 관습, ③ 법의 일반 원칙 등이고 이것들이
총칭으로 국제법이라고 불린다. 따라서 ①의 조약 류 이외에는 거의
성문화 되어 있지 않다. 특히 ②의 국제 관습은 과거의 사례들의 모음
이며 오늘날의 가치 기준과는 반드시 일치하지 않는다는 것이 특징이
다. 그 좋은 예가 전쟁이지만, 제2차 세계대전 이전에는 침략전쟁은
대부분 합법으로 여겨졌다.

그러한 제국주의 시대의 국제법은 일본에서는 만국공법이라 불렸는데, 이에 대해 메이지정부의 원훈(元勳)인 기도 다카요시(木戶孝允)는 〈만국공법은 소국을 빼앗는 하나의 도구〉라고 갈파(喝破)했다. 만국공법은 약육강식 시대에 패권을 추구한 대국들이 탐욕으로 영토 확장을 감행했을 때 서로의 이해 조정을 도모하며 만들어간 강국들끼리의, 말하자면 〈이리들의 국제법〉이었다. 실제로 영국의 아편 전쟁처럼 만국공법은 침략을 위한 도구로서 이용되어 왔다. 그러한 과거의 전쟁은 법의 불가 소급 원칙에 의해 현재도 합법으로 되어 있다.

그러한 판단 기준을 계승하여 현재의 국제사법재판소는 과거의 안건을 재판하게 되기 때문에 대체로 국제법은 식민지 지배를 받은 나라 등에 대해 불리하게 작용하기 쉽다. 따라서 국제사법재판소에서 비록 합법이라는 판단이 내려져도 그것은 부당한 경우가 있을 수 있다.

그런데 독도 문제에 대해 일본에서는 이 문제의 해결방안으로 국제사법재판소에 판단을 맡긴다는 안을 말하는 정치가가 상당히 많이 있다. 예를 들어 시마네현의 스미다 노부요시(澄田信義) 지사는 〈양국의 외교 노력에 의해 평화적으로 해결되어야 한다〉라고 하면서도 일본정부에 대해 〈국제사법재판소에 판단을 맡겨야 한다〉라는 제안을 했다[1].

한편 일본의 독도 문제 연구자들은 대체로 국제사법재판소에 의한 해결방안에 대해 신중한 자세를 나타내고 있다. 예를 들어 시모조 마사오 씨는 제3장 3절에서 밝힌 바와 같이 〈그것은 하지 않는 편이 낫다고 생각한다〉라고 말했다. 그리고 쓰카모토 다카시(塚本孝) 씨도 국제사법재판소에 의한 해결에는 신중한 것 같고 북방영토 문제와 관련시켜 다음과 같이 말한다.

국제사법재판소에의 위임을 제의해야 할 것인지 여부는 법리상
만의 문제가 아니라 다각적인 분석을 거치지 않으면 가볍게 논할
수 없다는 것은 당연하다. 그리고 영토와 관계되는 문제이므로 패
소를 포함한 위험성이 수반된다는 것을 생각하면, 선거로 뽑힌 사
람만이 판단에 책임을 질 수 있는 문제일지도 모른다. 그러나 여러
가지 경우를 상정해 준비를 해 두는 것은 역시 필요하지 않을까 생
각된다[2].

이전에 일본은 국제사법재판소에의 위임을 1954년에 한국 측에 제
안한 적이 있었다. 아마 일본은 재판에서 이길 수 있다고 믿고 있었던
것 같다. 아무래도 당시의 일본은 에도시대의 〈마쓰시마 도해 면허〉
가 존재했다고 생각해 그것을 독도에 대한 유력한 실효 지배의 근거
로 삼고 있었으므로 우세했다. 한편 메이지시대의 최고 관청인 태정
관이 독도를 판도 외로 지령한 사실 등은 당시 아직 공개되지 않고
있어 일반적으로 알려지지 않는 상황이었다.

이에 대해 한국은 한국전쟁의 전화로 모든 것이 궤멸 내지는 혼란
상태에 있어, 독도 문제에 대한 연구도 충분하지 못한 상태였으며,
도저히 재판할 경황이 아닌 상황이었다. 한국 정부는 일본의 제안에
대해서 다음과 같이 거부했다.

분쟁을 국제사법재판소에 위임하려는 일본정부의 제안은 사법적

인 위장을 하고 있으면서 허위의 주장을 하는 하나의 기도(企圖)에 지나지 않는다. 한국은 독도에 대해 처음부터 영토권을 갖고 있어 그 권리에 대한 확인을 국제사법재판소에서 구하려는 이유를 인정할 수 없다. 어떠한 분쟁도 있을 수 없음에도 불구하고 유사적인 영토 분쟁을 조작하는 자는 일본이다[3].

그러면 현시점에서는 어떠한가. 만약 국제사법재판소에 독도 문제가 위임된다면 과연 일본에 승산은 있을 것인가? 앞장(일본어 원본)의 〈마쓰시마 도해 면허〉 논쟁에서 썼듯이 지금은 〈마쓰시마 도해 면허〉라는 것은 존재하지 않았음이 밝혀졌다. 게다가 반드시 새로운 쟁점이 될 태정관의 독도 판도 외 지령에 대해서는 외무성은 〈역사적인 사실 등에 대해 현재 조사, 분석 중이므로 현시점에서는 일본정부의 입장에서 코멘트 할 수 없다[4]〉라는 상태이다.

이 코멘트로 단적으로 볼 수 있듯이 일본정부는 최근의 연구 성과에 평가를 내리기 어려운 상태이며, 도저히 재판에 임할 수 있는 상황이 아니다. 그리고 재판이 될 경우에는 재판 보도를 통해, 메이지정부가 독도를 판도 외로 정한 사실 등이 널리 일본국민에게 알려지는데, 이에 모순이 되는 〈고유영토설〉을 주장하고 있는 외무성의 입장이 곤란해진다는 것은 뻔한 일이다. 그런 실상을 판단하면 외무성이 국제사법재판소에서의 해결을 한국에 제안한다는 것은 실제로는 있을 수 없다고 생각된다.

한편 일본이 국제사법재판소에 의한 해결을 제안하는 것은 한일 조약에 위배된다. 이 조약 교환 공문에는 〈양국간의 분쟁은 우선 외교

상의 경로를 통해 해결하는 것으로 하여, 이에 의해 해결할 수 없는 경우에는 양국 정부가 합의하는 절차에 따라 조정에 의해 해결을 도모하는 것으로 한다〉라고 정해져 있어 국제사법재판소에 제소하기 전에 제3국에 조정을 의뢰할 필요가 있다. 국제법을 중시한다면 먼저 한일조약을 준수해야지 국제사법재판소를 운운하면 안 된다. 그리고 설령 일본이 한일 조약을 무시하여 일방적으로 국제사법재판소에 독도 문제를 제소했다고 해도, 한국에는 이에 응할 의무가 없고, 그것은 단지 정치 선전의 효과 밖에 없다. 그것을 국제법 학자 세리타 겐타로 (芹田健太郎) 씨는 다음과 같이 말한다.

　국제사법재판소에 분쟁을 위임하여 해결하기 위해서는 양 당사국간에 합의가 없으면 안 된다. 일본은 국제사법재판소 규정 제36조 2항에 입각하는 동 재판소의 의무적 관할권 수락 선언을 1958년 9월에 행했고 〈이 선언의 날짜 이후의 사태 또는 사실에 관해 이 날짜 이후에 발생하는 모든 분쟁〉에 대해서는 동일한 상호 조건으로 상대국에게 고소될 경우에는 그 고소를 받아들이기로 했다. 그러나 한국은 유엔 가맹 이후에도 국재사법재판소의 의무적 관할권을 수락하는 선언을 행하지 않고 있다. 그리고 설령 한국이 가맹 시에 수락 선언을 했다고 해도, 분쟁이 이승만 라인 설정에 의해 1952년에 발생한 것으로 생각한다면, 일본의 수락 선언이 〈이 선언의 날짜 이후의 사태 또는 사실에 관해 이 날짜 이후에 발생하는 모든 분쟁〉으로 한정하고 있는 이상, 특별한 합의가 없는 한 국재사법재판소에 의한 재판으로 분쟁을 해결할 수 없다.

남은 방법은 일본이 일방적으로 국제사법재판소에 제소하는 방법이다. 그러나 현재의 일본은 이 방법을 선택할 의사가 있다고 보이지 않으며 정치적으로는 일방적 위임은 해서는 안 되는 것으로 생각되고 있다. 왜냐하면 일방적 위임의 예는 냉전시대에 있었는데, 알바니아 영해의 코르푸 해협에 있어서의 영국 함선의 촉뢰(觸雷) 사건에 관해서 유엔 안전보장 이사회의 결의 등이 있어서 영국이 일방적으로 알바니아를 제소하여 응소 의사를 확인한 코르푸 해협 사건 이외에는, 미국이 구소련을 상대로 항공기 격추 사건을 일방적으로 제소한 사건 등이 있지만 응소가 없어서 재판소에 의해 소송 중지 결정이 내려졌다. 그리고 이러한 일방적 제소는 상대국이 재판소의 관할권을 수락하고 있지 않는 것을 알면서 상대국이 재판에 의한 평화적 해결을 회피하는 나라임을 세계에 알리려고 하는 것으로 재판소의 정치적 이용이라는 점에서 반드시 바람직한 방법이 아니다. 냉전시대의 적대 관계에 있는 나라끼리라면 모르지만, 현재의 한일관계는 감히 상대국을 폄하하려는 관계가 아니다. 하물며 냉전시대에서조차 우호국이었고 잠재적 적국 관계도 전혀 아니다[5].

이와 같이 국제사법재판소에 의한 해결은 한국이 응하지 않는 이상, 거의 불가능하다. 덧붙여서 일본의 외무성은 국제사법재판소에 대해 홈페이지 〈다케시마 문제, 국제사법재판소에의 제소〉에서 다음과 같이 주장한다.

1. 국제사법재판소는 분쟁의 양 당사자가 동 재판소에서 해결을 구

한다는 합의가 있어야 비로소 움직이기 시작한다는 구조가 되어
있다. 따라서 만일 우리나라(=일본)가 일방적으로 제소를 했다
고 해도, 한국 측이 이에 응할 의무는 없고 한국이 자주적으로
응하지 않는 한 국제사법재판소의 관할권은 설정되지 않는다.

2. 우리나라(=일본)는 1954(쇼와29)년 9월, 구상서로 다케시마(=
독도)의 영유권 문제에 대해 국제사법재판소에 제소하는 것을 한
국 측에 제안했지만 한국은 이에 응하지 않았다. 그리고 1962(쇼
와37)년 3월의 한일외상회담 시에도 고사카 젠타로(小坂善太
郞) 외무대신으로부터 최덕신(崔德新) 한국외무부장관에 대해
본건의 문제를 국제사법재판소에 위임하자고 제안했지만, 한국
은 이를 받아들이지 않은 채 현재에 이르렀다[6].

1962년 이후 한일 조약이 타결된 1965년까지 국제사법재판소에 관
한 한일간 대화가 어떻게 진행되었는지, 외무성의 홈페이지는 아무것
도 적지 않았다. 일부에서는 한일 간에 밀약이 있어 독도 문제 자체를
철회한 것이 아닌가라는 보도가 있었는데, 그것을 암시하는 자료가
한국에 있다. 한국 국회의 한일협정 특별위원회 회의록에 이동원(李
東元) 외무부 장관의 발언이 다음과 같이 기록되었다.

저번에 내가 일본에 갔을 때, 독도 문제에 관해서 일본 외상이
다시 언급한 적이 있었다. 바로 여기에 그 자리에 함께 있던 김동조
(金東祚) 대사도 계시고 연(延) 아시아 국장도 계시는데, 외상 회담
에서 모든 문제가 타결된 후에 시이나(椎名) 일본 외상이 나에게 〈독
도에 대한 한국의 영유권을 부정하는 것은 아니지만, 독도 문제를

일종의 한일 간의 분쟁 대상으로 인정하여, 제3국 혹은 국제재판소에 맡겨 향후 심의를 받는다는 것까지는 합의해 달라〉고 했다.

나는 그 자리에서 벌떡 일어서서 시이나 외상에게 말했다. 〈내가 이번에 애국 국민들로부터 계란세례까지 받으면서도 일본에 온 것은 한일간의 내일의 친선 관계를 위해 조인하는 목적이 있었기 때문이다. 그럼에도 불구하고 당신은 독도 문제로 한일 문제의 타결을 막을 생각인가. 일본에 있어 독도 문제는 정치 문제일지 모르지만, 한국에 있어서는 국민감정을 폭발시키는 다이너마이트이다. 독도 문제에 대해 다시 한번 언급한다면, 나는 짐을 싸서 한국으로 돌아가겠다.〉 이러한 이야기를 한 적이 있다.(중략)

네 번째로 분쟁해결을 위한 '노트' 교환이 있었다는 것만은 사실이다. 그러나 이것은 국제회의의 관례상 상식이다. 아무리 친선 국가간에서 체결된 조약이라고 해도 시간이 경과함에 따라 오해가 생길 수도 있고, 마찰이 생길 수도 있다는 것은 역사적으로 증명된 사실이다. 그러한 이유로 장래 특히 어업 문제라든지 청구권 문제 등에 있어 만일 오해가 생기거나 분쟁이 일어날 경우 이것을 어떻게 해결하는가 하는 해결책에 대한 '노트 교환'이 있었다. 여기에는 독도 문제가 포함되지 않았다는 것은 시이나 외상, 그리고 일본의 사토(佐藤) 수상이 수락한 적이 있다[7].

이 발언에 대해 사토 수상이나 시이나 외상은 이동원 장관이 말하는 '수락'을 부정하고 있으므로 진상은 분명치 않지만, 어쨌든 한국의 강경한 반대로 인해 국제사법재판소에 위임한다는 이야기는 무산된 채 한일 조약이 체결된 것이다. 그 후, 일본도 한일 조약의 정신에 따라, 국제사법재판소에의 위임을 제안한 적은 한 번도 없었다. 이러한 경위를 볼 때 독도 문제의 국제사법재판소에 의한 해결의 길은 있을 수 없다고 보아야 한다.

그러면 그 외에 어떤 해결에의 길이 있을 것인가?

독도 문제 해결책의 하나로서 이전에 일본은 독도를 폭파하여 없앤다는 방안을 제안했다. 1962년, 한일 조약 예비회담 제4차 회의에서 일본의 이세키 유지로(井關祐次郎) 아시아 국장은 〈가치가 없는 섬이고 크기도 히비야(日比谷)공원 정도이다. 폭발 시켜서라도 없애 버리면 문제가 사라진다ᵃ⁾〉라고 말한 것이 한국에서 공개된 〈한일 협정문서〉로 밝혀졌다. 교섭 담당자는 궁여지책으로 폭파 안을 제안했겠지만, 만약 폭파시킨다면 그것은 문제해결 능력이 없는 당사자들의 어리석음의 견본으로서 오랜 세월에 걸쳐 전해질 것이다. 양국 국민에게 지혜가 있다면 임시방편적인 해결책이 아니라, 시간을 들여서라도 본격적인 해결책을 찾아내야 한다.

현실적인 해결책으로서 앞에서 언급한 세리타 씨는 〈다케시마를 '지우는 것'이 유일한 해결방법이다〉라는 제목을 달아, 다음과 같이 대담한 제안을 하여 주목을 받고 있다.

다케시마(=독도)의 양도 또는 포기
―장래를 위한 하나의 내기

다케시마는 이러한 무거운 짐을 떠맡고 있다. 게다가 교섭은 막다른 골목에 들어가 버렸다. 이제 어떻게 할까. 한일 양 국민으로부터 이 가시를 뽑으려면 일본으로부터 대담한 타개책을 제안할 수

밖에 없다. 일본인이 한국인과의 화해의 표시로 일본이 다케시마를 한국에 양도 또는 포기하므로 한국의 다케시마(독도)에 대한 주권을 인정함과 동시에, 서일본해에서의 어업 자원의 보전을 위해 한일 두 나라가 각각 자원 관리를 진행시킬 수 있도록 울릉도와 오키 제도를 기점으로 하여 배타적 경제 수역의 경계 확정을 실시한다. 그리고 다케시마는 자연 속으로 되돌려, 자연 보호구로서 12해리의 어업 금지 수역을 설정한 후 모든 나라의 과학자에게 개방한다. 한일 간에서 이런 내용의 조약을 맺는 것은 어떠한가.

다케시마가 일본에 편입된 1905년은, 한국인에 있어 자국이 일본에 의해 보호국화 된 해이며, 5년 후인 1910년에는 병합되기에 이르는 전 단계의 해였다. 다케시마 편입과 식민지 지배는 관계가 없다고 하는 일본의 주장은 법적으로 맞는다고 해도, 식민지 지배를 받은 역사를 가지는 한국인이 〈자국의 영토로 처음으로 뺏긴 땅이 독도이다〉라고 관련짓는 현재의 인식에 대해 〈그것은 잘못 인식한 것이다〉라고 아무리 설득해도 좋은 관계는 생기지 않는다. 스스로 규명하는 것 외에는 없다. 원래 가해자와 피해자의 의식의 거리는 메울 수 없다. 메우는 노력을 할 수밖에 없다.

1965년의 한일 조약에서는 일본은 어떤 사죄도 하지 않았다. 아직껏 한국민중 가운데 예전의 일본의 조선 통치에 대한 보상을 요구하는 목소리가 사라지지 않고 있다. 다케시마(=독도)가 한국인에 있어 일본의 식민지 지배 개시의 상징이라면, 새로운 다케시마를 성숙한 한일의 협력 관계의 상징으로 전환시켜야 한다.

새로운 조약으로는 우선 〈평양 선언〉이나 〈전후 60년 수상 담화〉처럼 솔직하게 한국국민에 대해 반성과 마음으로부터의 사과를 표명하자. 그리고 그 표시로 첫째, 장래의 세대를 위해 일본은 다케시마(=독도)를 한국에 양도 또는 포기하여 다케시마에 대한 한국의 주권을 인정함과 동시에, 둘째로, 한국은 울릉도와 오키 제도를 기점으로 서로의 배타적 경제 수역의 경계 확정을 실시할 것을 약속한다. 그리고 셋째로 동아시아의 환경 협력의 상징으로서 한국은 다케시마(=독도)를 자연 보호구로 할 것을 약속해, 모든 나라의 과학자에게 개방한다. 그리고 넷째, 마지막으로 한일 양국 및 양국국민은 동북아, 나아가 아시아와 세계의 평화와 번영을 위해 손을 잡고 협력해 나갈 것을 맹세한다.

이 제안에는 한국, 일본 양쪽으로부터 반발이 올 것이다. 그러나 서로 미래를 위해 대가를 지불해도 괜찮은 것이 아닐까. 그러한 시기에 와 있다[9].

앞으로 세계는 더욱 글로벌화가 진행되어, EU처럼 일부 지역에서는 국경의 자유화가 진행되고 있지만, 동아시아에 있어서도 평화와 안정을 전제로 한일 양국이 공존공영의 길을 걷기 위해, 대립의 상징인 독도를 미래 지향적으로 한일 우호의 상징으로 전환하는 것은 양국의 중요한 과제이다. 그 과제의 해결에 있어 세리타 씨의 제안은 원안으로 진지하게 논의하는 대상으로서 적합하다.

한편 세리타 씨에 대한 의문인데 그는 〈다케시마 편입과 식민지 지배는 관계가 없다고 하는 일본의 주장은 법적으로 맞는다고 해도〉라고 하여 '다케시마 편입'은 법적으로 옳다고 주장하고 있는 모양이지만, 과연 역사적인 검증 없이 그렇게 말할 수 있는가.

‘다케시마 편입’ 이전의 1877년 메이지정부는 독도를 조선령으로 판단해 판도 외로 했는데, 그럼에도 불구하고 같은 정부가 같은 섬을 ‘무주지’라고 강변해 ‘다케시마 편입’을 강행한 것을 세리타 씨는 어떻게 평가하는 것인가.

그리고 전장의 〈대한제국 칙령의 석도〉에서 소개한 바 있듯이 시모조 마사오 씨는 만약 대한제국 칙령에 나타나는 석도가 독도를 가리킨다면 일본정부에 의한 ‘다케시마 편입’은 ‘위법행위’가 된다고 지적했다. 그러한 주장에 세리타 씨는 국제법 학자로서 어떻게 생각하고 있는가.

석도는 전장에서 말했듯이 독도일 가능성이 강하므로 한국은 그것을 믿어 의심하지 않고 일본의 ‘다케시마(=독도) 편입’을 위법행위라고 판단하고 있다. 그러므로 한국은 일본이 독도를 ‘포기’한다든지 ‘양도’한다는 표현조차 기분 좋게 생각하지 않을 것이다. ‘포기’나 ‘양도’는 소유하고 있는 것을 단념한다는 뜻이므로 소유하고 있지 않는 것을 ‘포기’나 ‘양도’할 수 없다. 이러한 사정에 배려한다면, 독도의 ‘포기’ 등을 운운하기 전에, 역사 검증을 우선해야 하지 않을까 생각한다.

······································

註

1) 『フォトしまね』 161호, 島根縣, 2006

2) 塚本孝, 「冷戰終焉後の北方領土問題」, 『國際法外交雜誌』 第105卷 第1號, 2006, p.98.

3) 芹田健太郎, 「竹島を「消す」ことが唯一の解決法だ」, 『中央公論』, 2006.11, p.272.

4) 연합뉴스, 「獨島めぐる太政官指令、日本が存在認めるも解決留保」, 2006.11.20. http://japanese.yna.co.kr/service/article_view.asp?News_id=200611181558471

5) 芹田健太郎, 전게서, p.272.

6) http://www.mofa.go.jp/mofaj/area/takeshima/index.html

7) 한일협정 특별위원회 의사록(1965. 8. 9.)
   http://search.assembly.go.kr/kms_data/record/data1/52/052c40008b.PDF#page=3

8) 조선일보, 2006.8.28. 기사 〈「독도폭파」는 일본 측 발언이었다〉
   http://japanese.chosun.com/site/data/html_dir/2005/08/28/20050828000001.html

9) 芹田健太郎, 전게서, p.277.

제3장

일본 측 주장을 비판한다

사쿠라이 요시코(櫻井よしこ) 씨에 대한 비판

| 박병섭 |

일본에서는 독도 문제에 대한 관심은 한국에 비해 상당히 낮고 이에 관한 논문이나 기사 등은 별로 많지 않았다. 그런데 2005년 2월, 시마네현이 조례로 '다케시마의 날'을 제정한데 대해 한국이 맹렬히 반발한 것을 계기로 일본에서 독도 문제에 대한 관심이 단번에 고조되었다.

그러한 가운데 사쿠라이 요시코여사가 〈다케시마의 영유권을 검증한다〉라는 기사를 일본의 『주간 신초(週刊新潮)』(2005.4.7)에 써서 주목을 받았다. 『주간 신초』는 일본에서 80만 부나 발행되는 최대급의 주간지이며, 그 영향력은 결코 무시할 수 없다. 그러므로 여기서 사쿠라이 요시코 씨의 잘못된 주장을 비판하기로 한다.

1. 에도시대의 독도

기사를 구체적으로 검증하기에 앞서, 우선 문제가 된 조선의 고문서를 보기로 한다. 일본의 에도시대(1603-1867), 오늘날의 독도는 일본에서 마쓰시마, 울릉도는 다케시마로 불렸는데 그 마쓰시마는 실은 조선령인 우산도이다, 라는 중대한 기술이 사서『동국문헌비고』여지고(『東國文獻備考』興地考)에 있다. 이 사서는 1770(영조 46)년, 조선의 문물이나 제도를 집대성한 유서(類書)로서 간행된 관찬서인데, 이 책의 한 분류인「여지고」에 우산도가 다음과 같이 기록되었다.

『동국문헌비고』「여지고」(1770)
우산도 울릉도
동쪽 350리에 있다. …여지지(輿地志)가 말하기를, 울릉 우산은 모두 우산국의 땅, 우산은 즉 왜가 말하는 마쓰시마(松島)이다

이와 같이「여지고」는『여지지(輿地志)』의 기술을 인용하여 일본에서 마쓰시마로 불리는 우산도가 조선령이라고 기록했다. 이 기록은 1908(순종 2)년에『증보문헌비고(增補文獻備考)』에도 되풀이 기술되었으므로, 우산도는 조선령이라는 인식이 128년 후에도 재확인된 것이다.

이『동국문헌비고』를 비판한 사람이 다쿠쇼쿠(拓殖) 대학의 시모조 마사오 씨다. 그는 사서『동국문헌비고』는 졸속으로 편찬 되었으므로 신빙성이 없는데다가 그 한 분류인「여지고」는 개찬(改竄) 되었으므로 신용할 수 없다고 주장하여, 내외적으로 큰 영향을 주었다.

그 시모조설을 무조건 받아들인 사람이 사쿠라이 여사이다. 여사는 TV아나운서 출신의 보수계 논객으로 독도 문제에 관해서『주간 신초』(2005.04. 07)에서『동국문헌비고』에 관해 아래와 같이 주장했다.

개찬된 역사서

문제는 이 문헌에 등장하는 우산도가 정말로 일본의 마쓰시마, 즉 현재의 다케시마(=독도)인가에 있다. 결론으로부터 말하면 우산도는 독도가 아니었다. 시모조 교수가 설명했다.

'한국 측의 주장의 근거『동국문헌비고』에 인용되어 있는『여지지』는 현재 존재하지 않는다. 당연히『여지지』의 기술이 정말로 그렇게 되어 있는지를 확인할 수 없다.

그러므로 「여지고」의 바탕이 된『강계고(疆界考)』를 검증했다. 그러니 거기에는 〈『여지지』가 말하기를, 일설에 우산, 울릉 원래 한 섬〉이라고 쓰여 있다. 즉 우산도와 울릉도는 같은 섬이라고 쓰여 있는 것이다.

중요한 것은 이렇게 기술된 뒤에『강계고』를 저술한 인물의 소견으로서 〈그런데 여러 도지(圖志)를 생각하니 두 섬인 것이다. 하나는 소위 마쓰시마(松島)이므로 두 섬 모두 우산국이다〉라고 쓰여 있는 것이다.

원래의『여지지』에는 우산도가 마쓰시마이고 독도라고는 일절 쓰여 있지 않았다. 뿐만 아니라, 우산도는 울릉도라고 기록되어 있었다. 그럼에도 불구하고 18세기에 저술된『강계고』의 해설 중에서 우산도는 마쓰시마라는 주장이 만들어져 갔던 것이다. 그것이 「여지고」에서 더욱 개찬된 것이다.'

즉, 512년부터 독도가 조선령이었다는 주장은 성립되지 않는 것이다. 한국 측이 주장하는 가장 오래된 역사적 근거가 개찬에 의한 것이었다고 문헌을 제시하면서 증명한 사람은 시모조 교수가 처음이다. 사실에 입각하여 검증한다는 뜻에서 한일 양국에 있어 매우 의미 깊다.

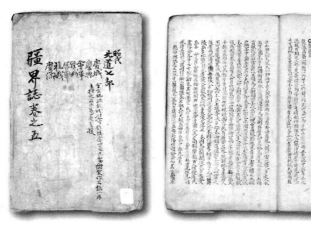

『강계지』, 울릉·우산(마쓰시마)은 우산국의 땅이라고 기재.

시모조 씨에 의하면 『여지지』는 단지 〈일설에 우산, 울릉 원래 한 섬〉이라고 썼을 뿐인데 『강계고』의 저자인 신경준(申景濬)이 〈그런데 여러 도지(圖志)를 생각하니 두 섬인 것이다. 하나는 소위 마쓰시마이므로 두 섬 모두 우산국이다〉라고 고찰했고 나아가 신경준은 그것을 마치 『여지지』의 기술처럼 '개찬'하여 『동국문헌비고』에 썼다고 해석한 것이다. 그러나 결론적으로 말하면 이 개찬설은 성립되지 않는다. 그것을 증명하기 위해 우선『강계고』를 살펴보기로 한다.

먼저 이 책의 표제인데 표지는 사진에 있듯이『강계지(疆界誌)』, 서문에 표제는『강계고』가 되어 있어 어긋나 있다. 여기서는『강계고』라고 표기하기로 한다.

이 책은 한국사에 있어 흥망 한 국가의 영역을 중심으로 기술한 역사 지리서로 1756(영조 32)년에 신경준에 의해 간행되었다. 신경준은『동국문헌비고』「여지고」의 편찬에도 관여한 학자이다.『강계고』에서 우산도는 아래와 같이 기술되었다.

> 생각건대『여지지』가 말하기를, 일설에 우산, 울릉 원래 한 섬. 그런데 여러 도지(圖志)를 생각하니 두 섬인 것이다. 하나는 소위 마쓰시마이므로 두 섬 모두 우산국이다.

문제가 된 이 문장은 울릉도를 설명하는 문장 사이에 삽입문의 형식으로 쓰여 있다. 원문의 한문에는 구두점이 없기 때문에 이 문장만으로는 시모조 씨가 말하듯이 〈일설에 우산, 울릉 원래 한 섬〉만이『여지지』에서의 인용문인지는 반드시 확실하지 않다. 한편 송병기 씨는 〈그런데 여러 도지(圖志)를 생각하니〉 이후도『여지지』의 기술이며, 결코 신경준의 생각이 아니라고 주장했다[1]. 송병기 씨의 주장이 옳을 경우 개찬설은 당연히 성립되지 않는다. 어느 쪽이 옳은가를 알기 위해는『여지지』가 없어져 존재하지 않는 이상, 그 바탕이 된「제도지(諸圖志)」로 기술 내용을 검토할 필요가 있다. 그러므로 당시 발간된 도지(圖志)나 지지(地誌) 등을 살펴보기로 한다.

문제가 된『여지지』는 1656(효종 7)년에 유형원(柳馨遠)에 의해 편찬되었다는 것이『강계고』의 기술 등으로 밝혀져 있다. 조선왕조 시대『여지지』가 쓰이기까지 발간된 지리지나 도지 등에 나타나는 우산도에 대한 기술은 다음과 같다.

1432년『신찬 팔도지리지(新撰八道地理志)』, 일실됨.『세종실록』「지리지」에 계승됨.

1451년『고려사』「지리지」, 〈일설에 우산과 무릉은 본래 두 섬, 서로 거리가 멀지 아니하여 날씨가 청명하면 바라볼 수 있다〉

1454년『세종실록』「지리지」, 〈우산, 무릉 두 섬은 현의 동쪽 해중에 있다. 두 섬은 서로 거리가 멀지 아니하여 날씨가 청명하면 서로 바라볼 수 있다〉

1478년『팔도지리지(八道地理志)』, 일실됨.『동국여지승람(東國輿地勝覽)』에 계승되었다.

1481년『동국여지승람』, 그 후『신증 동국여지승람』, 〈우산도, 울릉도. … 두 섬은 현의 동쪽 해중에 있다. …일설에 우산 울릉 원래 한 섬〉

조선왕조 시대의 지리지는『신증 동국여지승람』으로 거의 완성에 이르렀는데 이『신증 동국여지승람』에는『여지지』와 같이 〈일설에 우산 울릉 원래 한 섬〉이라고 기술되어 있다. 아마도『여지지』의 바탕이 된 책은 당시 최신의 지리지였던『신증 동국여지승람』이었다고 생각된다.

그렇다면『신증 동국여지승람』이 우산, 울릉은 두 섬이라는 이도설

(二島說)을 본래의 설로 하여 일도설(一島說)을 일설로 하고 있으므로, 『여지지』도 같은 인식을 가졌다고 생각할 수 있다. 따라서 『강계고』의 기술인 〈그런데 여러 도지(圖志)를 생각하니 두 섬인 것이다〉라는 이도설은 『여지지』의 견해였다고 보인다.

원래, 신경준이 『여지지』를 인용하는데 시모조 씨가 말하듯이 『강계고』에서는 일도설을 인용하고 『동국문헌비고』에서는 이도설을 인용한다는 것은 상식으로는 생각할 수 없다. 당시 『여지지』는 신경준뿐만이 아니라 누구나 용이하게 볼 수 있는 상황이었다고 생각되는데 그런 상황에서 신경준이 『여지지』의 문장을 마음대로 변조하여 인용한다는 것은 학자로서 자살 행위와 같은 것이므로 생각하기 어려운 대목이다. 신경준의 『여지지』에 대한 이해는 이도설로 일관되어 있었다고 보는 것이 이치에 맞는 것이다.

그런데 일단 양보를 하여 시모조 씨가 말하는 개찬설이 혹시 옳다고 가정한다면 어떠한 결론이 나오는지 생각해 두기로 한다. 이 경우 『여지지』의 저자인 유형원은 우산도와 울릉도는 동일한 섬이라고 생각했지만 『강계고』의 저자인 신경준은 그것을 완전히 부정하여 여러 도지를 고찰하고 울릉도와 우산도는 각각 다른 섬이며, 우산도는 일본에서 말하는 마쓰시마였다고 판단했다는 결과가 된다.

이 경우 신경준은 자신의 생각을 『여지지』의 기술인 듯 속여서까지 『동국문헌비고』에 기술한 것이 되지만, 그는 그만큼 〈우산도는 마쓰시마〉라는 확신을 강하게 갖고 있었다는 이야기가 된다. 그리고 그 근거로 여러 「도지」를 인용했다는 것이다. 그렇다면 조선에서는 적어도 1770년의 관찬서 『동국문헌비고』에서는 〈우산국의 하나인 우산도는 일본의 마쓰시마〉라고 강하게 확신하고 있었다는 결론이 난다.

　이와 같이 만약에 시모조설인 사서 개찬설을 인정한다고 해도 조선의 우산도(마쓰시마, 독도)에 대한 영유의식은 그 시기가 1770년으로 이동할 뿐이므로 조선왕조의 독도 영유 의식에는 아무런 영향을 주지 않는다. 따라서 사쿠라이 여사가 말하는 〈우산도는 다케시마(독도)가 아니었다〉라는 결론은 결코 나오지 않는다.

　조선왕조의 우산도에 관한 지식인데 우산도의 위치는 반드시 올바르게 인식되어 있지 않았다. 지도에서 우산도는 울릉도의 동쪽에 그려지기도 하고 서쪽으로 그려지기도 하고 때로는 남쪽에도 그려졌다. 당시 우산도는 관념상의 존재였다고 할 수 있다. 그것이 17세기 후반이 되자 실제로 울릉도 등에 조선인이 도항했으므로 우산도의 위치는 상당히 정확하게 파악되게 되었다. 그 한 예를 안용복이 일본에서 진술한 내용에서 볼 수 있다. 1693년 그가 울릉도로부터 무라카와가에 의해 연행되었을 때 다음과 같은 진술을 했던 것이 『다케시마 기사(竹島紀事)』에 기록되었다.

　　이번에 다녀온 섬(울릉도)보다 북동쪽에 큰 섬이 있습니다. 울릉도에 체재했을 때 겨우 두 번 그 섬을 보았습니다. 그 섬을 잘 아는 사람이 말하는 바로는 우산도라고 합니다. 마침내 간 적은 없습니다. 대략 하루 정도로 닿을 수 있습니다[2].

　즉 안용복은 우산도에 간 적은 없지만, 그 섬이 울릉도로부터 배로 하루거리에 있음을 전해 듣고 알고 있었다고 진술했다. 그러한 거리에 있는 섬은 독도 밖에 존재하지 않기 때문에 적어도 안용복이 전해 들은 섬은 독도라고 할 수 있다.

그런데 시모조 마사오 씨는 안용복의 진술 중에서 방향이란 한 부분만을 거론하며 독도는 울릉도의 '북동'이 아니라 '동남'에 있으므로, 안용복이 말한 '우산도는 오늘날의 독도와 관계가 없다'는 설을 전개했다. 그러나 독도의 실제 방향은 팔방위식(八方位式)으로 말하면 동남이라기보다 동쪽이 된다. 그리고 당시의 어부가 방향을 정확히 안다는 것은 상당히 어렵기 때문에 다소의 잘못은 있을 수 있다.

그렇게 말하는 이유는 지구가 둥글기 때문에 독도는 울릉도의 해변가에서는 보이지 않기 때문에, 울릉도로부터 10km 이상 떨어진 해상에서 독도를 보게 되므로 방향은 더욱 부정확해진다. 혹은 울릉도의 산 위에서 독도를 직접 보면, 방향은 좀더 정확해지지만, 보이는 것은 『세종실록』「지리지」가 말하듯이 〈날씨가 청명〉할 때 밖에 보이지 않는다. 그러한 날은 1년에 수십일 밖에 없다는 것이 알려져 있다. 따라서 어부 안용복이 독도를 두 번 보았다는 것은 산에서였던 가능성보다 해상에서였던 가능성이 높다고 할 수 있다. 따라서 방향은 정확하지 않다는 것이 당연하고 동쪽 방향(정확하게는 동쪽에서 남쪽으로 18도)을 북동이라고 추측했다고 해도 어쩔 수 없는 일이다.

한편 『동국문헌비고』에 있는 〈우산은 즉 왜가 말하는 마쓰시마이다〉라는 기술인데, 이 일절은 『여지지』의 바탕이 되었다고 생각되는 상기의 도지나 지리지에서는 찾을 수 없으므로, 언제쯤 그러한 인식이 생겼는지는 알 수 없다.

어쨌든 안용복의 활동에 의해 〈우산은 즉 왜가 말하는 마쓰시마이다〉라는 인식이 일본 및 조선에서 강해졌다. 그만큼 안용복의 발자국은 큰 영향을 주었는데, 그에 대해 사쿠라이 여사는 시모조 씨의 설을 무비판적으로 받아들여 다음과 같이 썼다.

> 그는 1693년, 에도 겐로쿠시대에 울릉도에 건너 왔다. 그 때 일본인 어부에 의해 잡혀 오키섬을 경유하여 돗토리번에 송치되어 조사를 받았다. 이윽고 조선에 송환되었는데 3년 후인 1696년에 다시 오키섬으로 밀항했다. 시모조 교수가 이 인물에 대해 말했다.
> 〈조선에 돌아온 그는 일본 측(돗토리번)에 울릉도와 우산도를 조선의 지계(地界)로 한다, 즉 양쪽 모두가 조선령이라고 고했다든가 돗토리 번주와 대좌하여 이야기했다는 등 조선 측에 보고했다. 그러나 그러한 사실은 없고 거짓이다. 그런데 안용복이 말한 〈우산도는 조선령〉이라는 구절은 조선왕조 측의 문헌에 기재되어 간 것이다.〉

안용복은 조선왕조의 해금정책을 어겨 일본에 갔으므로 일본에서 조선에 송치되어 비변사에서 조사를 받았을 때, 자신의 행동의 정당성이나 공적을 적극적으로 주장할 필요가 있었다고 생각된다. 그 때문인지 그가 말한 내용은 말하자면 공훈이야기·자랑이야기이므로 과장이나 허위가 많아, 그대로 믿을 수는 없다. 한 예를 들면 시모조 씨가 지적한 〈돗토리 번주와 대좌하여 이야기했다〉는 이야기는 일본의 사료에 의해 부정되었다. 그 한편 시모조 마사오 씨는 〈일본 측(돗토리번)에 울릉도와 우산도를 조선의 지계(地界)로 한다, 즉 양쪽 모두가 조선령이라고 고했다〉는 것을 거짓이라고 사쿠라이 여사에게 말한 모양이지만 이 이야기는 일본의 역사에 합치하는 사실이다. 바로 최근 그것을 구체적으로 뒷받침하는 사료 「겐로쿠 9 병자년 조선 배 착안 한 권의 각서(元祿九丙子年朝鮮舟着岸一卷之覺書)」가 오키 섬에서 발견되고 주목을 끌었다.

그 각서(권말 자료1)에는 '호키태수 님께 소송할 것이 있어 왔습니다'라고 쓰여 있어, 역시 돗토리 번주에 대한 소송이 도항 목적인 것이 뒷받침되었다. 더욱 중요한 요점을 『산인 중앙신보(山陰中央新報)』(2005. 5. 17.)는 다음과 같이 보도했다.

각서에서 안용복은 강원도에 속하는 울릉도는 일본에서 말하는 다케시마이며, 소지한 '조선팔도지도'에 기록되어 있다고 설명. 그리고 마쓰시마(독도)는 마찬가지로 강원도의 자산(소우산)이라고 부르는 섬이며, 이것도 지도에 기재되어 있다고 하여 조선령이라는 인식을 나타내고 있다.

지금까지의 사료로는 안용복이 말하는 '자산'(또는 우산도)이 어느 섬을 가리키는지 애매했지만 〈다케시마(울릉도)와 조선의 거리 30리. 다케시마(울릉도)와 마쓰시마(독도)의 거리 50리'라고 위치 관계를 설명하고 있는 기술 등으로 현 다케시마(독도)를 가리키고 있다고 보인다.

각서의 말미에는 경기도 등 「조선지팔도(朝鮮之八道)」가 기재되어 있고 강원도에는 주석으로서 〈이 도 안에 다케시마, 마쓰시마가 있다〉라고 쓰여 있어 마쓰시마(현 다케시마, 독도)도 조선령으로 인식하고 있었음을 알 수 있다.

이 각서에 대해 시모조 마사오 씨는 '영토 문제에 대해서는 언급하고 있지 않다'라고 산인 중앙 신보(2005. 5. 17.)에 말했지만, 이것은 아전인수적 해석이라고 하지 않을 수 없다.

안용복은 돗토리번에 자산도, 울릉도는 조선령인 것을 고한 후, 조선에 보내져서 거기서 월경한 죄로 잡혔는데 그 때의 그의 언동에 의해 〈울릉 우산은 모두 우산국의 땅. 우산은 즉 왜가 말하는 마쓰시마〉라는 인식이 확실해졌다. 그리고 자산도(우산도)는 마쓰시마라는 안용복의 인식은, 1693년에 처음 일본에 연행되었을 때에 이 섬을 직접 목격했으므로, 그 신빙성에 관해서는 거의 문제가 없다.

그리고 안용복 사건의 여파로, 장한상(張漢相)은 왕명으로 울릉도를 탐사하게 되었다. 그는 탐사 보고서 「울릉도사적(蔚陵島事蹟)」속에서 '동쪽을 바라보니 바다 속에 섬 하나가 보이는데 아득하게 진방(辰方)에 위치해, 그 크기는 울도(=울릉도)의 3분의 1 미만이고 (거리는) 3백 여 리(120km)에 지나지 않는다'라고 기록했다. 이 섬이 독도를 가리키는 것은 분명하다. 이렇게 하면서 지리적인 지식이 풍부해졌고 독도를 조선령으로 하는 기술은『동국문헌비고』나『만기요람(萬機要覽)』,『증보문헌비고』등의 관찬서로 확립되었다. 이것을 인정하고 싶지 않은 지, 혹은 몰라서 그런지 사쿠라이 여사는 일본의 독도 영유권을 주장하는 요네다 겐조(米田健三) 씨의 이야기를 다음과 같이 썼다.

한국 측은 명시할 수 있는 근거 없이 역사적 경위 때문에 한국령이라고 한다. 한편 일본 측에는 다케시마(독도)가 일본령이라는 것을 명시하는 많은 역사적 경위와 자료가 있다. 에도시대인 1618

년에는 돗토리번의 운송선 업자, 오야 진키치(大屋甚吉)와 무라카와 이치베에(村川市兵衛)의 두 사람이 돗토리번을 통해 막부에 울릉도에의 도해와 개발을 신청하여 허가를 받았다. 그들은 전복이나 강치잡이로 큰 이익을 올리고 있었다.

지도를 보시오. 두 사람이 도해와 개발을 허락받은 울릉도는 다케시마(독도)의 북서, 한반도에 가까운 위치에 있다. 즉 에도시대에는 다케시마(독도)뿐만이 아니라, 훨씬 멀리 있는 울릉도까지 일본령이었던 것이다.

요네다 씨가 말하는 〈다케시마(독도)가 일본령이라는 것을 명시하는 많은 역사적 경위와 자료〉란 오야가(大谷家)가 막부로부터 울릉도를 '배령(拜領)'했다 등의 거짓말을 적은 오야가 문서 「다케시마 도해 유래기 발서공(竹島渡海由來記拔書控)인 듯하다. 그러나 영토의 영유권 논쟁에 있어 국가나 담당기관의 공문서가 중요하므로 이러한 사문서는 거의 가치가 없다.

사쿠라이 여사가 독도를 고래의 일본령으로 하는 근거는 위의 문장밖에 없는데 거기에는 일본정부가 이전에 '고유영토'의 근거로 삼은 고문서는 하나도 등장하지 않았다. 예를 들어 『은주시청합기(隱州視聽合記)』나 『다케시마 도설(竹島圖說)』, 『장생 다케시마기(長生竹島記)』조차, 사쿠라이 여사는 인용하지 않았다. 여사의 조사가 부족한 것인지, 그렇지 않으면 일본정부의 주장이 적당하지 않다고 생각하고 있는지, 혹은 그 양쪽 모두일지도 모른다. 사쿠라이 여사의 조사 부족은 다음과 같은 문장을 보면 잘 알 수 있다.

1696년(겐로쿠 9년) 도쿠가와 막부와 이조(李朝 : 조선) 사이에 울릉도 귀속 문제가 일어나 막부는 분쟁을 피하기 위해 일본인의 울릉도에의 도해를 금지해 버렸다. 에도시대의 일본은 무기로서의 칼이 마음을 비쳐주는 귀감이 되었던 시대이기도 하다. 분쟁을 좋아하지 않았던 시대인 것이다. 결과적으로 울릉도는 조선령이 되었다. 그러나 그 때조차도 다케시마(독도)는 명백히 계속 일본 영토로 남았던 것이다.

사쿠라이 여사는, 막부가 울릉도를 포기한 진정한 이유를 모르는 모양이다. 여사는 그 이유를 〈분쟁을 좋아하지 않는〉 시대의 탓으로 돌리지만, 사실은 에도막부는 신중히 울릉도의 귀속을 조사해, 그 섬을 포기하는 결정을 내린 것이다. 그 막부의 결정에 큰 영향을 준 것은 막부에 대한 돗토리번의 회답서였다. 이것에 관해서는 제1장 '독도는 일본의 고유 영토인가'를 참조 바란다.

그리고 막부는 다케시마 도해 면허를 발급하기 이전, 다케시마(울릉도)를 조선령이라고 인식하고 있어 거기서 밀무역을 하고 있던 이소타케 요자에몬(磯竹與左衛門)을 '잠상'의 죄로 1620년에 체포했다. 그 사건을 막부의 외교 관계 문서를 모은 『통항일람(通航一覽)』은 다음과 같이 기록했다.

소 쓰시마노카미 요시나리(宗對馬守義成), 명에 의해 다케시마 [조선국 속도]에 있어 잠상인 두 사람을 포획하여 교토에 보낸다.

通航一覧卷之百二十九

朝鮮國部百五

○貿易　潜商罪科、密貿禁制儆驗、密貿金高井解渡方

元和六庚申年、宗對馬守義成、命によりて、竹島（朝鮮國圖）島に於て潜商のもの二人を捕へて京師に送る、その即所見、寛文四甲辰年、多年朝鮮に武具等を潜販せしもなし、の數十人を召捕へ、その輕重にしたかひて、刑罪に處せられ、宗對馬守義眞に命して、かの國に書を贈りてこれを質さしむ、爾來しば〳〵其事ありて死刑に行はる、同十二子年、對馬園佐須奈浦に新闢をおき、朝鮮往來の船を監察す、（按するに、前の和館の事、竹島をいふなり、新聞の事、前の和館の條に出す、韓館の始末詳せむべし）。

元和六庚申、本國（按するに、對馬國なるべし、）商買彌左衛門、仁右門者竊渡海、居竢竹島之間、依之義成君被遣小田治郎右可送京都之由有台命、（按するに、竹島即之）捕之衛門、阿比留新左衛門、高松彌左衛門、小島平左衛門、山下五左衛門、小田、阿比留早速到彼島、捕二人締了、於是以人見三右衛門、吉田庄右衛門爲使者、

五百十一

막부의 『통항일람(通航一覧)』, 다케시마(=울릉도)를 조선국 속도로 간주.

이와 같이 다케시마(울릉도)를 조선령으로 하는 자료는 있지만 반대로 일본령으로 하는 확실한 자료는 존재하지 않기 때문에, 요네다 씨가 말하는 〈에도시대에는 다케시마(독도)뿐만이 아니라, 훨씬 멀리 있는 울릉도까지 일본령이었던 것이다〉라는 설명은 타당하지 않다.

결국, 막부는 돗토리번의 회답을 중시하여 다케시마 즉 울릉도에 대한 영유를 포기하여 그 취지를 조선에 대한 창구인 대마번을 통해서 조선에게 전해 이른바 '다케시마 일건'은 1696년에 일단락되었다.

사쿠라이 여사는 〈결과적으로 울릉도는 조선령이 되었다. 그러나 그 때조차도 현재의 다케시마(독도)는 명백히 계속 일본 영토로 남았던 것이다〉라고 썼지만, 이것도 잘못이다. 그러한 사실은 없다. 제1

장에서 상술한 바와 같이 마쓰시마(독도)도 돗토리번에 속하는 땅이
아니었고 역시 이국의 땅이었던 것이다.

2. 대일본 제국 시대의 독도

시마네현의 '다케시마의 날' 조례는 1905년 독도를 시마네현의 관
할 하에 둔다는 현 고시 100주년을 계기로 제정되었다. 100년 전의
사건에 대해 사쿠라이 여사는 한국 측의 의견, 및 일본 학자의 반론을
다음과 같이 소개했다.

> 한국 측은 일본이 현재의 다케시마(독도)를 시마네현에 편입한
> 것은 1905년이고, 그 때 한국을 포함하는 타국이 항의하지 않았으
> 므로 일본령이라고 주장하는 것은 불합리하다. 왜냐하면 한국은 전
> 년 2월에 한일의정서를, 8월에는 제1차 한일협약을 강제로 맺게 되
> 어 외교권이 박탈되어 있어 발언할 수 없었던 상황이었기 때문이라
> 고 주장한다.
> 요네다 교수는 이 주장도 잘못이라고 말한다. '한일의정서는 한
> 국의 외교권과는 무관하다. 제1차 한일협약에 의해 일본이 한국의
> 외교권을 관할한 사실은 없다….'
> 덧붙여서 일본이 한국의 외교권을 관할하게 된 것은 1905년 11월의
> 제2차 한일협약 이후이므로 다케시마(독도) 편입의 9개월 후이다.

요네다 씨나 사쿠라이 씨의 발언의 취지는 한국은 일본의 독도 편

입에 항의할 수 있는 상황이었음에도 불구하고 항의하지 않았다는 점에 있지만, 교묘하게도 독도 편입이 몰래 행해진 사실에 대해서는 한마디 설명도 없었다.

편입이 현(縣) 차원이 아니라 정부 차원에서 공지 되지 않으면, 한국은 그 사실을 아는 것은 어렵고, 항의를 할 길이 없다. 한국이 독도 편입 사실을 알게 된 것은 1906년이며 그 때는 외교권이 박탈된 제2차 한일협약 이후였다. 따라서 그 시점에서 일본에 대한 항의는 불가능했다.

요네다 씨는 더욱 '메이지유신으로 근대국가로 성장하려 하고 있던 일본은 모든 점에서 국제법을 중시했다. 영토도 국제법에 따라 규정해야 한다고 생각해, 일본령인 다케시마(독도)를 시마네현에 편입했다'고 썼지만 이것도 의문이다.

먼저 독도는 일본의 최고 국가기관인 태정관이 한국 령이라고 인식한 다음에 일본의 판도 외로 한 섬이다. 그 섬은 결코 무주지가 아니기 때문에, 그러한 땅을 영토 편입하는 것은 제국주의적 '이리들의 국제법'에 비추어도 분명히 위법이다.

게다가 만약 시마네현과 같은 한 지방의 고시가 국제법에 맞는다고 하면 제2차 대전 후, GHQ에 의해 일본으로부터 분리된 독도에 대해서, 한국의 경상북도가 행정권을 행사한 것만을 가지고 그 조치가 국제법에 맞는 조치였다고 인정하지 않으면 안 된다. 당시 일본은 한국의 행정 조치에 아무런 이의나 항의를 하지 않았다.

그리고 제2차 대전 직후, 독도는 연합국에 의해 일본으로부터 정치적 및 행정적으로 분리되었는데, 그 연합국의 조치, SCAPIN 677호에 대해서도 일본은 아무런 이의 제기를 하지 않았다. 그뿐만이 아니라 GHQ는 어업 자원 보호를 위해 맥아더 라인을 설치하여 독도에 일본의 선박이 접근하는 것을 금지했다. 이러한 일련의 조치에 대해 일본은 아무런 이의를 주창하지 않았다. 이것은 말하자면 2차 대전 이후의 일본이 독도를 포기한 것을 의미한다.

이러한 사실에 대해 사쿠라이 여사는 일언반구도 말하지 않았다. 그 대신 당돌하게 이승만 라인, 즉 평화선에 대해 다음과 같이 썼다.

> 1952년 1월 28일, 샌프란시스코 강화조약이 발효되는 4월 28일을 앞에 두고, 국제법을 무시한 '인접 해양의 주권'을 주장해, 공해 상에 이승만 라인을 그어, 그 안에 다케시마(독도)를 넣어 버렸다.

사쿠라이 여사는 맥아더 라인을 어느 정도 알고 있는지, 이에 대한 국제법에는 등을 돌려 평화선만을 문제 삼았지만, 실은 양자는 거의 같은 규제 범위였다. 맥아더 라인은 강화조약 발효 3일전에 철폐되었지만, 그 대책으로 한국 정부가 평화선을 설치하지 않았으면 일본 어선에 의한 어업 자원 난획은 불가피했다. 당시 맥아더 라인을 침범해서 나포된 일본어선은 1951년 4월에만 27척에 달하는 정도로 일본어선은 고기 확보에 광분하고 있었던 시대였다[4]. 한국이 맥아더 라인을 계승하여 평화선을 설정한 것은 어업 자원의 200해리 시대를 선취한 미국의 유산이었다고 할 수 있다. 그러한 역사적 배경을 무시해 사쿠라이 씨처럼 일방적으로 치우친 문장을 쓰는 것은, 쓸데없이 편견을 부추길 뿐이다.

이러한 일방적인 기술은 샌프란시스코 강화조약에 대해서도 마찬가지다. 사쿠라이 여사는 독도를 한국 령으로 재확인하는 것을 요구한 한국의 주장을 미국이 거부한 사실에 대해서는 기사에 상세하게 썼지만, 조약에 있어 일본의 요구도 최종적으로는 받아들여지지 않았던 사실에 대해서는 쓰지 않았다.

독도는 미국의 제1~5차 초안에서 한국 령으로 기재되었지만, 제6차 초안에서는 일본의 로비 활동의 영향과 한국 외무부의 소극적 정책과 무위무능 때문에 일본령으로 기재되었다. 그러나 조약은 미국 일국의 생각으로 결정되는 것이 아니고, 연합국의 승인을 얻을 필요가 있다. 그 과정에서 영국안과의 조정이 이루어졌고 최종적으로는 독도를 일본령, 한국 령의 어느 쪽으로 정하는 것도 아니고, 조약에 독도에 대해서는 한 마디도 기록되지 않았다. 이 조약의 해석에 대해 사쿠라이 여사는 한국의 견해를 다음과 같이 썼다.

한국 측은 샌프란시스코 강화조약에는 다케시마(독도)를 일본령으로 한다는 기재가 없기 때문에 일본은 다케시마(독도)를 포기하여 한국의 영토가 되었다, 라고 주장한다.

이 기술은 조금 설명이 부족하다. 이것으로는 독자에게 한국은 비약한 논리를 억지로 주장하고 있다는 인상을 줄 수 있다. 한국 측의 주장은, 조약에는 독도를 일본에 편입한다는 적극적인 규정이 없기 때문에, SCAPIN 677호로 독도를 일본으로부터 분리한 규정에는 아무런 변경이 없다, 그리고 한국은 독립을 달성한 이래, 독도에 대한 관리통치를 회복하고 있어, 그러한 상태에서 대일 평화 조약의 해당 당사국으로부터 정식 승인을 받고 있었다고 주장하는 것이다[5].

동시에 한국의 기본적인 입장은 연합국의 카이로 선언이나 포츠담 선언을 인용한 다음과 같은 문장으로 집약된다.

> 연합국의 일본 영토 처리에 관한 기본방침은 일본 영토를 청일 전쟁 이전의 상태에 되돌리려고 했음이 분명하고, 1905년에 일본이 한국 정부에 외교 고문을 파견했을 뿐만이 아니라 재무고문과 경무(警務)고문까지 파견해 놓고, 시마네현 고시라는 한 지방자치 단체의 고시로 편입시켰다는 독도 취득은 바로 〈폭력과 힘에 의해 탈취〉했음이 명백하므로 일본은 당연히 이러한 지역으로부터 구축(驅逐)되지 않으면 안 된다.

이에 더한다면, 한국이나 소련은 샌프란시스코 강화조약의 비조인 국이며 그러한 입장의 나라가 이 조약에 의해 현저한 불이익을 강제당하는 일은 국제법상 있을 수 없다. 따라서 한국이나 소련이 SCAPIN 677호에 의해, 독도나 하보마이·시코탄 제도를 계속 통치하고 있는 상황은 샌프란시스코 강화조약에 의해 영향을 받지 않는다.

당시 일본의 매스컴도 그렇게 이해했다. 구체적인 예로 말하자면 제1장에서 소개한 바와 같이 마이니치 신문사는 샌프란시스코 강화조약을 해설한 『대일평화조약(對日平和條約)』이라는 책을 1952년에 출판했는데, 부속지도 「일본영역도」에서 '다케시마(독도)'와 '시코탄(色丹)섬' 등 북방 영토를 일본의 영역으로부터 제외시켰다.

덧붙여 독도와 북방 영토와의 차이인데, 러시아의 경우는 그러한 섬에 역사적인 영유 의식을 갖고 있지 않았는데 비해, 한국의 경우는 관찬서 등으로 역사적으로 독도를 자국령이라고 생각해 왔다. 반대로 일본은 북방 영토에 역사적인 영유 의식을 갖고 있는 한편, 메이지정부는 독도를 일본의 판도 외로 하는 지령을 발표했으므로 독도를 '고유영토'라고 생각하지 않았다.

사쿠라이 여사는 그러한 사정에 상관없이 몇 사람의 근거가 빈약한 의견만을 인용했지만 그 이외의 연구자나 한국 정부가 어떠한 주장이나 반론을 하고 있는지에 대해 거의 검증하지 않았다. 심지어 일본정부의 주장조차 거의 무시하고 있다. 필요 최소한의 자료조차 조사하지 않고 일부 논자의 아전인수적인 의견만을 듣고 '검증'이라고 칭하는 것은 황당무계하다. 사쿠라이 요시코 씨에게는 좀더 제대로 공부할 것을 희망한다.

....

註

1) 宋炳基, 『울릉도와 독도』, 檀國大學校出版部, 1999, p.53.
2) 下條正男, 『竹島は日韓どちらのものか』, 文春文庫, 2004, p.70.
3) 방위(方位)의 계산은 구면 3각법 및 그것을 수정한 휴베니의 계산식에 의한다.
4) 高崎宗司, 『檢證 日韓會談』, 岩波新書, 1996, p.30.
5) 塚本孝, 「竹島領有權をめぐる日韓兩政府の見解」, 『レファレンス』 2002, 6월호, p.65.
6) 상게서.

아사히신문사에 대한 질문서

| 박병섭 |

아사히신문 논설 주간, 와카미야 요시후미(若宮啓文) 님

저는 평소부터 귀지의 독도 기사에 대해 약간 의문을 갖고 있으므로 감히 질문하겠습니다.

요전에 한국의 『중앙일보』가 『요미우리신문』의 기사 「마찰의 역사적 배경」을 비판하여 기사 「불리한 독도 자료는 모르는 척 하는 일본」을 게재하면서 다음과 같이 썼습니다.

> 『요미우리신문』에는 결정적인 문제가 있다. 일본정부와 지방정부가 두 번에 걸쳐, 스스로 '(독도는) 일본의 영토가 아니다'라고 분명히 정한 문헌에는 전혀 언급하지 않고 있다[1].

이 비판 내지 불만은 그대로 귀지에도 들어맞는 것으로 생각하지 않을 수 없습니다. 이렇게 말하는 것은, 귀지는 「다케시마(독도) 문

제, 의견대립, 해결의 길은 멀고」(2005. 3. 28.)라는 제목을 붙인 해설 기사를 게재하여 일본과 한국, 쌍방의 주장의 대립점을 간결하게 정리하셨지만, 그 기사에서는 어떤 이유에서인지 메이지정부가 1877년에 다케시마(울릉도) 및 마쓰시마(독도)를 일본의 판도 외로 정한 사실에 대해서는 전혀 언급하지 않으셨습니다.

이 메이지정부의 결정이야말로, 한국의 학자가 〈독도가 한국 령이라는 진실을 일본 측 자료가 재확인한 결정적인 자료〉라고까지 단언할 만큼 중요한 역사적 사실인데 그러한 주장이나 사실을 왜 보도하지 않는 것입니까?

그 사실을 한국의 잡지 『신동아』 2000년 5월호는 다음과 같이 보도했습니다²⁾.

[신용하 교수의 독도 백문백답]

Q43. 그렇다면 당시 일본 최고 국가기관인 태정관은 울릉도와 독도를 어느 나라 영토로 판정했는가?

ANS. 태정관에서는 이(내무성에서 보내온 조회서)를 검토해보고, 울릉도(다케시마)와 그밖의 1섬 독도(마쓰시마)는 내무성의 판단과 같이 역시 일본과 하등 관계가 없는 곳이고 조선 영토라고 판정하여 최종 결론을 내렸다.

태정관(우대신·이와쿠라 도모미〈岩倉具視〉)은 먼저 내무성의 질품서를 접수하여 검토한 후, 조사 국장의 기안으로 1877년 3월 20일 〈품의한 취지의 다케시마(울릉도) 외일도(마쓰시마)의 건에 대하여 본방(일본)은 관계가 없다는 것을 심득(心

得)할 것〉이라는 지령문을 작성하여 이것을 최종결정하였다.

일본 최고 국가기관인 태정관은 최종 결정한 이 지령문을 1877년 3월 29일, 정식으로 내무성에 내려보내, 지령 절차를 완료하였다. 일본 내무성은 이 지령문을 1877년 4월 9일자로 시마네현에 내려보내, 현지에서도 이 문제를 완전히 종결짓게 되었다.

일본 메이지정부의 최고 국가기관인 태정관은 1877년 3월 29일자로 〈울릉도와 독도는 일본과 관계없는 곳이고, 조선 영토다〉라고 최종결정한 지령문을 재확인하여 공문서로 내무성과 시마네현에 내려보낸 것이다.

당시 울릉도·독도가 조선 영토이고 일본 영토가 아니라는 1877년 3월 29일자의 일본 최고 국가기관의 최종결정은 그에 앞서 도쿠가와막부 장군이 1696년 1월 28일 내린 결정과 마찬가지로 획기적인 것이었다.

메이지유신 당시 일본 최고 국가기관인 태정관이 울릉도, 독도는 조선 영토이고 일본 영토가 아니라는 요지의 최종 결정을 내려서 내무성과 시마네현에 공문서를 지령한 것은 〈독도는 한국 영토다〉라는 진실을 일본 측 자료가 재확인하는 결정적 자료이며, 오늘날의 일본정부가 억지를 쓰는, 즉 독도가 일본 영토라는 주장의 허구성을 잘 증명해주는 결정적 일본 공문서라고 할 수 있다.

한국의 학자는 이렇게 지적하는데 실례하지만 원래 귀지는 메이지 정부의 태정관이 다케시마(울릉도) 및 마쓰시마(독도)를 〈본방과 관계없음〉으로 한 지령을 발한 사실을 아십니까?

이 사실은 일본의 국회도서관에서도 확인했고, 국회도서관에서 조사를 실시한 쓰카모토 다카시(塚本孝) 씨는 다음과 같이 결론지었다.

이상 요컨대 시마네현은 다케시마(울릉도)에 대해 내무성으로부터 조회를 요청받아 현으로서는 지적을 편찬할 방향으로 '다케시마 외일도'의 지적을 편찬해도 되는지를 묻는 조회서를 제출해, 내무성은 다케시마(울릉도)를 둘러싼 겐로쿠(元祿)의 기록에 입각하여 '다케시마는 본방(일본)과 무관계'라고 생각해 우대신(右大臣)은 〈다케시마 외일도〉가 본방과 무관계라고 지시했다. 이 결과 겐로쿠의 조일 교섭으로 마쓰시마(오늘날의 독도)가 화제가 된 적은 없고 내무성이 검토해 우대신에 대한 조회서에 별지로 첨부한 조일 교섭 관계 문서도 오로지 다케시마(울릉도)에 관한 것이었음에도 불구하고, 형식적으로는 마쓰시마(오늘날의 독도)도 또한 〈본방 관계없음〉이라고 된 것이다[3].

이러한 역사적 사실을 소개하지 않고 다음과 같은 '몽상'문을 쓰는 것은, 오히려 일본의 우익을 쓸데없이 자극하기만 하는 것이 아닌지요.

그러므로 생각하는 것은 적어도 한일을 단단히 하나로 묶을 수 없는지, 라는 것이다. 예를 들면 다케시마(독도)를 한일 공동 관리로 할 수 있으면 좋겠지만 한국이 응한다고는 생각되지 않는다. 그렇다면 차라리 이 섬을 넘겨줘 버리면 좋겠다고 몽상한다[4].

이 문장을 와카미야 씨는 '국적(國賊)'이라고 불리는 것을 각오하여 쓰신 모양이지만 귀지는 쓸데없이 감정적 국수주의자를 부추기는 것이 아니라 한국의 최근의 주장은 무엇인가, 그리고 메이지시대의 역사적 사실은 어떠했는가 등, 좀더 진실을 보도하는 자세를 관철해 주시고 보다 좋은 기사를 쓰실 것을 기대합니다.

귀지가 현시점에서의 진실을 있는 그대로 보도하는 것이야말로 소란스러운 독도 문제를 진정시켜 어려운 문제에 대한 해결을 위해 한 걸음 전진하는 방향으로 연결된다고 확신해, 질문서를 제출합니다. 바쁘시더라도 저의 이 질문에 대한 회답을 주시면 감사하겠습니다.

2005년 3월 31일

〈코멘트〉

이 질문서에 대해 아사히신문사로부터 아무런 회답이 없었다. 들은 바에 의하면 그 후 아사히신문사는 한국인 연구자를 초청하여 독도 문제에 대해 의견을 구했다고 한다.

....

註

1) 중앙일보, 「불리한 독도자료는 모르는 척하는 일본」, 2005.3.28.
2) 「신용하 교수의 독도 백문백답 Q43」, 『신동아』, 2000년 5월호.
3) 塚本孝, 「竹島領有權問題の經緯」, 『調査と情報』第289號, 일본국회도서관, 1996, p.5.
4) 若宮啓文, 〈竹島と獨島、これを「友情島」に…の夢想〉, 아사히신문, 「風考計」, 2005. 3.27.

시마네현 『포토 시마네』의 주목할 만한 점

| 박병섭 |

2005년 2월 시마네현은 조례 '다케시마의 날' 제정 1주년을 기념하여 팸플릿 『포토 시마네』 No.161호를 시마네현의 모든 가정에 배포했다. 시마네현의 대처 자세는 그렇다 치고 그 내용에는 주목해야 할 점이 있다.

주목 점 1. 태정관 지령

주목해야 할 첫 번째 점은, 메이지정부의 최고 국가기관인 태정관이 독도를 일본과는 관계가 없다고 선언한 역사적 사실을 일본의 공공기관에서는 유일 시마네현이 인정했다는 점이다. 『포토 시마네』는 다음과 같이 썼다.

지적(地籍) 편찬을 위해 내무성으로부터 1876년에 다케시마(현재의 울릉도)에 관한 조회를 받은 시마네현은 〈산인(山陰) 일대의 서부에 소속시켜야 한다〉라고 회답했지만 내무성이 최종적인 판단을 요청한 태정관은 울릉도와 외일도를 '본방과 관계가 없다'고 하여 일본령이 아니라는 인식을 나타냈다. 외일도란 현재의 다케시마(독도)로 보인다.

이 기술은 외무성이 말하는 '다케시마(독도)는 우리나라(일본) 고유의 영토'라는 주장을 정면으로 부정한다는 것은 말할 나위도 없다.

시마네현으로서도 태정관 결정 시에는 내무성이 〈판도의 취사(取捨)는 국가의 중대사〉라는 인식을 갖고 다케시마(울릉도)와 마쓰시마(독도)를 조사한 다음에 신중히 판도 외라는 결론을 내렸고 그것을 태정관이 추인한 만큼 그 역사적 사실의 무게를 인정하지 않을 수 없었던 모양이다.

덧붙여 『포토 시마네』는 〈시마네현은 '산인(山陰) 일대의 서부에 소속시켜야 한다'고 회답했다〉라고 썼지만, 그러한 회답서는 발견되지 않았으므로 잘못이 아닐까 생각된다. 문제의 〈산인(山陰) 일대의 서부에 소속시켜야 한다〉라는 구절은 권말 '자료2'에 있듯이 시마네현이 내무대신 앞으로 보낸 조회서 「일본해내 다케시마 외일도 지적편찬 방사(日本海內竹島外一島地籍編纂方伺)」 속에 등장한다. 그 부분을 포함한 문장은 제2장 '메이지정부의 독도 판도 외 지령'에 썼는바 〈산인 일대의 서부에 부속시켜야 한다고 보인다면 본현의 지도에 기재해 지적에 편찬하겠는데, 이 건은 어떻게 다루어야 할지 지령을 부탁드립니다〉가 된다.

주목 점 2. 메이지정부 외무성의 견해

주목해야 할 두 번째 점은, 메이지 초기에 일본의 외무성이 마쓰시마(독도)를 조선령이라고 판단한 역사적 사실을 시마네현이 인정한 것이다. 『포토 시마네』는 다음과 같이 썼다.

> 1870년에 조선 시찰에서 귀국한 외무성의 사다 하쿠보(佐田白茅)는 〈다케시마 마쓰시마, 조선 부속이 된 전말〉이라는 표제의 보고서를 제출했다. 다케시마(울릉도)뿐만이 아니라 마쓰시마(독도)도 조선령이 되었다는 것이다.

외무성의 홈페이지는 이 보고서에 대해 전혀 언급하고 있지 않지만 외무성이 그 보고서의 존재를 모를 리가 없다. 외무성이 편찬한 『일본외교문서』에 그 중요한 보고서가 게재되어 있을 정도이기 때문이니까 말이다. 외무성은 자신에게 불리한 자료에는 뚜껑을 덮어 버린 것이다.

주목 점 3. '다케시마 문제 연구회'와 시모조 마사오 씨

『포토 시마네』는 시마네현이 설립한 '다케시마 문제 연구회'가 중간보고를 요약하는 형태로 발간한 것이다. 그 연구회의 좌장(座長)은 다쿠쇼쿠(拓殖) 대학의 시모조 마사오 교수이다.

좌장인 시모조 씨의 독도에 관한 과거의 견해는 주목 점 2와는 크게 다르다. 시모조 씨는 2년 전의 『다케시마는 한일 어느 쪽의 것인가』라는 제목의 책 속에서 외무성 보고서에 대해 다음과 같이 썼다.

이 (외무성의) 보고서로 문제가 되는 것은, 여기에 쓰여 있는 마쓰시마가 어느 섬을 가리키고 있는지, 라는 점이다.(중략)

　이 보고서의 마쓰시마가 오늘날의 다케시마(독도)였다 하면, 사다 하쿠보가 〈지금까지 게재된 서류도 없다〉라고 기술할 리가 없다. 왜냐하면 오늘날의 다케시마(독도)를 가리키는 마쓰시마에 대해서는 〈지금까지 게재된 서류〉가 얼마든지 존재하고 있었기 때문이다[1].

　시모조 씨는 사다 하쿠보가 외교관이라고 해도 마쓰시마(독도)에 관한 고문헌을 알고 있었을 것이라는 믿음으로부터인지, 보고서에서 말하는 마쓰시마를 오늘날의 독도로 한다는 것에 부정적이었다. 이것은 태정관 지령에 대해서도 마찬가지였다. 태정관 지령에 나타나는 '외일도'는 어느 섬인지 알 수 없다고 하여 다음과 같이 썼다.

　이 태정관에 의한 심사는 충분하다고 말할 수 없다. '다케시마 외일도'의 '일도'가 오늘날의 다케시마(독도)를 가리키는지 그렇지 않은지, 판단하기 어렵기 때문이다. 만약 그 '일도'가 오늘날의 다케시마(독도)였다고 하면, 〈본방은 관계가 없다〉고 할 리가 없다. 사다 하쿠보의 보고를 고찰했을 때와 같은 논의로 오늘날의 다케시마(독도)를 일본령으로 하는 '공식문서'가 이미 많이 있었기 때문이다[2].

　이와 같이 시모조 씨는 태정관이 영토 외로 정한 '외일도'는 독도가 아니라고 판단했다. 그 시모조 좌장의 견해에 반대가 되는 결론을 '다케시마 문제 연구회'가 이끌어냈다는 말인가? 아무래도 그렇지 않은 것 같다. 최근 시모조 마사오 씨가 자신의 견해를 180도 바꾼 모양이다. 시모조 씨는 TV프로 「다케시마 문제, 현상과 앞으로의 과제」에서 '일본의 태정관이 다케시마(독도)는 일본의 영토가 아니다, 관계가 없다고 했다[3]'고 말했다.

그 때 시모조 씨가 말한 '다케시마'는 독도를 가리키고 있다. 시모조 씨는 그 프로에서 메이지시대에 태정관의 지령이 있었으므로 독도를 일본의 고유영토로 한다는 것은 적절하지 않다고 말했다.

시모조 씨가 왜 주장을 바꾸었는지에 대해서는 분명치 않다. 대체로 주장 변경은 명예스럽지 못한 일이므로 별로 그 사실을 알려주고 싶지 않은 것이 인정이다.

주목 점4. '다케시마 일건' 이후의 마쓰시마

시마네현의 홈페이지 속에 있는 '다케시마' 사이트와 『포토 시마네』는 기술이 어긋나는 중요한 사항이 있다. 그것은 '다케시마 일건' 이후의 마쓰시마(독도)에 관한 설명인데, 양자의 차이를 구체적으로 보기로 한다. 우선 홈페이지에는 다음과 같이 쓰여 있다.

겐로쿠 9년(1696년)

그 후, 에도막부는 조선과의 분쟁으로 인해 겐로쿠 9년(1696년) 울릉도에의 도항을 금지하고 이 섬을 포기했지만, 다케시마(독도)에 대해서는 일본의 영토로 생각하여 도항을 금지하지 않았다.

이와 같이 홈페이지는 '다케시마 일건' 이후에도 에도막부는 독도를 일본령이라고 생각하고 있었다고 단언했다. 이에 대해 『포토 시마네』는 마쓰시마(독도)를 '일본영토'라고 단정하지 않고 어떻게든 일본령이라고 생각할 수 있는 여지가 조금이라도 남아 있지 않을까 모색하면서 다음과 같이 썼다.

한편 일본 측의 주장, 견해도 규명이 필요한 과제를 안고 있다. 그 하나가 울릉도와 현재의 다케시마(독도)가 돗토리번에 귀속한 시기를 문의한 에도막부에 대해 두 섬이 모두 돗토리번에 속하지 않는다고 대답한 1695년 12월 25일자의 회답이다.

현재의 다케시마(독도)가 당시 돗토리번에 속하지 않는다고 생각되어 있었다고 해도 일본령이라는 인식이 없었다고는 할 수 없고 하물며 조선령이라는 증명이 되지는 않지만, 향후 검증을 깊이 해야 한다.

이 문장에서, 마쓰시마(독도)를 어떻게든 일본에 유리하게 생각하고 싶다는 '다케시마 문제 연구회'의 소망을 또렷이 읽을 수 있지만, 이 문장에는 고의인지 우연인지 오인이 있다. 문장 중에 〈울릉도와 현재의 다케시마(독도)가 돗토리번에 귀속한 시기를 문의한 에도막부〉라고 있어, 마치 막부가 '현재의 다케시마(독도)'의 존재를 알고 돗토리번에 질문한 것처럼 썼는데 이것은 사실과 다르다.

당시 막부는 다케시마(울릉도)의 존재는 알고 있었지만 실은 마쓰시마(독도)의 존재는 몰랐다. 그러한 역사적 경위에 대한 상세한 내용은 이미 제1장 '독도는 일본의 고유 영토인가'에서 설명한 바 있다.

기타 『포토 시마네』는 주목할 만한 내용을 많이 실었다. 그러나 1년 3개월 정도 후인 2007년 5월에 시마네현 지사에게 제출된 〈최종보고서〉에서는 〈중간보고서〉에서 보여준 객관적인 자세가 다시 무너지고 말았다. 시모조 씨는 태정관 지령 속에 나타나는 마쓰시마는 독도가 아니라고 다시 억지 주장을 펴기 시작했고 근거가 없는 이야기를 늘어놓았다. 시모조 씨가 보여준 모순이 가득 찬 태도변화는 오히려 태정관 지령문이 얼마나 중요한가를 보여주고 있다고 하겠다.

....

註

1) 下條正男, 『竹島は日韓どちらのものか』, 文春新書, 2004, p.118.

2) 상계서, p.123.

3) CS스카파256ch, 「ニュースの深層」 2006년 5월 15일 방송, 「竹島問題 現狀と今後の課題」

『포토 시마네』의 대일평화조약 논의 비판

| 나이토 세이추 |

여기서 한 가지, 『포토 시마네』가 대일평화조약에 대해 어떤 견해를 피력했는지 언급할 필요가 있다.

1952년 4월 28일에 발효된 대일 평화 조약의 영토 조항에는 다케시마(독도)에 대한 기술이 없었다. 영토 문제의 최종결정은 평화 조약에 의한다는 것이 국제법의 원칙이라고 해도 아무런 기술이 없기 때문에 다케시마(독도)에 대해서는 한일양국에서 각각 다른 해석을 해 왔다.

『포토 시마네』는 다케시마(독도)에 대해 아무런 기술이 없기 때문에 다케시마(독도)는 일본령으로 남았다는 입장이다.

다케시마(독도)를 일본영토에서 제외한 연합군 총사령부 각서 제677호, 일본 어선의 조업 구역을 맥아더 라인의 외측에 둔 제1033호는 둘 다 영토 귀속의 최종적 결정에 관한 것이 아니라고 일본의 외무성 사이트는 주장하고 있다.

하지만 외무성 조약국에서 50년전의 독도=다케시마 논쟁의 선두에선 가와카미 겐조는 1966년에 간행한 저서『다케시마의 역사지리학적 연구』'후기'에 대일평화조약은 '극동에 있어서의 질서의 안정을 목표'로 하는 방침이었음에도 불구하고 영토에 대해서는 '그 방침이 명확히 관철되어 있다고는 할 수 없고', 그 결과로서 다케시마(독도)는 '미해결 지역 중 하나'가 되어 버렸다고 주장했다.

그리고 가와카미는 '연합국의 선의와 양식에 기대'하면서 일본정부의 주장을 실현하여 다케시마(독도) 문제를 해결하고 싶다는 소망을 말하고 있다. 그가 이 책을 출판한 해는 한일기본조약이 성립된 지 1년 후였다. 다케시마(독도) 문제를 보류한 채 체결된 한일조약이었기 때문에 가와카미도 '미해결 지역 중 하나'라고 말한 것이라 생각된다.

그리고 '다케시마 문제 연구회'에도 초대된 국립국회도서관의 쓰카모토 다카시(塚本孝)도 1983년의 논문에서는 '다케시마(독도)에 관한 명문규정이 없고 그 어느 쪽이 정통인지 직접적인 증거가 결여되어 있다'라고 했다(『레퍼런스』389호). 그러나 그 후 그는 미국 국립 공문서관에서의 관계 사료 조사를 통해 1994년에는 '평화조약 상으로는 다케시마(독도)가 일본이 소유하는 섬으로서 확정되었다'라고 말하기에 이른다(『레퍼런스』1994년 3월호). 그리고 '다케시마(독도)가 본래 일본 영토라면 분리될 까닭은 없고, 관계 조문에 다케시마(독도)에 대한 언급이 없는 것은 연합군 총사령부 각서(SCAPIN) 677호의 규정과의 대비에 있어, 이 섬이 당연히 일본령으로 남겨졌다고 해석된다'라고 말하기에 이르렀다.

쓰카모토가 말하듯이 다케시마(독도)가 일본의 고유 영토이면 분리될 리가 없다는 논리로 가와카미 등에 의한 고유 영토설을 입증하기 위한 연구가 진행되었고 일본정부의 공식 견해를 만들어 갔다. 그러나 이제 고유 영토설의 파산이 분명해진 것은 이 책에서 증명되었다.

연합군 총사령부 각서(SCAPIN) 677호는 1946년 1월 29일에 발령된 「약간의 외부 지역의 일본으로부터의 정치 및 행정상의 분리에 관한 총사령부 각서」이다. 이 각서에서는 조선 관계로는 울릉도, 제주도와 함께 다케시마(독도)가 일본의 주권이 미치는 범위에서 제외되었다. 그리고 같은 해 6월 22일의 SCAPIN 1033호 「일본의 어업 및 포경업의 허가 구역에 관한 건」에서도 소위 맥아더 라인에 의해 다케시마(독도)는 일본 해역에서 제외되었다. 이 1033호에 대해서는 평화 조약발효 3일전에 폐지되었지만 677호에 대해서는 특별한 조치는 없었다. 그러나 점령 행정의 종료와 동시에 모든 점령 시의 조치가 폐지된다고 이해한다면 쓰카모토가 말하듯이 다케시마(독도)가 일본에 남겨졌다고 해석할 수 없는 것도 아니다.

이에 대해 외무성 홈페이지에서도 '그 문서 속에서는 일본 영토 귀속의 최종적 결정이 아닌 것을 명기하고 있어, 다케시마(독도)를 일본 영토에서 제외한 것이 아님은 명백하다'라고 적혀 있다.

그러나 한국 측에서는 독도(다케시마)에 대한 명시적인 규정이 있는 것은 SCAPIN 677호뿐이어서 평화 조약으로 일본령에 편입한다고 규정되어 있지 않은 이상은 일본에서 분리한 사실에는 변함이 없다고 반론하고 있다.

SCAPIN 677호가 있어서인지 1947년 3월의 대일평화조약 제1차 초안에서는 다케시마(독도)는 일본이 포기해야 하는 것으로 기재되었고 그런 다케시마(독도)의 지위는 1949년(쇼와 24) 11월의 제5차 초안까지 변함이 없었다. 그런데 그것이 1949년 12월의 제6차 초안에서 다케시마(독도)는 한국령이 아니라 일본령으로 고쳐졌다. 이런 개변이 어째서 일어났는가가 문제이다.

이것은 총사령부 외교 국장 씨볼트(Siebold)가 미국 국무성에 대해 다케시마(독도)의 귀속을 재검토해 달라고 권고한 것이 계기가 되었다. 씨볼트는 "이 섬에 대한 일본의 영토 주장은 오래되었고 또한 정당하다"라고 말했고 그 다음에 "안전보장 상, 기상 관측 상 레이더 기지국을 섬에 설치할 필요가 있다"라고 부언한 것이다. 1949년 9월에는 소련이 원폭 보유를 발표했고 이어서 10월에는 중국 공산당에 의한 '중화인민공화국'이 창건되는 등, 극동지역에 있어서의 미소 대립의 냉전 구조는 한꺼번에 격화되었다. 그러한 정세 속에서 미국이 다케시마(독도)의 역할에 대한 재검토를 시작한 것이다. 다케시마(독도)에 레이더 기지국은 설치되지 않았지만, 1950년 6월의 6·25 전쟁 발발 후인 7월에 다케시마(독도)는 주일 미군의 해상 폭격 연습장으로 지정되었다.

이 때 일본정부의 미국에 대한 움직임은, 다케시마(독도)가 일본의 고유영토라는 설명으로 진행되었다. 미국이 다케시마(독도)가 조선의 일부였던 적도 없고 조선으로부터 영토 주장이 이루어진 적도 없다고 말한 것은, 일본의 주장을 그대로 되풀이했음에 불과하다. 물론 한국 측이 그것을 승낙할 리가 없다.

문제는 1949년 12월에 작성된 대일평화조약 제6차 초안에서 일본이 보유하는 영토 중에 다케시마(독도)를 넣는 수정이 실시되었다는 데 있지만, 그 내용이 그대로 평화 조약에 반영된 것이 아니라는 점이 중요하다. 1951년 4월의 영국 안은 경도, 위도에 따라 선을 긋고 일본이 보유하는 섬을 정하는 방식을 취했는데 다케시마(독도)는 그 선의 외측, 즉 한국 측에 위치하고 있었던 것이다. 이 안을 지지한 뉴질랜드는 '주권 분쟁을 남기지 않도록 해야 하고 그것을 확보해야 할 필요성'을 주장하고 있었다. 그러나 미국은 이에 반대하여 일본이 주권을 포기하는 영역만을 거론하는 것으로 연합국의 합의를 이끌어냈고 최종안을 확정한 것이다. 그 때문인지 다케시마(독도)에 대해서는 아무런 언급도 기록되지 않았다.

다케시마(독도)를 명확히 일본령으로 하려고 한 일본의 요구는 수용되지 않았던 것이다. 한편 평화 조약의 비조인국인 한국도 다케시마(독도)를 한국 령으로 하도록 미국에 요청하고 있었지만, 이 한국의 요구도 실현되지 않았다. 미국은 다케시마(독도)가 일본령이라고 단정하지 않음으로 한국에 배려한 것이다.

요약하면 대일평화조약에 다케시마(독도)에 대한 언급이 없는 것은 미국이 다케시마(독도)의 영유권에 대해 결정을 내리지 않았고, 의도적으로 애매모호하게 둔 결과라고 해도 과언이 아니다. 외무성의 가와카미 겐조가 '미해결 지역 중 하나'가 되었다는 이유가 여기에 있다.

따라서 『포토 시마네』가 말하듯이, 국제법의 원칙으로 영토문제는 평화조약에 의해 해결된다고 해도, 평화조약에 아무런 언급이 없음에도 불구하고 '일본령에 다케시마(독도)가 포함되었다고 읽는 것이 적절하다'라고 제멋대로 해석할 수는 없다. 바로 미해결인 채 남아 있는 문제라고 해야 할 것이다.

〈다케시마 문제 연구회〉「최종보고서」의 문제점
-태정관 지령문을 중심으로-

| 호사카 유지 |

들어가며

일본의 다쿠쇼쿠(拓殖)대학 교수인 시모조 마사오(下條正男, 이하, 시모조)가 좌장을 맡은 「다케시마 문제 연구회」가 2007년 5월 28일 그 활동성과를 시마네현 지사에게 제출했다. 이「다케시마 문제에 관한 조사연구 최종보고서(이하, 최종보고서)」에는 에도막부와 쓰시마번(對馬藩)의 울릉도에 관한 기록인 『이소타케시마 사략(磯竹島事略)』과 『다케시마 기사(竹島紀事)』등에 대한 145쪽의 해독과 회도(繪圖)등이 포함되어 있다. 이어서 시마네현의 후지와라 다카유키(藤原孝行)총무과장과 시모조가 7월 12일에 그 최종보고서를 외무성에 제출했다.[1] 그들은 '다케시마(=독도)가 일본 고유의 영토라는 주장을 뒷받침하는 자료'로서 '새로운 양식의 다케시마(=독도)문제에 관한 자료가 되었다'고 자화자찬하고 있다.[2]

본고에서는 이 「다케시마 문제 연구회(이하, 연구회)」의 최종보고서 중에 나오는 태정관문서에 대한 견해를 집중적으로 분석한다. 즉 좌장인 시모조의 견해의 변화와 그 변화에 영향을 준 한국과 일본 내의 연구와 활동을 총괄하여 독도문제의 장래를 전망하는 것이 본고의 목적이다.

1. 시모조의 태정관 지령문에 대한 견해 분석과 비판

1) 최종보고서의 견해

먼저 태정관 지령문에 대한 최종보고서의 견해는 시모조의 개인적인 견해를 공식적인 견해로 게재한 것으로 판단된다. 이 문제는 최종보고서의 서문 속에서 언급된 것이고 '「다케시마의 날」 제정으로부터 2년'이라는 서문을 쓴 사람이 바로 시모조 자신이기 때문이다. 그뿐만이 아니라 최종보고서의 태정관 지령문에 대한 견해는 '2006년 11월 첫순 울릉도의 현지조사를 통해 울릉도에 대한 일한 쌍방의 지리적 인식의 차이를 밝힘과 동시에 문헌비판에 입각해서'[3] 이루어졌다고 쓰여 있는데 2006년 11월에 울릉도를 방문한 사람은 바로 시모조 본인이기 때문이다.

이 서문 속에서 시모조는 '태정관 지령의 「다케시마(=울릉도) 외일도, 본방(=일본) 관계없음」이라는 문장 속에는 현재의 다케시마(=독도)는 포함되어 있지 않다'[4]고 주장했다. 그는 그 근거를 다음과 같이 설명한다.

그러나 지적편찬 조회의 전말을 『공문록(公文錄)』이나 『태정류전(太政類典)』에서 확인해 보면 시마네현(島根縣)이 조회한 '다케시마(=울릉도)'의 「이소타케시마 약도(磯竹島略圖)」에는 현재의 다케시마(=독도)와 이소타케시마(=다케시마, 울릉도)가 그려져 있고 (1)시마네현에서는 울릉도와 다케시마(=독도)를 일본령으로 인식하고 있었다.

그런데 태정관이 '관계없음'으로 한 '다케시마 외일도'를 『공문록(公文錄)』이나 『태정류전(太政類典)』에 수록된 관련문서로 보면 (2)울릉도에 해당되는 다케시마와, '돗토리번(鳥取藩) 요나고(米子)의 오야가(大谷家)가 표착한' 마쓰시마(松島)에 대한 기록이 있을 뿐 현재의 다케시마(=독도)에 대해서는 아무것도 쓰여 있지 않다.

결론부터 말하면 태정관이 '관계없음'이라고 한 (3)'다케시마 외일도'는 두 개의 울릉도를 가리키고 있었고 현재의 다케시마(=독도)와는 관계가 없었던 것이다. (3-2)이것은 당시 사용되고 있던 지도에 기인된다. 그 지도에는 실제로 존재하지 않는 다케시마(알고노트 섬)와 마쓰시마(다주레 섬) 등 두 섬이 그려져 있었기 때문이다.

그 원인은 씨볼트가 서양에 전한 「일본도(日本圖)」에서 찾을 수 있다. (3-3)씨볼트의 일본지도에는 동경 129도 50분에 위치하는 다케시마와 동경 130도 56분의 마쓰시마가 그려져 있다. 그러나 현재의 다케시마(=독도)는 동경 131도 55분에 위치하여 당시는 랸코도라고 불린 암초였다. 동경 129도 50분의 다케시마와 동경 130도 56분의 마쓰시마는 처음부터 '본방(=일본) 관계없음'이었던 것이다. [5] (밑줄과 번호는 필자)

위의 설명을 읽고 객관적으로 독도문제를 연구하는 연구자들은, 시모조의 자의적 해석을 발견하여 그의 학자적 양심을 의심하지 않을 수 없게 될 것이다. 그리고 시모조는 현재 한일양국에서 이름이 알려진 독도연구자이고 일본정부와 시마네 현의 독도 관련 연구나 견해에 영향을 주고 있다는 사실 때문에 엄중하게 대응하지 않을 수 없다.

2) 태정관 지령에 대한 최종보고서의 견해 비판

위의 인용문에서 번호와 밑줄을 붙인 부분이 특히 문제가 되는 시모조의 왜곡부분이다. 그 부분을 하나씩 비판·반박해 나가기로 한다.

① 시마네현에서는 울릉도와 다케시마(＝독도)를 일본령으로 인식하고 있었다.

시마네현이 1876년에 내무성에 다케시마(＝울릉도) 외일도(＝마쓰시마, 독도)에 대해 조회한 목적은, 두 섬의 소속을 확인하기 위해서였다. 두 섬을 일본령으로 인식하고 있었다는 것이 아니라 시마네현에 지적에 두 섬을 포함시키고 싶은데 가능할지를 조회한 것이다. 『공문록』의 해당부분은 다음과 같다.

귀성(내무성)의 지리료 직원이 이 땅의 지적편찬 조사를 위해 본현(시마네현)을 순회했을 때, 일본해 내에 있는 다케시마를 조사하는 건에 대해 별지 을(乙) 제28호와 같이 조회가 있었다.
본도(本島 : 울릉도)는 에이로쿠(永祿)년간(1558-1569)에 발견

된 섬이라고 한다. 그러므로 구 돗토리 번(鳥取藩)이 겐나(元和) 4
년(1618)으로부터 겐로쿠(元祿) 8년(1695)까지 약 78년간 돗토리
번 영지내의 호키(伯耆)국 요나고 초(米子町)의 상인 오야 규에몬
ㄴ(大谷九右衛門), 무라카와 이치베에(村川市兵衛)라는 사람이 구
에도막부(江戶幕府)의 허가를 받고 매년 도해하여 섬에 있는 동식
물을 싣고 돌아와 내지(內地 : 일본본토)에서 매각한 것은 이미 확
증이 있다. <u>오늘날에 (당시의) 고문서, 구 서장 등이 전해져 있으므로</u>
<u>별지로 유래의 개략과 도면을 첨부해 놓았다.</u>

　이번에 섬 전체를 실사하고 나서 자세한 내용을 곁들여 기재해야
하는데 원래 본현 관할로 확정된 것도 아니고, 또 북쪽 바다 100여
리에 떨어져 있어 항로도 분명치 않아 보통의 범선 등으로는 잘 왕
래할 수 없으므로 위 오야(大谷) 모, 무라카와(村川) 모의 전기가
있어 추후 상세한 내용을 말씀드리고자 한다.

　그러므로 대략적으로 추론하는 바, <u>(다케시마는) 관내의 오키국의</u>
<u>북서방향에 있어 산인(山陰)지방(=서일본의 동해 측 지방) 일대의 서</u>
<u>부에 속한다고 볼 때는 본현 국도(國圖)에 기재하여 지적에 편입할 수</u>
<u>있는 바, 이 건은 어떻게 취급하면 좋을지 부디 지령을 부탁드립니다.</u>
　메이지9(1876)년 10월 16일　현령 사토 노부히로(佐藤信寬) 대리
　　　　　　　　　　시마네현 참사(參事) 사카이 지로(境二郎)
　내무경　　오쿠보 도시미치(大久保利通) 귀하[6](밑줄은 필자)

　위 인용문을 볼 때 시마네현은 다케시마에 대해 '오늘날에 (당시의)
고문서, 구 서장 등이 전해져 있으므로 별지로 유래의 개략과 도면을
첨부해 놓았다'고 밝히고 있다. 그 '별지'에는 '다케시마(=울릉도)의

건은 (중략) 원래 조선국의 땅임에 틀림없고 여지도에도 확실히 그렇게 기재되어 있다(竹島ノ儀 (중략) 元來朝鮮國ノ地ニ紛無之興地圖ニモ慥ニ有之候」[7]라고 나와 있어 다케시마(울릉도)가 조선 땅임을 일본 에도막부가 인정했다는 것을 알 수 있다.

그러므로 시마네현은 17세기 말에 에도막부가 다케시마(울릉도)를 조선령으로 인정한 사실을 잘 알고 있었다. 그래서 시마네현이 인용문에 있듯이 '(다케시마는) 관내의 오키국의 북서방향에 있어 산인(山陰)지방 일대의 서부에 속한다고 볼 때는 본현 국도(國圖)에 기재하여 지적에 편입할 수 있는 바, 이 건은 어떻게 취급하면 좋을지 부디 지령을 부탁드린다'고 한 것은 에도시대의 소위 '다케시마 일건(一件)'에서 울릉도가 조선령이 되었다고 알고 있으나 그때부터 200년 가까이 지난 상황에서 다케시마 외일도(울릉도와 독도)를 시마네현의 지적에 포함시킬 수 있는지를 내무성에 조회한 것이라 할 수 있다. 그러므로 원래부터 시마네현은 두 섬을 일본령이라고 생각하고 있었던 것은 아니다.

'시마네현에서는 울릉도와 다케시마(=독도)를 일본령으로 인식하고 있었다'라는 시모조의 해석은 태정관 지령 전문을 잘 읽지 않고 내린 극히 초보적인 실수에 불과하거나 자의적 해석을 위해 일부러 정확한 독해를 도외시한 왜곡행위에 불과하다.

② 울릉도에 해당되는 다케시마와 '돗토리번(鳥取藩) 요나고(米子)의 오야가(大谷家)가 표착한' 마쓰시마(松島)에 대한 기록이 있을 뿐, 현재의 다케시마(=독도)에 대해서는 아무것도 쓰

여 있지 않는 것이다.

위 문장 속에서 시모조의 주장이 문제가 되는 부분은 '<u>돗토리번(鳥取藩) 요나고(米子)의 오야가(大谷家)가 표착한</u>' 마쓰시마(松島)라는 부분이다. 태정관 지령문(『공문록』 속의 「일본해내 다케시마 외일도 지적편찬 방사(方伺)」와 『태정류전』 속의 「일본해내 다케시마 외일도를 판도 외로 정헌다」라는 문서를, 이하 '태정관 지령문'이라 부르기로 한다) 속에서는 외일도(外一島)는 마쓰시마(松島) 즉 독도임이 분명하다. 이 사실을 처음으로 밝힌 연구자는 일본 교토대학의 호리 가즈오(堀和生) 교수이다.[8] 태정관 지령문은 1987년에 그가 먼저 일본의 국립공문서관에서 발견하여 논문으로 공개했다. 그 후 한국에서도 이에 대한 연구가 이어져 오늘날에 이르렀다. 태정관 지령문 속에서 다케시마와 마쓰시마는 다음의 인용문처럼 기록되었다. 그리고 마쓰시마에 대한 설명은 태정관 문서 속에는 이 인용문 부분밖에 없기 때문에 시모조가 말하는 마쓰시마에 대해 잘 알 수 있다는 점에서 중요하다.

<u>(그 섬은) 이소타케시마(磯竹島) 또는 다케시마(竹島)라고 칭하여 오키국의 북서 120리 정도에 있다.</u> 주위 약 10리 정도이고 산이 준험(峻險)하고 평지(平地)가 적다. 강이 세 줄기 있다. 그리고 폭포가 있다. 그러나 계곡이 깊고 수목과 대나무가 주밀(綢密)하고 수원천을 알지 못한다. 그렇지만 눈에 띄고 많은 식물은 소나무, …, 동백, 떡갈나무, 오동나무, …, 동물로서는 물개, 고양이, 쥐, 참새, 비둘기, 오리, …, 제비, 매, …, 박새 등의 종류, 기타 모래나

바위 등이 녹청색이 있음을 볼 수 있다. 어패류는 하나, 하나 거론할 수 없을 정도로 많다. 이들 중 물개(=강치 : 역자 주)와 전복이 물산 중 최고품이다. 전복을 잡기 위해 저녁에 대나무를 바다에 던져 아침에 이것을 끌어 올리면 나뭇가지, 이파리에 전복이 상당히 많이 붙어 있다. 그 맛은 절륜(絶倫)하다. 그리고 물개 한 마리로 몇 두(斗 : 일본의 1두는 약 18L: 역자 주)의 기름을 얻을 수 있다. <u>다음에 일도(一島)가 있다. 마쓰시마(松島)라고 부른다. 주위는 약 30정(町) 다케시마와 같은 항로에 있다. 오키 섬에서 80리 정도의 거리다. 나무나 대나무는 드물고 물고기와 짐승을 잡을 수 있다.</u>

에이로쿠(永祿) 연간(1558-1569) 호키(伯耆)국 아이미(會見)군 요나고 초(米子町)의 상인 오야(大屋)[후에 오야(大谷)로 개명] 진키치(甚吉)가 도해하며 에치고[越後 : 현 니이가타(新潟)현]에서 돌아올 때 열대성 저기압을 만나 <u>이 땅(此地)에 표류했다.</u> 드디어 섬 전체를 순사하여 매우 어패류가 풍부함을 알게 되어 귀국한 날, 검사(檢使) 아베 시로고로(安倍四郎五郎 : 막부의 명에 의해 요나고성에 있던 막부 관리)에 그 취지를 전해 금후 도해하고 싶다고 요청했다. 아베 씨가 에도에 소개하여 허가서를 얻었다. 바로 겐나(元和) 4년(1618) 5월 16일이었다.[9]

위 인용문의 첫 번째 단락, 즉 다케시마에 대한 기록은 그 내용으로 보아(주위가 10리「=40km」=조선의 리로는 100리, 강이 세 줄기, 폭포 등이 있다, 수목이나 대나무가 주밀하다 등) 울릉도에 대한 기술이라는 것이 분명하다.

그리고 인용문의 두 번째 단락에 마쓰시마(松島)에 대한 언급이 나온다. 그리고 세 번째 단락에 시모조가 말한 '돗토리번(鳥取藩) 요나고(米子)의 오야가(大谷家)가 표착'했다는 '이 땅(此地)'에 대한 이야기가 나온다. 이 구절을 거론하면서 시모조는 오야가의 배가 표착한 '이 땅(此地)'은 두 번째 단락에 쓰인 '마쓰시마(松島)'라고 하고 '현재의 다케시마(=독도)에 대해서는 아무것도 쓰여 있지 않는 것'이라고 객관성을 상실한 기술을 하고 있다.

인용문에 있듯이 섬에 표착한 오야 진키치(大谷甚吉)가 그 섬이 매우 어패류가 풍부한 것을 알게 되어 요나고에 돌아가 막부관리 아베 시로고로(安倍四郎五郎)에 부탁해 에도막부에서 그 섬에 대한 도해면허를 받았다는 것이다. 그것이 1618년 5월 16일로 적혀 있다. 그 해에 에도막부가 오야·무라카와 양가에 발급해 준 도해면허란 '다케시마(울릉도) 도해면허'라는 것은 일본 외무성 사이트 내에 있는 '다케시마 문제' 페이지에도 명백히 적혀 있다.[10]

그러므로 '이 땅(此地)'이란 바로 앞의 단락에 나오는 '마쓰시마'를 가리키는 말이 아니라 첫 번째 단락에서 설명된 다케시마(울릉도)를 가리킨다는 것은 자명하다. 그는 문맥상에서도 그렇고 역사적인 사실로서도 정설로 되어 있는 내용을 일부러 왜곡시킨 것이다. 그리고 1600년대 일본에서 울릉도를 '마쓰시마'라고 부른 적은 없다.

그런데도 시모조는 마쓰시마가 독도임을 부정하며 '현재의 다케시마(=독도)에 대해서는 아무것도 쓰여 있지 않는 것'이라고 단정했다. 그는 여기서 일본에서 19세기 후반에 와서 일어난 도명(島名)혼란을 적용시키려 하고 있으나 17세기에 그런 혼란은 존재하지 않았다.

이 문제에 대해서는 후술하기로 하여 먼저 위 인용문에서 말하는 마쓰시마가 바로 독도임을 입증하고자 한다. 위 인용문의 마쓰시마 부분을 상세히 분석한 연구자가 없으므로 필자가 그 분석을 시도했다.

● 「주위 약 30정(町)」

위 인용문 속의 이 말은 마쓰시마의 주위가 약 30정이라는 말인데 정(町)이라는 단위는 일본에서 사용되던 옛날의 면적이나 길이를 나타내는 단위이다. 길이 1정은 약 109m[11]이므로 30정은 약 3.3km가 된다. 그러므로 마쓰시마는 주위가 3.3km 밖에 없는 작은 섬이라는 이야기가 되므로 오키섬과 울릉도 사이에 있는 작은 섬이라면 독도밖에 없다.

독도의 정확한 주위는 현재 독도의 동도가 2.8km, 서도가 2.6km이다.[12] 그러므로 독도의 동도와 서도를 합한 독도의 둘레길이는 5.4km라는 것이 정확한 수치이다. 그러나 이 수치는 매우 정확히 독도 주변에 있는 암초의 둘레까지 포함시켜 계산한 길이이다.

그런데 2003년에는 독도의 둘레길이는 동도 1.9km, 서도 2.1km로 합계 4km로 되어 있었고[13] 2004년의 자료[14]에는 동도 1.94km, 서도 2.10km로 합계 4.04km로 되어 기록되었다. 그러므로 현재까지 한국에서 독도의 둘레길이를 대략 4km로 보고 있었다는 것을 알 수 있다. 그렇다면 지금부터 약 130년 전의 태정관 지령문에 둘레가 약 3.3km라고 적힌 것은 당시의 측량작업의 정밀도를 생각할 때 결코 크게 벗어난 수차라고는 할 수 없다.

그러므로 주위 약 30정이란 독도의 둘레를 가리키고 있다고 할 수 있다. 그리고 여기서 말하는 마쓰시마가 울릉도가 아니라는 것도 이 둘레 길이로 확인된다. 울릉도의 둘레길이는 56.5km[15]이므로 정(町)으로 환산하면 약 518정이 된다. 그러므로 주위 약 30정인 마쓰시마는 울릉도가 될 수 없고 태정관 지령문에 나오는 마쓰시마란 바로 독도인 것이다.

● 마쓰시마는 다케시마와 동일항로에 있다

일본의 오키 섬에서 다케시마(울릉도)로 갈 때 마쓰시마(독도)는 항해 도중에서 발견된다. 이 사실은 일본인 학자에 의해 많이 지적된 사실이다.[16] 그러므로 태정관 지령문 속에서 '마쓰시마는 다케시마와 동일 항로에 있다'는 구절은 여기서 말하는 다케시마가 울릉도를 가리키고 있으므로 오키 섬과 다케시마를 잇는 항로상에 있는 소도(小島)란 독도일 수밖에 없다.

● 마쓰시마는 오키 섬에서 80리 정도의 거리다

오키 섬에서 독도까지의 실제거리는 157.5km이다.[17] 그런데 태정관 지령문에는 오키 섬에서 마쓰시마까지의 거리가 80리(里) 정도라고 되어 있다. 일본의 1리는 약 4km, 한국의 1리는 약 0.4km이므로 이 수치를 그대로 대입하면 각각 약 320km, 약 32km가 된다. 이 두 가지 거리는 오키 섬에서 독도까지의 실제거리 157.5km와 큰 차이가 난다. 그러므로 특히 한국 측에서는 이 문제를 풀지 못해 80리에 대한 상세한 설명을 하지 못한 채 현재에 이르렀다. 그것이 태정관 지령문을 일본에 강력히 제시하지 못한 이유이기도 했다.

그런데 이 문제를 푸는 열쇠는 위 인용문의 모두(冒頭)에 나오는 구절에 있다. 인용문 모두에는 다음과 같은 구절이 나온다.

(그 섬은) 이소타케시마(磯竹島) 또는 다케시마(竹島)라고 칭하여 오키국의 북서 120리 정도에 있다.(磯竹島一ニ竹島卜称ス隱岐國ノ乾位一百二十里許ニ在リ)

이와 같이 태정관 지령문은 오키 섬에서 다케시마(=울릉도)까지의 거리를 약 120리로 서술했다. 그리고 오키 섬에서 마쓰시마까지의 거리는 전술한 바와 같이 약 80리이다. 마쓰시마는 「다케시마와 동일항로에 있다」는 것이므로 이런 거리관계에 대한 기술로 볼 때 오키 섬에서 마쓰시마까지는 약 80리, 마쓰시마에서 다케시마(울릉도)까지는 약 40리가 된다.

이런 다케시마, 마쓰시마, 오키 섬의 거리관계는 일본의 고문서에서도 발견된다. 예를 들면 1696년에 호키(伯耆) 태수가 도쿠가와 막부에 보낸 문서 속에 다음과 같은 내용이 나온다.

1. 후쿠우라(오키 섬의 항구: 필자 주)로부터 마쓰시마까지 80리 정도.
1. 마쓰시마로부터 다케시마에 40리 정도.
(一、福浦より松嶋まで八拾里程　一、松嶋より竹嶋へ四拾里程)**18)**

이 구절은 1696년에 작성된 관찬서 속에 나오는 구절이다. 그런데 여기서도 오키 섬에서 마쓰시마(=독도)까지를 80리 정도, 마쓰시마로부터 다케시마까지를 40리 정도, 즉 오키 섬에서 다케시마(울릉도)까지를 120리 정도로 보고 있다. 1696년의 고문서는, 1877년의 태정관 지령문을 해석할 수 있는 근거가 되는 문서인 것이다.

그리고 일본은 1872년 5월에 이미 '해상의 1리'를 1해리(=1,852m)로 정하는 조치를 취했다. 그 사실은 당시 일본 주변의 해로를 관리하여 국경을 확정시키는 역할을 담당했던 수로부(水路部)가 『수로부 연혁사(沿革史)』(1916) 속에서 밝히고 있다.[19]

그러므로 1877년의 태정관 지령문은 그 조치로부터 5년 후에 작성되었으므로 리(里)를 해리(海里) 개념으로 썼을 가능성도 있다. 그러므로 80리를 80해리로 보고 계산하면 80리=1.852km×80=약 148.2km가 된다. 오키 섬과 독도의 실제거리는 157.5km이므로 80해리라면 약 148.2km이어서 9km 정도가 부족하지만, 크게 벗어나지 않는 수치이다.

1905년 일본은 각의결정을 통해 독도를 시마네현에 불법적으로 편입시켰다. 그때의 각의결정문서에는 오키 섬과 독도의 거리를 85리(浬)[20]로 기록했다. 리(浬)자는 해리를 뜻하는 한자이다. 1877년에 태정관 지령문이 내려진 시점에서는 이 거리는 '80리 허(許)'였다. 허(許)는 '대략'이라는 뜻이다. 그것이 1905년에는 '85리(浬)'로만 기재되었다. 85리(浬)는 1852m×85=157.42km가 된다. 바로 현재 오키 섬-독도간의 실제 거리로 되어 있는 157.5km와 거의 일치하는 수치가 나온다. 결국 고문서에서 오키 섬과 독도의 거리를 확인하여도, 80리를 80해리로 보아도 모두 태정관 지령문 속의 마쓰시마는 독도를 가리키고 있음에 틀림없는 것이다.

- 나무나 대나무는 드물고 물고기와 짐승을 잡을 수 있다

울릉도에는 수목이 풍부하지만 독도에는 이 인용문의 표현처럼 '나무나 대나무는 드물'다. 그리고 독도 주변의 해역은 좋은 어장으로 알려져 있어 물고기는 잘 잡힌다. 그런 독도의 상황은 인용문과 잘 맞는다. 그리고 당시 독도에는 강치라는 물개와 비슷한 짐승이 많이 서식하고 있었다.[21] 나카이 요사브로(中井養三郎)가 독도를 대한제국으로부터 빌리려고 했던 동기는 독도에서의 강치잡이를 독점하고 싶었기 때문이었다. 그러므로 이 구절은 인용문의 마쓰시마가 독도라는 것을 분명히 증명하는 구절인 것이다.

덧붙여 최근 일본의 가나좌와(金澤) 교회의 우루시자키 히데유키(漆崎英之)목사에 의해 2005년 5월에 처음으로 원본에서 발견·공개되어[22] 한국에서도 선우영준 수도권대기환경청장에 의해 2006년 9월에 소개된[23] 『공문록』 원본에 수록된 「이소타케시마 약도(磯竹島略圖)」에는 다케시마(울릉도)와 마쓰시마(독도)가 뚜렷이 그려져 있다.[24] 이 「이소타케시마 약도」에 그려진 독도의 동도 위에 마쓰시마의 「마쓰(松)」, 서도 위에 마쓰시마의 「시마(島)」자가 쓰여 있어 현재의 독도가 태정관 지령문에서는 바로 마쓰시마(松島)라고 불렸다는 것을 증명하고 있다.

시모조자신도 제3장 1의 인용문 모두에서 '「이소타케시마 약도(磯竹島略圖)」에는 현재의 다케시마(=독도)와 이소타케시마(=다케시마, 울릉도)가 그려져' 있다고 밝히고 있다. 그런데 시모조는 시마네현이 제출한 「이소타케시마 약도」의 마쓰시마를 독도라고 인정하면

서 시마네현이 제출한 문서 속에 나오는 마쓰시마에 대해서는 독도가 아니라고 앞뒤가 맞지 않는 이야기를 한다. 논리적으로 인정할 수 없는 이야기라고 하지 않을 수 없다.

③ '다케시마 외일도'는 두 개의 울릉도

1-1)의 인용문에 밑줄을 친 (3), (3-2), (3-3)을 통해 시모조는 시마네현이 '다케시마 외일도'를 '울릉도와 독도'로 인식하여 두 섬의 소속을 내무성에 조회했고 내무성은 그것을 태정관에게 문의했지만, 태정관은 두 섬을 울릉도와 독도로 인식하지 않고 두 개의 울릉도, 즉 하나는 존재하지 않는 울릉도(알고노트 섬), 하나는 실제의 울릉도(다주레 섬)로 인식했기 때문에 태정관이 내린 결론, '다케시마 외일도 본방 관계없음'이라는 지령 속의 '다케시마 외일도'는 두 개의 울릉도이므로 독도를 가리키는 말이 들어있지 않다고 주장하고 있다.

태정관은 씨볼트가 잘못 그린 지도를 보고 그 지도에 나온 알고노트 섬과 다주레 섬을 '다케시마 외일도'로 생각해 지령을 내렸다고 시모조는 주장하고 있다.

이것도 객관적인 독도연구자들에게 있어 어이가 없는 억지 주장에 불과하다. 시모조는 태정관이 내무성과 시마네현의 조회문서를 읽지 않고 씨볼트의 일본지도만을 보고 알고노트 섬과 다주레 섬이 '본방 관계없음'이라는 판단을 내렸다고 주장하고 있는 것이다. 그런데 태정관이 조회서 자체를 읽지 않았다거나 씨볼트의 잘못된 일본지도를 보고 지령을 내렸다고 할 수 있는 증빙자료를 하나도 제시하지 않았다. 즉 이것은 시모조가 자료 없이 만들어낸 억측에 불과하다.(이런

논리의 배경은 후술)

그런데 2006년에 나온 연구회의 중간보고서까지는, 시모조는 태정관 지령문 속의 마쓰시마가 독도임을 점차 인정하는 방향으로 가고 있었다. 2007년의 최종보고서에서는 그것을 완전히 뒤집어 버렸는데 그의 태정관 지령문에 대한 견해의 변천과정을 다음에 고찰하기로 한다.

3) 태정관 지령문에 대한 시모조의 견해 변천과정

시모조는 2004년에 출판한 저서 속에서 태정관 지령문에 대해 다음과 같이 썼다.

> 이 태정관에 의한 심사는 충분치 못했다. '다케시마 외일도'의 '일도'가 독도를 가리키는 말인지 그렇지 않은지 확실치 않기 때문이다.[25]

이 단계에서 시모조의 논조는 태정관 지령문 속에 나타나는 '외일도'가 독도인지 여부는 분명치 않다는 입장이었다.

그런데 2005년에 출판된 시모조의 저서에서 그는 다음과 같이 자신의 주장을 일부 수정했다.

> 일본정부가 독도를 시마네현에 편입했을 때는 각의결정에 의해 '타국이 이 섬을 점령했다고 인정할 만한 형적(形跡)'이 없고 독도를 무주지 섬으로 확인했기 때문이다. 그리고 그 때의 각의결정이

국제법을 인식하고 있었던 것은 '국제법상 점령의 사실'이라는 문언에 의해서도 분명하다.

그럼에도 불구하고 한국 측이 그것을 침략행위라고 지탄(指彈)하는데는 두 가지 논거가 있다. 하나는 1870년 사다 하쿠보가 「다케시마·마쓰시마가 조선의 부속이 된 전말」이라는 보고서를 제출한 것, 그리고 1877년에 태정관이 '다케시마(울릉도) 외일도(마쓰시마)는 일본령이 아니다'라고 판단했기 때문이다.

그러나 그것은 어디까지나 일본 측의 사정이었고 한국 측과는 관계가 없는 판단이었다. 한국 측은 1882년 이규원에 의해 울릉도 답사가 실시되었지만 그 때도 독도의 존재를 몰랐기 때문이다.[26](밑줄은 팔자)

위와 같이 주장하면서 시모조는 1877년에 태정관이 '다케시마(울릉도) 외일도(마쓰시마)는 일본령이 아니다'라고 판단했다고 살짝 고백했다. 전술한 바와 같이 시모조는 2004년의 저서에서는 '다케시마(울릉도) 외일도의 「일도」가 독도를 가리키는 말인지 그렇지 않은지 확실치 않'다고 주장했는데 1년 후에 펴낸 2005년도의 저서에서는 '외일도'는 '마쓰시마'라고 괄호 속에 살짝 명기해 놓았다. 여기서 말하는 '마쓰시마'가 독도임은 위 인용문의 맥락상 확인된다. 그가 이 처럼 자신의 견해를 조금씩 눈에 띄지 않는 형태로 바로잡아가는 배경에는 2005년 3월 이후, 한국 내뿐만이 아니라 일본 내에서도 객관적 입장에서 독도연구를 진행시키는 연구자가 나타나기 시작했기 때문이다. 시모조도 객관적인 입장에서 이루어지는 한일 양국의 연구자들에 의

한 논박을 피해야 하는 입장에 서게 되어 자신의 억지 주장을 수정해 나가고 있었다.

그리고 2005년 3월에 출범한 「다케시마 문제 연구회」는 2006년 2월에 팸플릿 『포토 시마네』에 연구조사 중간보고를 요약하는 형태로 게재했다.[27] 이 중간보고 요약 속에서 주목해야 할 점은 연구회가 태정관 지령문의 주장 즉 '(울릉도와 독도는) 본방(일본) 관계없음'으로 선언한 역사적 사실을 인정했다는 부분이다. 『포토 시마네』는 다음과 같이 썼다.

> 지적(地籍) 편찬을 위해 내무성으로부터 1876년에 다케시마(현재의 울릉도)에 관한 조회를 받은 시마네현은 「산인(山陰) 일대의 서부에 소속시켜야 한다」라고 회답했지만 내무성이 최종적인 판단을 요청한 태정관은 울릉도와 외일도를 '본방 관계 없음'으로 하여 일본령이 아니라는 인식을 나타냈다. <u>「외일도」란 현재의 다케시마 (독도)로 보인다.</u>[28] (밑줄은 필자)

시모조가 좌장을 맡은 연구회는 이 중간보고에서 '<u>「외일도」란 현재의 다케시마(독도)로 보인다</u>'라고 보고한 것이다. 시모조 자신도 2006년 5월15일에 TV프로에 출연해 '일본의 태정관이 다케시마(=독도)는 일본의 영토가 아니다, 관계가 없다고 말했다'고 발언하기도 했다.[29] 그것은 2005년도의 그의 견해변화를 마무리 짓는 발언이었다. 즉 시모조는 2006년 5월의 시점에서 한때 태정관 지령문이 일본 영토가 아니라고 말한 두 섬은 현재의 울릉도와 독도임을 분명히 인정했다고 보아야 한다. 그런데 본장 1, 2에서 본 바와 같이 2007년 5월 28일에 제출된 최종보고서에서 시모조는 태정관이 말한 일본영토 외가 된 두 섬은 모두 독도가 아니라는 주장으로 회귀했다. 1년 사이에 그의 견해는 증빙자료 없이 바뀐 것이다. 그 원인은 어디에 있었는가. 다음 2.에서 그것을 분석하고자 한다.

2. 일본정부가 자인한 '외일도'는 독도

1) 일본정부에 대한 질의문

시모조가 태정관 지령문의 진실을 다시 한번 외면하게 된 계기는 2006년 11월에 일어났다.

그 사정은 다음과 같다. 연합뉴스와 필자는 2006년 9월 첫순에 「태정관 지령문」의 복사본을 몇 부 준비하여 중요한 부분에 빨간 표시를 하고 난 다음 일본정부(외무성)와 자민당, 공명당, 민주당, 사민당, 공산당 등 일본의 주요 정당에 보냈다. 거기에는 태정관 지령문이 작성된 경위에 대한 설명문과 질의문 등이 함께 들어 있었고 우리는 일본정부에 대해 질의문에 대한 회답을 요청했다.

질의문 전문은 다음과 같다.

  1) 일본정부는 1877년의 독도와 관련된 「태정관 지령문」이 존재한다는 사실을 알고 있습니까?
  2) 알고 있을 경우, 일본정부는 독도 영유권 문제와 관련해 매우 중

요한 문서인 이「태정관 지령문」을 지금까지 왜 한 번도 언급하지 않았습니까?

3) 일본정부는「독도는 일본과 관계가 없다」라고 결론을 내린「태정관 지령문」의 내용을 어떻게 평가합니까?

4)「태정관 지령문」은 17세기 말에 다케시마(=울릉도)와 마쓰시마 (=독도)가 조선의 영토가 된 것을 명확히 하고 있으므로,「17세기 중반까지, 일본은 독도에 대한 영유권을 확립했다」고 하는 현재까지의 일본정부의 주장을 부정하고 있습니다. 즉, 일본정부의 독도에 대한 역사적인 실효지배의 주장이 허구가 되는 것인데 이에 대해 어떻게 생각합니까?

5) 1905년에 독도를 다케시마라고 명명해 시마네현에 편입한 각의 결정문서는, 1877년의「태정관 지령문」을 변경하는 문서임에도 불구하고, 전혀「태정관 지령문」을 검토한 흔적이 없습니다. 이것은 의도적인 행위였는지, 그렇지 않으면 일본 내각의 무지였는지에 대해 묻고 싶습니다.

원문:

1) 日本政府は、1877年の獨島關連の『太政官指令文』が存在するという事實を知っていましたか。

2) 知っていた場合、日本政府は獨島領有權問題と關連して非常に重要な文書であるこの『太政官指令文』を今までなぜ一度も言及されなかったのですか。

3) 日本政府は「獨島は日本と關係がない」と結論付けた『太政官指令文』の內容をどのように評価されますか。

4)『太政官指令文』は17世紀の末に竹島(=鬱陵島)と松島(=獨島)が

朝鮮のものとなったことを明確にしており、「17世紀半ばまで
に、日本は獨島領有權を確立した」と言う今までの日本政府の
主張を否定しております。つまり、日本政府の獨島に對する歴
史的な實効支配の主張が虛構となるわけですが、これに對して
どう考えられますか。

5) 1905年に獨島を竹島と命名して島根縣に編入した閣議決定文書
は、1877年の『太政官指令文』を変更する文書であるにもかか
わらず、一切『太政官指令文』を檢討した形跡がありません。こ
れは意圖的な行爲であったのか、それとも日本の內閣の無知で
あったのかに關してお聞きしたいです。 30)

이상의 질의서는 필자와 연합뉴스의 김용수 편집위원이 상의하여
작성한 문서이다. 이 질의에 대해 일본정부는 두 달 이상 회답을 미루
다가 2006년 11월 첫순 쯤에 주일 일본대사관을 통해 다음과 같은
짧은 회답을 e-mail로 연합뉴스 김용수 위원 앞으로 보내왔다.

태정관 지령문의 존재를 알고 있다. 이 문제에 대해서는 현재 조
사 중이며 현 시점에서 답변할 수 없다. 31)

이 회답은 질의 내용 5개 항목 중 첫 번째 질의에만 대답한 것이다.
나머지 4개 항목을 볼 때 일본정부가 무엇에 대해 '답변할 수 없다'고
했는지 명료해진다.

즉 일본정부가 답변할 수 없다는 내용은, 첫째, 존재를 알고 있으면

서 일본정부는 왜 현재까지 「태정관 지령문」에 대해 한 번도 언급하지 않았는지, 둘째, 일본정부는 「17세기 중반까지, 일본은 독도에 대한 영유권을 확립했다」는 주장, 즉 일본정부의 독도에 대한 역사적인 실효지배 주장이 허구가 된다는 한국 측 주장에 대한 의견, 셋째, 일본이 1905년에 독도를 시마네현에 편입한 행위는 「태정관 지령문」을 의도적으로 무시한 행위였는지, 당시의 일본내각이 문서를 검토하지 않았는지, 등에 대해 전혀 답변할 수 없다는 이야기가 된다.

일본정부의 회신을 받고 연합뉴스는 사실상 일본정부가 1905년의 독도 시마네현 편입의 허구성을 자인한 셈이라고 판단해 2006년 11월 20일부로 '일본정부, "독도 시마네현 편입" 허구성 사실상 자인'이라는 기사를 발신했다. 기사 전문은 본고의 참고자료로 마지막에 게재했다.

그 후 일본정부(외무성)는 '아직 조사 중'이라는 입장을 되풀이하고 있다. 그러나 이것을 계기로 시모조가 자신의 견해를 180도 전환시켰다. 일본의 저명한 주간지 『주간 신초(新潮)』가 2007년 3월 15일호에 다음과 같은 시모조의 말을 게재했다.

태정관이 말한 다케시마와 마쓰시마란, 18–19세기에 일본해(=동해)로 항해해 온 서양 선박들이 섬을 측량해서 그들의 지도에 그린 알고노트 섬과 다주레 섬을 가리키는 말입니다. 알고노트 섬은 잘못 측량한 섬이므로 실제로는 존재하지 않는 섬입니다. 다주레 섬은 그들이 나름대로 정확히 측량한 울릉도입니다. 그런데 일본에 체류 중이던 네덜란드 사람인 씨볼트가 서양지도에 그려진 두 섬을

1840년에 일본주변지도에 옮겨 그렸는데, 그 때 씨볼트는 알고노트 섬을 다케시마, 다주레 섬을 마쓰시마로 일본식으로 이름을 붙였습니다. 그러므로 씨볼트의 지도에 그려진 다케시마는 존재하지 않는 섬이고 마쓰시마가 울릉도인 셈입니다.

태정관이 서양 지도를 보고 일본령이 아니라고 말한 다케시마·마쓰시마는 알고노트 섬과 다주레 섬입니다. 이 지도에는 독도가 포함되어 있지 않기 때문에 1870년과 1877년의 태정관문서가 조선령이다, 혹은 일본령이 아니다, 라고 결론 내린 두 섬은 독도와 관계가 없습니다. 32)

2007년 5월 28일에 제출된 최종보고서에 실린 태정관 지령문에 대한 시모조의 견해가 그대로 2007년 3월 15일 시점에 일본의 유명 주간지에 게재된 것이다. 최종보고서가 나오기 두 달이나 앞선 시점이었다.

이 주간지는 '외무성도 시모조 교수와 같은 견해이다'33)라고 덧붙였다. 그러나 외무성은 전술한 바와 같이 표면적으로는 '아직 조사 중'이라는 입장을 취하고 있다. 이 주간지는 외무성을 취재한 결과를 쓴 것이므로 외무성은 내부적으로는 시모조의 견해를 받아들인 것으로 보인다.

그러나 한국에서의 질의에 대해 외무성은 전술한 바와 같이 계속 '조사 중'이라는 대답을 해 오고 있다. 일본 외무성이 국내용과 국외용 메시지 두 가지를 경우에 따라 번갈아 써나가는 방법을 취하게 된 것으로 보인다. 시모조의 논리로 한국에 대답할 경우, 그 파탄된 논리가 다시 한국 측으로부터 철저한 공격을 받을 것임을 외무성이 잘 알고 있기 때문이라고 추정된다.

결국, 연합뉴스와 필자가 실시한 질의에 일본정부가 답변을 못하므로 태정관 지령문에 대한 시모조의 견해가 다시 왜곡되기 시작한 것이다.

2) 시모조의 왜곡주장의 배경

시모조의 이상과 같은 왜곡주장은 새로운 주장이 아니다. 2003년에 의학박사이자 시마네현 출신인 오니시 도시테루(大西俊輝)가 거의 비슷한 주장을 내놓은 적이 있다. 그는 저서(2003) 속에서 태정관 지령문에 대해 다음과 같이 주장했다.

당시 마쓰시마란 어떤 섬이었는가. 다주레 섬의 마쓰시마인가, 리안코르토 암의 마쓰시마인가, 우산도의 마쓰시마인가, 그 구별조차 되어 있지 않았다. 그러나 태정관은 그 구별을 하고 견해를 내야 한다. 따라서 이 해역에 랸코도(리안코르토 암, 호넷 암), 마쓰시마(다주레 섬, 우산도), 다케시마(알고노트 섬, 무릉도)라는 배치를 상정했다. 그런 가운데 내린 판단이었다.[34]

오니시 도시테루는 당시 태정관이 다케시마는 알고노트 섬, 마쓰시마는 다주레 섬, 독도를 랸코도로 인식하고 있었다고 주장하고 있다. 그러므로 태정관 지령문 속에 랸코도, 즉 독도는 포함되어 있지 않았다는 주장이다. 이것이 바로 시모조의 주장의 배경이 된 발상인데 시모조와 똑같이 문헌과 자료적 근거를 제시하지 않았다. 그들의 주장은 상상의 산물에 불과하다고밖에 할 수 없다.

결론 - 도명혼란에 대한 진실과 앞으로의 대응

시모조 마사오와 다케시마 문제 연구회는 그들의 최종보고서 (2007. 5.)에서 태정관 지령문이 전하는 역사적 진실을 다시 한번 크게 왜곡시켰다. 여기서는 1877년 당시의 도명혼란을 이용하는 일부 비양심적인 학자들의 수법을 설명하면서 앞으로의 대응을 제시하는 것으로 결론을 대신하고자 한다.

1876년 민간인 무토 헤이카쿠(武藤平學)가 '마쓰시마 개척 건'을 외무성에 제출했다.[35] 여기서 말하는 마쓰시마는 울릉도를 가리키는 말이었다. 그러므로 민간 차원에서 울릉도를 '마쓰시마'라고 부르는 도명혼란이 당시 있었던 것은 사실이다. 그러나 그것은 어디까지나 민간 차원의 이야기였다.

시모조가 거론한 씨볼트의 일본지도는, 서양선이 울릉도를 잘못 측정한 알고노트 섬의 경·위도에 Takashima(=다케시마를 일부 잘못 기재한 명칭)라는 명칭을, 울릉도를 정확히 측정한 다주레 섬의 경·위도에 Matushima라는 명칭을 병기한 것이 사실이다.[36] 그러나 씨볼트의 일본지도에는 그 두 섬만 기재되어 있는 것이지 독도는 그려지지 않았다. 그러므로 당시 씨볼트의 일본지도에 그려진 다케시마와 마쓰시마를 보고, 시모조나 오니시가 주장하는 내용, 즉 '다케시마(알고노트 섬)는 실제로는 없는 섬이고 마쓰시마(다주레 섬)는 독도가 아니라 울릉도이다'라고 태정관이 판단할 수 있는 근거는 아무것도 없다. 왜냐하면 당시 아직 알고노트 섬이 실제로 없는 섬이라는 정보가 일본에는 없었기 때문이다.[37] 서양에서 알고노트 섬을 삭제한 지도가 발행된 것은 1880년이고 이 해는 태정관 지령이 내려진 2년 후였는데 그 지도가 일본에 꼭 유입된 것도 아니었다.[38] 그뿐만이 아니라 당시 일본에서는 울릉도와 독도의 경·위도를 측량한 일본 자체의 데이터가 없었다. 두 섬의 경·위도를 일본이 처음으로 측량한 해는 1880년이다.[39]

당시의 관허 일본지도로서는 1860년에 제작된 '실측 일본지도'가 있었지만 경·위도선이 정확하지 않았고, 울릉도와 독도 기재는 없었다.[40]

그 이전에 작성된 관허 지도라면 1779년의 나가쿠보 세키스이(長久保赤水)의 '개정 노정일본여지전도'이고 이 일본지도에도 정확하지 않은 경위도선이 그려졌고 울릉도와 독도가 각각 다케시마, 마쓰시마라는 명칭으로 그려졌다. 그런데 다케시마, 마쓰시마는 조선 남단의 부산 지역과 함께 경·위도선 외부에 그려져 있을 뿐만이 아니라 부산지역과 동일하게 채색되지 않았으므로 두 섬을 조선령이라고 표시하고 있다.[41]

그러므로 태정관 지령문이 내려진 1877년 시점에서는 울릉도와 독도의 정확한 위치, 즉 정확한 경·위도는 일본의 지도를 통해서는 알수 없는 상태였다. 두 섬의 경·위도가 일본의 측량으로 정확히 알려진 시기는 군함 아마기(天城)가 울릉도에 파견되어 측량을 실시한 1880년 이후이다.[42] 그리고 그 이후에 울릉도를 마쓰시마로 부르는 습관이 메이지정부 내에 생기기 시작한 것이다.

결론적으로 태정관은 '태정관 지령문'에 포함된 시마네현의 조회서에 기록된 마쓰시마의 정보(전술한 바와 같이 주위 30정, 오키에서 80리, 수목이 없다 등)와 첨부된 「이소타케시마 약도」를 통해 마쓰시마, 즉 독도가 일본 판도 외라는 판단을 내렸다는 것이야말로 역사의 진실이다.

만일 태정관이 씨볼트의 일본지도를 참고로 했다고 하더라도 당시는 정보부족으로 인해 거기에 그려진 두 섬을 에도시대 이래의 인식 그대로 울릉도와 독도로 판단할 수밖에 없는 상황이었다. 바로 1877년 시점에서는 울릉도와 독도에 대한 일본으로서의 경·위도 정보가 없었기 때문에 서양지도와 일본지도를 대조시켜 마쓰시마(다주레 섬)는 울릉도이고 독도가 아니라는 판단을 내린다는 것 자체가 불가능한 일이었다. 두 섬의 정확한 경·위도에 대한 정보부족이라는 현실이 1877년 시점에 있었던 역사적 사실이다. 그러므로 1877년 시점에서 지도에 나오는 다케시마와 마쓰시마는 에도시대부터의 개념그대로 각각 울릉도와 독도라고 인식할 수밖에 없었다.

덧붙여 외무성의 독도연구가 가와카미 겐조(川上健三)는 다케시마, 마쓰시마를 에도시대의 인식 그대로 울릉도와 독도로 보는 시각이 군함 아마기의 울릉도 측량 이후에도 계속 있었다는 점을 인정하고 있다.[43]

이상과 같은 상세한 역사적 사실을 무시한 채, 자신에게 불리한 역사적 진실을 왜곡, 고의적으로 사료를 오독하며 파탄된 논리를 전개해 나가는 비양심적인 일본학자들의 행위가 용납되어서는 안된다.

그러므로 앞으로의 대응으로서 본고에서 제시한 내용, 즉 독도에 관한 연구 성과를 직접 일본정부나 일본 학자들에게 질의서로 보내는 작업 등을 적극적으로 추진해 나가야 할 것이다. 그런 실질적인 학술적 대화와 논쟁을 통해 독도의 진실이 빨리 밝혀질 것이기 때문이다.

독도가 어느 나라 영토인가를 따지기 전에 일본의 일부 비양심적인 학자들은 자신들의 학문에 임하는 태도와 마음가짐을 완전히 고쳐야 할 것이다.

日정부, '독도 시마네현 편입' 허구성 사실상 자인

[연합뉴스 2006-11-20]

　일본정부가 1905년 단행된 독도 시마네(島根) 현 편입 조치의 불법성과 '독도 고유 영토설'의 허구성을 사실상 자인했다.

　일본 외무성은 1877년 메이지(明治)정부가 '독도와 울릉도는 일본 영토가 아니다'고 확실히 인정한 '태정관 지령문'을 어떻게 생각하느냐는 연합뉴스의 서면 질의에 대해 "현재로서는 답변할 수 없다"고 밝혔다.

　태정관 지령문이란 메이지시대의 최고 국가기관이었던 태정관(太政官, 다조칸)이 독도와 울릉도가 일본 영토인지를 조사한 뒤 1877년 3월 "독도와 울릉도는 일본 영토와 관계가 없으니 명심하라"고 내무성과 시마네현에 지시한 공문서다. 한국 학계는 이 문서를 일본정부가 독도를 조선 영토로 공식 인정한 '결정적 사료'로 보고 있다.

　외무성의 이 같은 궁색한 답변은 "태정관 지령문이 사실이라면 '늦어도 17세기 중반에는 일본이 독도를 실효적으로 지배해 영유권을 확립했고 1905년 각의 결정을 통해 영유권을 재확인했다'는 일본의 주장은 완전히 허구가 아니냐"는 국내 학계의 지적을 사실상 인정한 것이나 마찬가지다.

　연합뉴스는 지난 9월 중순 아소 다로(麻生太郎) 일본 외상과 자민, 민주, 공산, 사민, 공명당 대표 앞으로 '1905년 일본 각의의 독도 시마네현 편입 결정에 관한 질의서'를 보냈다.

주된 질의 내용은 ▲'태정관 지령문'이 존재한다는 사실을 알고 있었는지 ▲알고 있었다면 독도 영유권과 관련해 매우 중요한 문서인 태정관 지령문에 대해 지금까지 왜 한 번도 언급하지 않았는지 ▲태정관 지령문에 따르면 '17세기 중반까지는 독도 영유권을 확립했다'는 일본정부의 주장은 허구가 되는데 어떻게 생각하는지 ▲1905년 일본각의의 독도 시마네현 편입 결정문서는 태정관 지령문을 변경시키는 문서임에도 불구하고 태정관 지령문을 검토한 흔적이 전혀 없는데 이것이 의도적인 행위였는지, 등이었다.

질의서에는 일본 국립공문서관에 보관돼 있는 태정관 지령문 복사본(B4용지 14쪽)을 첨부했으며 각 정당에는 태정관 지령문 내용에 대해 국회에서 정부에 질의해 줄 것을 요청했다.

이 같은 질의에 대해 일본 외무성은 수차례나 "검토 중이니 조금 기다려 달라"고 계속 답변을 회피하거나 시간을 끌다가 질의서를 보낸 지 60여일 만인 11월 13일 ▲"태정관 지령문의 존재는 알고 있다" ▲"그 역사적 사실 등에 대해서는 지금 조사, 분석 중이어서 현 시점에서는 일본정부 입장에서 코멘트할 수 없다"는 내용의 답변을 보내왔다.

일본정부가 태정관 지령문의 존재 사실을 공식 인정하고 이에 대해 입장을 밝힌 것은 이번이 처음이다. 한일 양국은 1950년대 초 독도 영유권을 놓고 정부 차원에서 문서를 주고받으며 격렬한 논쟁을 벌였지만 태정관 지령문은 거론되지 않았다.

이에 앞서 자민당은 10월 18일 "자민당 차원에서 (태정관 지령문에 대해) 통일된 정식 견해가 없기 때문에 현 시점에서는 답변을 보류한다. 자민당 입장은 기본적으로 정부 견해에 준한다"는 답변을 보내왔다. 이와 관련해 자민당의 한 관계자는 태정관 지령문이 "일본 국내적으로 (독도는 일본 영토가 아니다고) 말했지 한국에 대해 그렇게 말한 것은 아니지 않느냐"고 말해 태정관 지령문을 심각하게 받아들이고 있음을 짐작케 했다.

공산당은 9월 30일 보내온 답변에서 "일본이 메이지시대에 독도가 일본 영토와는 무관하다고 인정한 태정관 지령문의 존재를 알고 있다. 독도 문제에 대해서는 검토해야 할 자료가 많이 있으며 태정관 지령문도 그 중 하나라고 생각하고 있다"고 밝혔다. 공산당의 이 같은 답변은 일본의 독도 영유권 주장에 문제가 있음을 인정한 것이다. 민주, 사민, 공명당은 답변을 끝내 회피했다.

국내 학계는 일본정부가 현재 국립공문서관에 엄연히 보관돼 있는 태정관 지령문에 대해 "조사, 분석 중이어서 현 시점에서는 답변할 수 없다"고밖에 답변하지 못한 것은 결국 태정관 문서가 일본의 독도 영유권 주장에 큰 타격이 된다는 점을 의식했기 때문인 것으로 받아들이고 있다.

한 독도문제 전문가는 "이미 1980년대 초 일본에서 존재가 알려진 태정관 지령문을 일본정부가 '알고 있다'고 밝힌 것은 그동안 많은 조사가 이루어졌음을 의미한다"면서 "그런데도 외무성이 '조사 중'이라고 한 것은 태정관 문서가 한국에 결정적으로 유리하다는 판단 아래 애매모호한 일본식 언어 사용으로 답변을 의도적으로 회피한 것이나 마찬가지"라고 말했다.

외무성의 이 같은 답변은 그동안 일본정부가 "일본이 독도를 실효적으로 지배해 영유권을 확립한 이전에 한국이 독도를 실효 지배했음을 나타내는 명확한 근거를 한국 측이 제출한 적이 없다"고 버젓이 공식 홈페이지를 통해 호언해온 것과는 대조적이다.

호사카 유지(保坂祐二) 세종대 교수는 "일본정부와 어용학자들은 그동안 태정관 문서의 존재를 의도적으로 은폐, 왜곡함으로써 국제사회는 물론 일본 국민까지 기만해 왔다"면서 "이 문서를 은폐해온 이유는 일본이 지금까지 주장해온 '독도 고유영토설'이 무너지는 것을 우려했기 때문"이라고 지적했다.

호사카 교수는 "일본정부는 문서 내용을 인정할 경우 1905년의 독도 편입이 태정관 문서를 무시한 채 자행된 제국주의적 약탈 행위로 원천적으로 무효임을 자인하는 결과가 되기 때문에 앞으로도 지령문 자체를 인정하거나 그렇다고 반론을 펴거나 하지는 못할 것"이라면서 "일본이 태정관 문서를 상쇄시킬 수 있는 기록을 억지로 들고 나오거나 관련 사실을 '날조'할 가능성도 있다"고 말했다.

이석우 인하대 교수(국제법)는 "한일 간의 독도 영유권 논쟁을 국제법상으로 봤을 때 한국은 1905년 일본이 독도를 편입했을 당시 독도가 한국 영토였음을 반드시 입증할 필요가 있다"면서 "태정관 지령문은 한국의 입장을 지지할 수 있는 결정적 문서이자 반대로 일본에게는 '아킬레스건' 같은 문서"라고 지적했다. [44]

(서울=연합뉴스) 김용수 편집위원

註

1) 山陰中央新報, 2007. 7. 13.

2) 시마네현 홈페이지 :

http://www.pref.shimane.jp/section/takeshima/top.html

3) 竹島問題研究會,「竹島問題に關する調査研究」最終報告書(2007.3), p.2.

4) 상게서, p.2.

5) 상게서, p.2.

6) 원문 : 御省地理寮官員地籍編纂位檢ノ爲メ 本縣巡回ノ砌日本海內二在ル竹島調査ノ儀ニ付キ別紙乙第二十八號ノ通リ照會有之候處 本島ハ永祿中發見ノ由ニテ故鳥取藩ノ時 元和四年ヨリ元祿八年マテ凡七十八年間 同藩領內伯耆國米子町ノ商 大谷九右衛門 村川市兵衛ナル者舊幕府ノ許可ヲ經テ每歲渡海 島中ノ動植物ヲ持歸リ內地ニ賣却シ候ハ已ニ確證有之 今二古書舊狀等持傳へ候ニ付 別紙原由ノ大畧圖面トモ相副 不取敢致上申候 今回全島實檢ノ上 委曲ヲ具へ記載可致ノ處 固ヨリ本縣管轄ニ確定致候ニモ無之 且 北海百余里ヲ懸隔シ線路モ不分明 尋常帆舞船等ノ能ク往返スヘキ非ラサレハ 右大谷某 村川某カ傳記ニ就キ追テ詳細ヲ上申可致候 而シテ其大方ヲ推按スルニ管內隱岐國ノ乾位ニ當リ山陰一帶ノ西部ニ貫付スヘキ哉ニ相見候ニ付テハ本縣國圖ニ記載シ地籍ニ編纂スル等ノ儀ハ如何取計可然哉 何分ノ御指令相伺候也 明治九年十月十六日 島根縣參事 境二郎 內務卿 大久保利通殿(『公文錄』: 일본 국립공문서관 소장)

7) 『公文錄』口上ノ書 : 일본 국립공문서관 소장.

8) 堀和生, 「1905年日本の竹島領土編入」, 『朝鮮史硏究會論文集』 24호(1987)

9) 원문 : 磯竹島 一二竹島ト稱ス 隱岐國ノ乾位 一百二拾里許ニ在リ 周回凡十里許 山峻險ニシテ平地少シ 川三條在リ 又瀑布アリ 然レドモ深谷幽邃樹竹稠密 其源ヲ知ル能ハス 唯眼ニ觸レ其多キ者 植物ニハ五鬣松 紫稱檀 黃蘗 椿 樫 桐 雁皮 栂 竹 マノ竹 胡蘿蔔 蒜 款冬 蘘荷 獨活 百合 牛房 (ママ) 茱萸 覆盆子 虎杖 アラキパ 動物ニハ 海鹿 猫 鼠 山雀 鳩 鴨 鵜 梟 鵜 燕 鷲 鵰 鷹 ナヂコアナ鳥 四十雀ノ類 其他 辰砂 岩綠青アルヲ見ル 魚貝ハ枚擧ニ暇アラス 就中 海鹿 鮑ヲ物産ノ最トス 鮑ヲ獲ルニ夕ニ竹ヲ海ニ投シ 朝ニコレヲ上レハ鮑 枝葉ニ着クモノ夥シ 其味絕倫ナリト 又 海鹿一頭能ク數斗ノ油ヲ得ヘシ

次二一島アリ 松島ト呼フ 周回三十町許 竹島ト同一線路ニ在リ 隱岐ヲ距ル八拾里許 樹竹稀ナリ 亦魚獸ヲ産ス 永祿中 伯耆國 會見郡 米子町商 大屋 [後 大谷ト改ム] 甚吉 航シテ越後ヨリ歸リ颶風ヲ遇フテ此地ニ漂流ス 遂ニ全島ヲ巡視シ頗ル魚貝ニ富ルヲ識リ歸國ノ日 檢使 阿部四郎五郎 [時ニ幕名ニ因リ米子ニ居ル] ニ彼趣ヲ申出シ以後渡海セント請フ 安部氏江戶ニ紹介シテ許可ノ書ヲ得タリ 實ニ元

和四年五月十六日ナリ(「공문록」해당부분)

10) 외무성 사이트, http://www.mofa.go.jp/mofaj/area/takeshima
11) 호사카유지, 「일본의 지도와 기록을 통해 본 일본정부의 독도영유권 주장 비판」, 『북방논총』 7호(서울, 고구려재단, 2005), p.99.
12) 사이버 독도 홈페이지, http://www.dokdo.go.kr/
13) 김학준, 『독도는 우리땅』(서울, 해맞이, 2003), p.36.
14) 양태진, 『한국의 독립의 상징 독도』(서울, 백산출판사, 2004), p.12.
15) http://enc.daum.net/dic100/viewContents.do?&m=all&articleID=b16a3921a, daum백과사전
16) 川上健三, 『竹島の歴史地理學的研究』(古今書院, 1966), p.277.
17) 사이버 독도 홈페이지, http://www.dokdo.go.kr/
18) 川上健三, 전게서, p.53.
19) 水路部, 『水路部沿革史』(水路部, 1916), p.50.
20) 「明治38年1月28日、閣議決定文書」(도쿄, 국립공문서관 소장, 1905).
21) 김학준, 전게서, pp.45-46.
22) 內藤正中, 박병섭, 『竹島=獨島論爭』(東京, 新幹社, 2007), pp.308-309.
23) 한국일보, 2006. 9.14.
24) 전게서, 『竹島=獨島論爭』, pp.324-325.
25) 下條正男, 『竹島は日韓どちらのものか』(文藝春秋社, 2004), p.123.
26) 下條正男, 『「竹島」その歴史と領土問題』(竹島・北方領土変換要求運動島根縣議會, 2005), pp.160-161.
27) 전게서, 內藤正中, 박병섭, p.225, p.227.
28) 상게서, pp.225-226.
29) 상게서, p.228.
30) 「1905年、日本の閣僚會議における獨島島根縣編入決定に關する質疑書」(서울, 연합뉴스 김용수 편집위원 및 필자 소장, 2006).
31) 「日本政府の回答」(서울, 연합뉴스 김용수 편집위원 및 필자 소장, 2006).
32) 『週間新潮』(東京, 週間新潮社, 2007. 3. 15), p.48.
33) 상게서, p.48.
34) 大西俊輝, 『日本海と竹島』(東京, 東洋出版, 2003), p.56.
35) 상게서, p.56.
36) 전게서, 川上健三, p.12.
37) 알고노트 섬이 실제로 없는 섬이라는 것이 일본에서 판명된 것은 1880년이다. 상게서, p.14.

38) 상계서, p.14.

39) 상계서, pp.30-31.

40) 호사카 유지, 『일본고지도에도 독도 없다』(자음과 모음, 2005), p.20.

41) 전게 논문,「일본의 지도와 기록을 통해 본 일본정부의 독도영유권 주장 비판」, p.95.

42) 전게서, 『竹島の歷史地理的研究』, pp.30-31.

43) 상계서, pp.20-21.

44) 연합뉴스, 2006. 11. 20.

제4장

울릉도 독도
기행

울릉도-독도 기행

| 은입자(銀粒子) |

2005년 6월

*이 글에 나오는 금액, 명칭, 소재지 등은 모두 2005년 6월 당시의 것이다.

■ 국가가 제공하는 여러 체계의 구심력을 증대시켜, 국가를 비대화시키는 구실로서 영토 문제를 다룬다는 저차원의 문화는 이제 일본에서 추방하면 좋겠다.

■ 애국주의를 옥과 돌이 뒤섞인 상태인 채 어쨌든 행동에 옮겨 중요한 사실의 흔적을 관리하지 않는 문화는 이제 한국에서 일소하면 좋겠다.

4월 11일(월)

울릉도의 독도관광해운에 몇 번 전화를 걸어서 전화를 받는 사람과 서로 통하게 되었다.

전화 목소리로 '아아, 저번의 그분'이라고 서로 알 수 있게 되었기 때문이다. 울릉도 사람들의 말투는 연배가 많은 사람일수록 남부지방 말투를 닮았다고 느낀다. 다소 알아듣기 힘든데 역시 울릉도 개척사라는 배경 탓인지 그 점이 궁금하다.

4월 17일(일)

날짜를 정한다. 비행기 티켓을 사는 것으로 여행 일정은 대부분 정해진다.

지난번에 방문했을 때는 스케줄 속에 주말이 들어있어 매우 힘들었다. 포항에서 울릉도로 향하는 배편을 일주일 전에 전화로 예약을 했는데, 여객선 터미널에서는 이미 만원이므로 탈 수 없다는 이야기를 들었다. 도대체 왜 그러세요! 지난주에 일본에서 일부러 전화까지 했잖아요! 이런 입씨름 끝에 겨우 승선할 수 있었다.

그러므로 이번에는 평일에 가는 스케줄로 정했다.

시인인 편부경 씨(독도의 시를 쓰는 시인, 이하 친밀하게 '부경 씨'라고 부른다)로부터 마침 메일이 왔다. 어떤 보트 클럽의 관계로(무슨 보트 클럽일까?) 같은 시기에 울릉도에 간다는 것이다. 만날 수 있을까. 부경 씨를, 그리고 독도주민이 된 김선도 씨 부부를……

문학에 정통한 편은 아니지만, 부경 씨의 작품을 보면 여성적이면서도 파격적인 면을 느낀다, 그야말로 바다의 시인이라는 느낌이다.

6월 2일(목)

어젯밤 10시쯤에 인천 공항에 도착했다. 서울의 고속터미널로 가서 심야 버스로 포항까지 내려왔다. 정말로 잘된 하루였다.

공항에서 휴대전화를 임대하여 서울시내로 향하는 버스 안에서 부경 씨에 전화를 걸었다. "바다 상태가 좋지 않다"라고 걱정하고 있었다. 어쨌든 우선 포항까지 가겠다고 하여 전화를 끊었다.

1시간 정도로 특징 있는 고속터미널 건물에 들어갔다. 버스의 출발 시간까지 여유가 있었으므로 속을 채우기 위해 식당에 들어갔다. 그런데 식당의 텔레비전에서 갑자기 일본어로 〈독도는 한국 령이라니까!〉라는 큰 목소리가 들렸다. 뭐야? 독도에서도 휴대폰을 사용할 수 있게 했다는 전화회사의 광고였다. 일부러 일본어로 한다는 것은 일본인 체류자나 여행자 등을 의식해서 그런 것인지도 모른다.

오전 4시경 버스는 포항시에 도착했다. 아직 새벽이라서 시내에서 쉬기로 했다.

오전 9시 쯤. 〈여객선 터미널〉 창구에 조금 일찍 도착했다. 창구에 사람들이 많아지면 한국인처럼 빠른 어조로 말할 수 없는 내 말을 직원이 잘 들어 주지 않을 수도 있다고 생각했기 때문이다.

예약 확인은 순조롭게 완료되었다. 썬플라워호 우등실이 예약되어 있었다. 타 보니 3층 뒤쪽 반 정도가 데크이자 카페로 되어 있었다, 쾌적한 느낌이었다. 가격은 비싸지만 기분이 좋고 바다의 모습이 잘 보이는 것이 가장 좋았다.

아침 10시에 울릉도를 향해 출발했다. 물보라를 일으키면서 항행하는 썬플라워호가 다녀 온 뒷쪽 해수면을 보니 진행 방향의 우측과 좌측은 생기는 물결의 모습이나 형태가 미묘하게 다른 것 같았다. 그만큼 해류가 뚜렷하다는 것일까. 다시 잘 보았더니 바다의 색깔이 가끔 변하는 것처럼 보였다.

주위에 있는 한국인승객들은 곧바로 맥주를 마시기 시작했다. 대단한 주량 페이스였다. 창문이 깨질 듯한 큰 목소리가 났다.

12시 55분. 안개가 끼어 있지만 왼쪽에 울릉도가 크게 보였다.

곧 도착했다. 부경 씨가 기다리고 있었다. 부경 씨에는 인사하는 사람이 많아서 그녀는 정말로 바빴다. 마중 나오게 해서 미안했다고 생각했다.

숙소에서 여장을 풀고 부경 씨와 함께 독도박물관에 갔다. 큐레이터가 직접 설명하도록 준비해 주었다.

마침 이 때 입구에서 울릉도의 옛날 사진전이 열리고 있었다. 1950년경의 사진과 1917년경의 사진. 그러나 연대가 확실히 나와 있지 않았다. 자료 전시회로는 조금 부족한 느낌이었다. 사진 자체는 매우 귀중한 것이지만, 그 자료 가치를 충분히 발휘하게 하고 있는 것인지. 전시물의 목록을 달라고 했는데 목록이 없다는 이야기이다. 나중에 송부해 주신다고 말해 주었다.

홍순칠(洪淳七) 씨의 수기도 전시되어 있었다.

의용수비대를 어떻게 평가하는가에 대해서는 요즈음 한국에서도 의견이 갈라져 있는 것 같고, 나에게는 물론 판단을 내릴 수 있는 단서는 전혀 없다. 그러나 의용수비대를 조직한 당사자는 현대사에 있어서 독도라는 존재의 중요 인물인 것만은 틀림없다.

다만 수기의 내용에는 문제가 있다. 우선 의용수비대로서 활동을 개시한 연대가 잘못되어 있고 그 외의 날짜에도 잘못이 많다는 것은 이미 3년 정도 전부터 시민단체를 중심으로 지적되어 왔다. 이야기로서 너무 과장된 부분도 많아서 자료로서 그대로 신뢰하기에는 확실히 무리가 있다. 그것은 의용수비대 OB에 가까운 시민 단체마저도 인정

하고 있는 것이고, 또 이와 관련해 의용수비대의 성격 자체에 의문을
표시하는 견해도 한국에는 실제로 존재한다.

그러나 그것은 그렇다 치고, 박물관의 입장으로서는 날짜의 잘못이
일어난 경위나 당시의 생활방식 등의 자료가 필요하다.

유람선에서 본 독도

아니, 당시의 생활방식부터 이해해 나가도록 하지 않으면 아마 그
들의 행동이 실제로는 무엇이었는지 결국 아무도 이해하기 어려울 것
이다.

큐레이터인 박상규 씨와 1시간 정도 토론하면서 여러 가지를 서로
확인했다. 이 분은 착실한 연구자이다. 일본 측의 연구에 대한 그의
견해는, 일본은 울릉도의 주민을 마치 도동항(道洞港) 어딘가에 마네
킹같이 서 있는 것처럼 생각하고 있지만 어업자라면 먼 바다까지 나가

기도 하고 농산물을 재배하기 위해 산에도 오른다. 그런데 일본은 울릉도 주민들이 생활의 범위를 갖고 있다는 사실을 고려하지 않는다. 이 점에 대해서는 나도 정말로 동감이다. 무엇보다 해발 0m의 평지로 사람이 살 수 있는 장소는 이 섬의 이쪽 편에는 거의 없는 것이다.

다만 문제는 그런 것을 어떻게 하면 '증명 가능한 사실'로서 제3자에게 증명할 수 있는가, 그것이 어려운 점이다. 그런 상세한 내용은 재삼 말씀드린 바 있다.

그리고 야외에 서 있는 〈대마도 본시 우리나라 영토(對馬島本是我國領土)〉라고 쓰여진 비석이 일본인을 화나게 만든다는 것도 말씀드렸다. 이것은 아무래도 '본시'라는 말을 오해해서 그런 것 같다. '본시 우리나라 영토(本是我國領土)'라는 말은 완전한 과거형이며 현재와 관련되는 의미는 전혀 없다는 것이다. 그러나 일본인에게는 통하지 않는 한자어이며 설명 부족이 일으키는 쓸데없는 오해이므로 좋은 것은 아무것도 없을 터이다.

그리고 일본인도 이에 관해서 하나하나 반응하는 것은 그만두어야 하다. 실제로 한국정부나 학자들은 대마도를 한국 령이라고 전혀 주장하지 않는다.

내가 길게 이야기하는 동안 부경 씨는 기다리고 있었다.

그리고 부경 씨와 식사하러 갔고 커피를 마시는 장소가 없기 때문에 그녀가 아는 죽도가 보이는, 전망이 좋은 '물레방아'라는 가게에 갔다. 사장님은 60세 정도이고 아마추어 무선을 취미로 하는 분이었다.

이야기를 나누면서 마침 그 자리에 있는 사장님과 비슷한 연배로 보이는 분들에 '울릉도 사람에 있어 독도란 무엇인가'라고 물어 보았다.

그것은 예를 들어 가족에게 장남이 있고 차남이 있으며 장녀가 있고 차녀가 있다는 것과 마찬가지인 것이다, 라는 대답이 돌아왔다. 즉 원래 있는 것이니까 그것으로 당연한 것이다, 라는 뜻인 것 같다.

그러나 섬의 사람들 모두가 그렇게 생각하고 있는 것도 아니었다. 후에 택시 운전기사에게 길을 가면서 과감히 물어 보았다.

나 : 울릉도 거주자에게는 독도란 어떤 섬입니까?
운전기사 : 응, 어업으로 사는 사람에겐 그 바다가 생활의 바탕이 겠지만 나는 별로 생각한 것은 없다.

그런 것일지도 모른다. 특별히 내가 일본에서 왔다는 것을 신경 쓰면서 말하는 것도 아니었다.

피곤한 탓인지 이 날은 밤이 되어 이슬비가 내리는 가운데 여관방에 간신히 도착한 후 떨어지듯이 잠이 들어 버렸다.

6월 3일(금)

잠에서 깬 것은 7시반경이었다. 예정으로는 오늘 오후에 독도에 간다. 다만 현재 상륙할 수 없다고 한다. 사고가 있었기 때문이라는 얘기를 여러 사람에게 들었지만, 분명한 이유는 모른다. 부경 씨를 만나 확인하기로 했다.

아침의 도동항을 사진에 담으려고 걸어갔다.

물은 매우 맑고 깨끗하다. 쓰레기가 많지 않다. 환경 미화원이 많은 탓인지 오히려 깨끗하다. 포장마차나 아침시장이 벌써 나와 있었다. 오징어는 물론, 다리가 긴 문어나 게, 소라 등이 나와 있었다. 이 날은 전체 길이 60cm, 흡반이 3cm 정도나 되는 큰 회색 문어가 시장의 판매대에 올라 있었다.

향토 자료관에 갈 생각이었다. 개관까지 시간이 있었으므로, 먼저 전망대까지 올라 보았다.

올라가는 케이블카 안에서는 〈독도는 우리 땅〉이라는, 일본 측이 문제 삼고 있는 그 경쾌한 록 음악이 흐르고 있었다. 그러나 이 날은 안개가 끼어서 독도는 보이지 않았다. 실제로는 상당히 맑게 개어 있지 않으면 독도를 볼 수 없다.

관광객은 50대로 보이는 아저씨, 아주머니들이 대부분이다. 이 분들은 서로 본토로부터 울릉도에 오는 것도 쉬운 일이 아니라고 말했다.

향토관에는 농구나 어구 등이 전시되어 있었지만, 어둡고 질문하려고 해도 사람이 없었다. 서당에서 사용되고 있었던 것일까, 교육 관계로 보이는 책이 전시 되어 있었으나 실질적인 의미를 알 수 없었다. 실제로 개척기의 울릉도의 생활이나 교육이나 산업이 어떻게 되어 있었는지를 이해하는 단서가 되지 않는다.

당시 조선의 어민이 사용하고 있었다는 어선이란 마치 뗏목이다. 정말로 이런 배 밖에 없었던 것일까. 실제로 이러한 배로 어느 정도 먼 바다에 나갈 수 있었을까. 이것을 전시하는 것만으로는 설명이 되지 않는다.

이전에 어느 시민단체 멤버가 뗏목을 타고 울릉도로부터 독도까지 저어서 도착한 일이 있었다고 한다. 그러나 실제 조업을 한다면 이야기가 달라진다. 시민단체의 실험처럼 건강한 젊은이들만이 외해에 나가 조업했다는 것은 아닐 것이다. 울릉도와 독도 사이의 바다는 현재도 언제나 배가 결항하는 지독한 바다이다. 그런 것이 전혀 실증되지 않고 있다면 문제이다.

예를 들어 일본의 어민들과 어느 시대에 어떠한 갈등이 있었는가, 라는 것도 향토사의 입장으로 연구할 필요가 있는 내용이다. 자료가 없다면 없는 이유에 대해 규명해야 한다. 그냥 방치해 놓으면 원래 아무것도 없었던 것처럼 되어 버린다. 적어도 일본 측에서는 아무것도 보이지 않는다.

일본인 학자 나이토(內藤) 선생님의 연구 등은 말할 필요도 없이 중요한 성과이지만, 울릉도 주민의 입장에서도 향토사나 생활사로서의 접근이 이루어지면 좋겠다고 생각한다.

절벽에 자생하는 바다 국화

오후에 삼봉호를 타면서 독도를 보았다. 사고 등이 있었고 또 군청과의 문제가 약간 있었기 때문에 이번 주는 입도는 접수하지 않는다는 이야기다. 이에는 부경 씨도 불만인 것 같았고, 독도관광해운에서도 크게 불만을 표시하면서 전화로 계속 군청과 교섭하고 있었다.

다만 독도의 주변만이라도 충분히 볼 수 있었다.

이 배를 운전하는 분들은 해저 지형을 상당히 잘 알고 있어야 한다고 느꼈다. 삼봉호 정도의 크기의 배가 이렇게까지 접근하여 독도 주변을 도는 것은 간단치 않을 것이다. 실로 바위가 많다. 해수면 위에 보이는 것만으로도 상당한 수이기 때문에, 수면에 나오지 않는 바위들은 좀더 많을 것이다. 수면 위에 나와 있는 부분이나 숨어 있는 부분은 모두 준엄한 벼랑같은 바위들이다.

그렇게 생각하면 배에는 어쨌든 무서운 장소일 것이다.

부경 씨가 관람하기 쉬운 위층 자리로 나를 불러 주었다.

갈매기가 참으로 많다.

그리고 바다의 표정이 정말로 다양하다.

이 날은 파도가 심해서 배는 심하게 흔들렸다.

선내에서는 배 멀미로 괴로워하는 사람이 상당히 많았기 때문에, 믿을 수 없을 만큼 냉방을 강하게 들어놓고 있었다. 좌석에 앉아 있었을 때 무릎이나 허리가 아팠다.

20분 정도로 주위를 다 돌았고 배는 귀로에 올라 도동항으로 향했다.

왕복 3시간 남짓 하는 배 길은 실로 지루한 시간이다. 그냥 자리에 앉아 있을 수밖에 없다. 선내에서는 해운회사 직원이 나와 농담을 하기도 하면서 승객의 기분을 달래주기도 했다.

도동항에 도착한 후 부경 씨와 함께 독도관광해운의 사무소를 방문했는데 거기는 해변의 극히 작은 콘크리트 건물이었다.

다들이 입도 허가관계로 군청을 비롯해 여기저기 전화로 교섭하고 있던 모양이다. 이러한 갈등도 소위 '독도관광'의 일면인지도 모른다고 생각했다.

6월 4일(토)

아침 10시를 지났을 무렵에 부경 씨에게 전화를 걸어 보았다. 저동항에 가게 되었다. 부경 씨의 여동생 부부가 경영하고 있는 식당에 들르고 나서, 비탈길을 차로 올라가, 죽도가 잘 보이는 장소까지 갔다. 그러나 날씨는 나쁘고, 비는 내리지 않지만 심한 안개로 축축하게 젖어 버린다.

거기서 어제 만난 물레방아의 사장님도 합류했고 추워서 당분간 차 안에서 커피로 몸을 녹이면서 이야기를 나누고 있었는데 부경 씨는 취재가 있다고 하여 먼저 자리를 떴다.

부경 씨의 여동생 분이 더 위에 있는 전망대까지 안내해 주셨다. 잔 흙먼지로 구두가 갈색이 된다. 돌이 많고 가파른 비탈길을 잠시 올라가니 작은 공원 같은 장소에 전망대가 있었다.

과연, 날씨만 좋으면 최고의 전망일 것이다.

안개가 끼는 가운데 죽도, 관음도가 잘 보인다. 관음도에 대해서는 현지 사람들의 느낌으로는 또 다른 섬이라는 의식 자체가 없는 것 같다. 관음도나 죽도는 울릉도를 둘러싸는 많은 바위나 섬의 하나이며

안개 속의 관음도(왼쪽)와 죽도(오른쪽)

관음도는 옛날에 해적이 정박하기도 했고 약초가 많다고 한다.

전망대에서 내려와 부경 씨의 여동생 부부가 경영하는 식당에서 부경 씨를 기다렸다. 이 가옥은 여동생 말로는 '일본식'이라고 한다. 천정이 낮고 방이 좁기 때문일까. 잠시 후 부경 씨가 돌아왔다.

그런데 정말로 놀랐는데 그녀는 독도 의용수비대 OB회의 제2기 정원도 회장님을 모시고 왔다.

설마 살아계시는 체험자를 직접 만날 수 있다고는 생각하지 않았기 때문에 깜짝 놀랐다. 그런데 곤란하기도 했다. 아무 준비도 없었으니까 말이다. 예상 밖의 일에, 녹음기 하나 갖고 있지 않았으니까!

그러나 눈앞에 나타난 분은 용맹스러워 보이지만 상냥한 노인이었다. 웃는 얼굴이 멋진 분이므로 유학 시절에 신세를 진 거래처 회장님의 이미지가 오버랩 했다. 옆에 있는 카페에서 이야기를 들었다.

이분은 매우 온화하고 낙관적인 눈으로 한일 간에 박힌 가시라고도 해야 할 독도 문제를 바라보고 계시는 것 같았다. 대립은 우리 세대로 끝내고 싶다, 젊은 세대가 잘 교류 하여 서로를 잘 알게 되면 이런 문제는 사라진다는 것이 회장님의 기본적인 생각이었다.

다만 갑자기 마련된 자리였고 게다가 매우 감각적으로 이야기를 하셨으므로 내 자신의 마음에 남아 있는 이해가 어느 정도 정확한 것인지 보장할 수 없다. 다만 중요한 부분은 조금 장황하지만 반복해 물어보면서 써놓았다.

나 : 이른바 평화선(이승만 라인)과 의용수비대의 관계는 어떤 것이었습니까?

회장님 : 그 자체는 직접 관계는 없다. 그 당시는 아무튼 나라가 약해서 혼란 상태였으므로, 도저히 이런 이도(離島)에까지 손길이 닿지 않는 상태였다. 그 때문에 맥아더 라인이 있던 당시에도 일본인들이 몇 번이나 독도에 왔었다. 그렇게 해서 일본령이라는 문패를 세워서 갔다. 그것이 발단이었습니다.

나 : 그렇다 치더라도 생업이나 학업을 내던져 수비대를 조직하고 도무지 사람이 사는 장소가 아닌 독도에 상주한다는 것은 보통 일이 아닙니다. 그 동기는 어떤 것이었습니까?

회장님 : 동기, 입니까? 일본 통치시대부터 한국전쟁까지는 일본의 어업자가 울릉도 근해에서 조업을 하고 있었는데 거의 난획이라는 상태였고 바다가 망쳐져 갔다. 독도에 거의 강치가 없어져 버린 것처럼 말이다. 거기에 아까 말한 '일본령 다케시마'라

는 문패까지 세워놓았다.

　그 당시 저희들의 배는 매우 소형이었고, 동력이 없는 인력 배로 바다로 나가는 사람도 많았다. 그런데 그것보다 훨씬 대형인 일본 배가 다가와 가까이에서 조업하기 시작했으므로 저희들은 위험해서 바다에 나갈 수 없게 되어 버렸어요. 당시로서는 이대로는 독도로부터 이 쪽 바다까지가 모두 일본인 어업자의 어장이 되어 버린다는 위기적인 상황이었습니다. 그렇지만 섬의 일반 거주자는 그러한 상태에 대해 전혀 어찌할 바가 없는 상태였지요.

　바로 그 무렵, 우리는 군에 소속한 후 제대해 귀환했으므로 무기 취급방법 등도 알고 있었다. 그 당시는 일본은 무장해제되어 있었으므로, 우리가 무기를 들고 일어섰던 것이지요.

나 : 홍 대장님의 수기를 바탕으로 내신 책에 의하면, 다가오는 일본 선박은 무조건 격침하라고 말씀하셨다고 하는데 그것은 정말입니까?

회장님 : 설마……. 실습선이 다가왔을 때 접근하지 말라고 경고한 적은 있었는데 그 정도 입니다.

나 : 부경 씨들의 활동을 어떻게 생각하십니까?

회장님 : 젊은 세대가 우리에 대해 기록하고 제대로 생각해 주는 것을 다행히 생각합니다. 우리가 사회 보장을 받고 국가 공로자로 인정될 때까지, 다들이 활동해 주셨으니까.

　…아, 참. 그렇다. 일본에서 취재하러 왔는데 거절한 적이 있었다. 기자와 카메라맨과 한국의 여대생 같은 통역을 두 명

정도 데리고 왔다. 어디 잡지였는지, 어디 신문이었는지 모른다. 소개도 없이 택시 운전기사가 갑자기 데리고 왔다. 당신과 지금 이야기한 내용에 대해서도 전혀 모르는 모양이었다. 그런 상태로 취재를 받아도 이야기도 할 수 없지요. 취재의 의도에 대해서도 알려주지 않았으므로 어디에서 왔는지 물어보지도 않고 거절했다.

나 : 그것은 언제쯤입니까?

회장님 : …한 달 정도 전인가.

나 : 한 달 정도 전입니까!

회장님 : 그래요…….

나 : 그 자체가 이상하다고 생각하지 않으셨습니까?

회장님 : …….

나 : 왜냐하면 50년 정도의 시간이 경과되었는데, 그 동안 일본에서 취재하러 온 적이 있습니까?

회장님 : 없다, 없어요. 취재가 온 적은 그때까지는 한 번도 없어요.

나 : 그렇지요. 그런데 한 달 전에 갑자기 왔다는 것이군요. (마침 '다케시마의 날'의 큰 소란이 있었을 때 몇 잡지들이 특집을 계획한 시기와 거의 일치했다)

회장님 : …….

의용수비대의 행동을 어떻게 평가하는가 하는 문제와는 별개로, 그리고 한국의 실효지배라는 현상에 대한 일본의 초조함이 있다고 해도 그런 입장에서 본 이미지를 일본국민 전체에 기계적으로 강요한다는 것은 반일 이미지를 의도적으로 이용하려는 억지 이외에 아무것도 아니다.

만약 일본의 매스컴들이 의용수비대 OB들 중에서 소위 '반일 찾기'를 한다면, 그것은 흥미 위주의 평가를 받을 수밖에 없을 것이다. 마침 울릉도에 출발하기 직전에 모 잡지에서 본 것 같은, 울릉도전체가 반일의 섬이다, 식의 취급은 너무나 어리석은 보도방법이다.

울릉도 현지 사람들은 너무 마음씨 좋은 사람들이고 좁은 사회에서 여러 가지 아이디어를 내고 더덕이나 산나물 등의 산채 류, 미역 등의 해초류, 야생의 산딸기(매우 산미가 강하다)등으로 특산품을 모색, 개발하면서 열심히 살고 있는 분들이다. 그러한 상황은 일본의 이도(離島)에서도 거의 같은 것이 아닌가.

사람들과 헤어지고 나서, 혼자 저녁의 항구 주변을 걸었다. 내일은 아침 4시의 배로 섬을 떠나 본토로 향한다. 그래서 아직 해가 떠있는 시간에 섬의 경치를 조금이라도 보고 싶었다.

광장에는 '독도는 우리 땅'이라는 노래의 기념비가 서 있다. 이 때 이유는 모르지만 10여 명 정도의 사람들이 모여, 예의 경쾌한 록조의 음악을 따라 춤추고 있었다. 현지 사람인 것 같다. 누가 중심이 되어 춤추고 있는지는 모르지만, 아주머니로부터 할아버지, 할머니까지 있었다. 일종의 스트레스 해소방법일 것이다.

어떤 종류의 일본인이 이런 광경을 보면 "그것 봐, 역시 반일의 섬이잖아"라고 말할 것이다.

과연 그럴까?

이런 곳에서 춤추고 있는 사람들이 그렇다고 일본인을 정말 싫어하는가 하면 실은 그런 것은 거의 없다. 그들 자신 일본의 일반인에게 특별한 악감정 같은 것을 갖고 있지 않다.

그것은 최근의 보수파 언론이 좋아하는, 모순에 빠질 듯한 논리로는 당연히 이해할 수 없다. 매우 비근한 일을 전혀 이해할 수 없는 것이다.

누구나 생활을 영위하는 사람이란 원래 모순투성이의 존재이고, 그러니까 인생을 즐길 수 있는 것이고 마음의 여유도 생기는 법이다. 이문화와 만나는 노고도 그 반면에서는 즐거운 일이 아닌가.

경계해야 하는 것은 그런 모순을 안을 수 있는 여유를 내쫓고 일정한 교의에 따르게 하려는 구심력, 특히 의도적으로 도입되는 구심력이다.

섬을 방문하면서 사람과 사람, 일상생활과 일상생활이 만나, 교조적 이해가 교류의 현실감에게 그 자리를 양보할 것을 간절히 기원했다.

제5장

자료

겐로쿠 9병자년 조선 배 착안 한 권의 각서

| 나이토 세이추 |

　이 문서는 시마네현 오키군 아마초(海士町)의 무라카미 수케쿠로 (村上助九郎) 씨가, 2005년 2월에 자택 토장에 수장되어 있는 고문서를 정리하고 있었을 때 발견되어 같은 해 5월에 신문지상에서 공개된 문서이다.

　무라카미가는 오키의 옛집으로 조큐(承久)의 난(1221)으로 유배된 고토바(後鳥羽) 상황을 모시고 그 화장 총을 대대 수호한 가문으로 알려져 있다. 근세에서는 아마군 삼촌(三村)의 공문역(公文役)을 맡아 오키국이 마쓰에번(松江藩)의 부속이 된 1721년부터 실시된 다이쇼야(大庄屋 : 촌장) 제도에서는 도젠(島前) 2군을 대표하는 촌장이 되었다. 그 이전의 1688년부터 1720년까지에는 막부령으로서 이와미국(石見國) 은산료(銀山料) 오모리(大森) 대관의 관할 하에 있었다. 문서가 작성된 1696년은 막부령 시대였다. 은산료 대관소로부터 파견된 오키의 당번 관리는 인원수도 적어 한정적이었으므로, 촌장은 대관소에서 일상적인 행정 실무를 맡았으므로, 조선 배가 갔을 때도 취조조사에 입회해 기록을 남긴 것으로 보인다.

이 문서는 오키에 간 안용복이 울릉도인 다케시마, 자산도(우산도)인 마쓰시마가 모두 조선 영토임을 명시하여 일본 측 관리에게 기록하게 만든 것으로 다케시마와 마쓰시마의 영유권을 둘러싼 문제에서 안용복이 행한 역할을 결정짓는 의미를 지닌다. 이 문서에 기록되어 있는 내용은 안용복이 당번 관리의 질문에 답하는 형식으로 되어 있고 그 때 안용복이 통사로서 일본어로 답한 것을 알 수 있다. 따라서 안용복이 다케시마, 마쓰시마가 조선 영토라고 일본 측에 주장한 사실을 확인할 수 있는 문서는 『조선왕조실록』 등의 한국 측 사료가 아니라, 유일 오키에서의 이 문서라고 할 수 있다.

덧붙여서 이 문서는 다른 문서에서 볼 수 없는 안용복의 인간성을 엿볼 수 있다는 점에서도 귀중하다.

(번역문)

겐로쿠(元祿) 9 병자(丙子)년 조선 배 착안(着岸) 한 권의 각서

조선 배 착안 한 권의 각서

오키국 도고

1. 조선 배 한 척

길이 상구 3장, 하구 2장, 폭은 상구 1장 2척, 깊이 4척 2촌, 쌀 80석을 실을 수 있다.

돛대 2개, 돛 2개, 키 1개, 노 5자루, 쑥, 목면으로 만든 깃발 2개 뱃머리에 세웠다.

나무 닻 2개, 닥나무 4묶음, 깔개 자리개, 개의 가죽.

1. 배에 탄 사람 11인

속인 안용복, 속인 이비원, 속인 김가과, 속인 3인이 이름과 나이를 쓰지 않았다.

승려 뇌헌, 승려 뇌헌의 제자 연습, 승려 3인은 이름과 나이를 쓰지 않았다.

1. 안용복   나이 43

관 모양의 까만 갓, 수정이 달린 끈, 약간 노란 목면 상의를 입고 있다. 허리에 나무 패 하나를 차고 있다. 앞면에 통정대부 안용복, 연 갑오생 (1654), 앞(=뒤를 잘못 표기)면에 동래라는 글자가 새겨져 있다. 도장은 작은 상자에 들어있다. 귀이개 이쑤시개 작은 상자에 넣고 이 두 가지는 부채에 달아서 가지고 있었다.

1. 김가과   나이는 적지 않았다.

　　관 모양의 검은 갓, 목면의 끈, 흰 목면의 상의를 입고 있었다. 부채를
가지고 있었다.

승려

1. 홍국사의 주지 뇌헌   나이 55

　　관 모양의 검은 갓, 목면의 끈, 고운 상의를 입고 부채를 가지고 있었
다. 1689년 윤 3월 18일 금웅산의 관헌 주인장을 소지하고 있어 그것을
냈으므로 옮겨 적었다.

　　강희 28년 윤 3월 20일

　　금웅산이란 주인 문서를 뇌헌이 소지한 것을 제출해서 옮겨 적었다. 상자
하나 길이 1척, 폭 4촌, 높이 4촌, 방울의 쇠장식이 있다. 안에 산목(算木)이
있는데 대나무로 만들었다. 달린 상자에 벼루를 넣고 붓과 먹이 있다.

뇌헌의 제자 안수쓰

1. 승려 연습 나이는 33세라고 한다.
1. 위 안용복, 뇌헌, 김가과 3인에게 당번관리가 입회했을 때 조선 8도지
도 8장으로 된 것을 갖고 있어 내놓았다. 즉 8도의 이름을 베껴 조선말로
적었다. 3인 중 안용복의 통역으로
　　내용을 물으니 대답했다.
1. 배 안에 짐이 있느냐고 물으니 마른 전복 조금, 미역 조금 있다고 답했
다. 이것은 식사 때 먹었다고 한다. 뒤에 배의 □ 일람이 따로 있다.

1. 배 안에 승려 5인을 태운 것을 물으니 다케시마 구경을 원함으로 데리
고 왔다고 한다.
1. 스님의 종파는 5인이 모두 같은가 다른가 무슨 종파인가 물으니 뇌헌
이 그 물음의 대답을 썼다. 그러나 그것이 불분명한 것 같았다. 이에 다음

21일 종파명과 호키국에 가고자 하는 이유, 짐 등에 대해 글로 물으니 병이 든 이비원이 써 낸 글이 있어 내놓았다.

1. 안용복이 말하기를 다케시마를 대나무 섬이라고 하는데 조선국 강원도 동래부 안에 울릉도라는 섬이 있어 이것을 대나무 섬이라고 한다. 즉 팔도지도에 적혀 있어 갖고 있다.

1. 마쓰시마는 같은 도 안에 자산이라는 섬이 있다. 이것을 마쓰시마라고 한다. 이것도 다 팔도지도에 적혀 있다.

1. 당자 3월 18일 조선국을 조식 후에 출발하여 같은 날 다케시마에 도착하여 저녁밥을 먹었다고 한다.

1. 배 13척에 사람은 한 배에 9인, 10인, 11인, 12~3인, 15인 정도씩 타고 다케시마까지 왔다고 한다. 전체 인원수를 물었으나 말하지 못했다.

1. 이 13척 중 12척은 다케시마에서 미역이나 전복을 채취하고 대나무를 벌채했다고 한다. 이 일은 지금도 계속 하고 있다. 올해는 전복이 많지 않았다고 한다.

1. 안용복이 말하기를 자신이 탄 배의 11인은 호키주에 가고 돗토리의 호키노카미(호키 태수) 님께 말씀드리고 싶은 일이 있어 간다. 바람이 안 좋아서 당지에 왔으나 순풍이 부르면 호키주에 도해하고자 한다. 5월 15일 다케시마를 출발, 같은 날 마쓰시마에 도착했고 동 16일 마쓰시마를 떠나 18일 아침에 오키섬의 니시무라 해안에 도착, 그리고 20일에 오쿠촌에 입항했다고 한다. 니시무라 해안은 거친 바닷가임으로 같은 날 나카무라에 입항했으나 이 항구도 좋지 않아 다음 19일에 나와 같은 날 밤에 오쿠촌 안의 가요이포에 배를 댔고 20일 오쿠촌에 갔다.

1. 다케시마와 조선 사이는 30리(120km)이고 다케시마와 마쓰시마 사이

는 50리(200km)라고 말한다.

1. 안용복과 도라베 2인은 4년전 유년 여름에 다케시마에서 호키국의 배에 붙들려 왔는데

그 도라베도 이번에 동행했지만 다케시마에 남겨 두고 왔다.

1. 조선을 출항할 때 쌀 5말 3 되들이 □십 가마니를 실어왔으나 13척에 탄 사람들이 먹어버렸다. 지금은 밥쌀이 부족하게 되었다고 말한다.

1. 호키국에서 용무를 마치고 다케시마로 돌아가 12척 배에 짐을 실어 6~7월경에 귀국하여 영주에게 운상금을 드릴 예정이라고 한다.

1. 다케시마는 강원도 동래부 안에 있고 조선 국왕의 이름은 구모상, 세상에서의 명칭은 주상, 동래부 영주 이름은 일도방백이고, 다케시마의 지배인 명칭은 동래부사라고 한다.

1. 4년 전 계유 11월 일본에서 받은 것을 적은 문서를 한 권 내놓았는데 그것을 필사했다.

1. 3인과 당번 관리의 대담이 끝나 3인은 배로 돌아가고 그 후에 서간을 보내 와 마른 전복 6봉지, 그 중 한 봉지는 오쿠촌 촌장에 5봉지는 당번 관리에게 마음이라고 냈으나 모두 돌려보냈다. 그 서간 속에서 생나물, 부추나물, 실과 등을 청했으므로 상추, 파, 비자열매, 미나리, 생강 등을 보내주었고, 이에 답서도 같이 보냈다.

1. 21일 안용복으로부터 글이 왔는데 밥쌀이 떨어져서 저녁부터 먹을 것이 없어졌다고 했으므로 그 배에 촌장과 야지우에몬이 가서 형편을 알아보았더니 쌀이 없고 어렵다고 한다. 조선에서는 타국의 배가 오면 대접을 하는데 이곳에서도 그렇지 않으냐고 했다. 촌장이 말하기를 여기서도 이국배가 바람을 맞아 표류해 오면 밥쌀과 그 외에 상응하는 대접을 하기로

되어 있다. 그러나 당신들은 돗토리 호키 태수 님에게 소송할 일이 있어 왔다고 하니 밥쌀 등을 준비하여 온 것이 아닌가라고 말했더니, 그랬다, 15일에 다케시마를 출발하면 그대로 일본에 도착한다고 생각했다, 일본에서는 오래 있지 않을 것으로 생각하고 이런 형편이라고 말했다.

하지만 걱정이 되어 배 안을 잘 보라고 촌장이 말하는 것도 맞다고 생각해 배 안을 조사해 보니 쌀이 들어있던 가마니 안에 흰쌀 3홉 정도가 남아있었다. 촌장이 말하기를 쌀이 떨어진 것은 확인했다. 그러나 이곳은 작년에 작물이 잘 여물지 않아 쌀이 부족하다. 조금 남아 있는 것도 좋은 쌀이 아니지만 그것으로 괜찮다면 조금은 마련해 주겠다고 전했다.

안용복들은 그것으로 괜찮다고 하니 당번소에서 보내면 시간이 걸린다고 하여 오쿠촌에서 긁어모은 흰쌀 4되 5홉을 보내주었다.

조선의 되로 1말 1되 5홉을 준비하여 뒤따라 사이고의 당번소로부터 보내진 쌀을 흰밥으로 하여 1말 2되 3홉을 만들어 조선 되로 3두로 만들어 준비했다. 양쪽 밥쌀로 21일 저녁과 22일 세끼는 이것으로 확보했다고 하니 그렇게 알고 점차 쌀을 준비하여 때때로 밥쌀을 보내준다.

1. 11인 중 이름과 나이를 말하지 않은 사람

그리고 종파 등에 대해 각자 바라는 바를 쓰고 호키국에서 소송을 할 이유도 적어서 내달라고 했는데 처음은 알았다고 하더니 22일 아침에는 그 일은 적어놓을 수 없고 호키국에 가서 상세히 말하겠다고 하여 다시 질문하지 말아달라는 글을 보내왔다.

뇌헌 22일에 상륙했을 때의 의복은
1. 상의는 흰 목면의 쥐색 비슷한 것을 입고 있었다.
1. 모자는 일본의 선종이 쓰는 것과 같은 것을 쓰고 있었다.
    겉 천은 올이 성긴 것, 속은 흰 삼배.
1. 염주도 선종이 쓰는 것과 같은 것을 갖고 있었고 구슬의 수는 10개정도

이며 갓은 쓰지 않았다.

　제자 연습도 상륙 때의 의복은 뇌헌과 같았다. 단 연습의 염주 알의 크기는 같으나 숫자는 많아 보였다.

　22일 안용복, 이비원, 뇌헌, 동 제자가 상륙한 것은 서풍이 강하게 불어서 배 안에서는 글을 쓸 수가 없어 상륙해서 쓰고 싶다고 하므로 해변 가까이의 농부 집에 들게 했다. 그 때에 이르러 이전도 문서를 쓰고 있었으나 21일에 배에서 정리한 서간을 이번에 소송용 한 권으로 길게 적은 초고를 정리해 22일에 상륙하여 의논하면서 고쳐 쓴 것으로 보인다. 아울러 이전의 문서로 내용의 시종을 대략 알 수 있으므로 그대로 하게 했다.

1. 21일부터 23일까지도 비바람이 강했으므로 사이고로 조선 배를 돌리려고 했으나 끌고 가는 배를 써도 할 수 없어서 배에 관리를 두고 오쿠촌에 그대로 두었다. 18일부터 서풍이 강해져서 뱃길을 다니지 못할 정도로 바다가 거칠어졌다.

1. 이와미의 대관소에게 이를 알리기 위해 마쓰오카 야지우에몬에게 도해하도록 명했고 22일에 야지우에몬을 불러 다카나시 모쿠자에몬, 가와시마 리헤에를 오쿠촌에 파견했다. 밥쌀 등을 운반하여 촌장이 그것을 주도록 했더니 조선인이 고맙다는 뜻의 글을 보내왔음으로 보내 드립니다.

　이상은 이번에 조선인의 한 권의 문서 그리고 조선인이 제출한 문서를 목록에 적어서 야지우에몬이 지참하게 하여 구상으로도 보고 하겠습니다.
　　　　5월 23일　　　　　　　　　　　나가세 단우에몬
　　　　　　　　　　　　　　　　　　　야마모토 세이우에몬

　이와미주　관리소

조선 배에 있는 도구 일람

1. 백미 가마니에 3홉 정도 남아있다.
1. 미역 3표.
1. 소금 1표.
1. 마른 전복 1자루.
1. 장작 한 묶음, 길이 6척 8촌 단 둘레 1척.
1. 대나무 6그루. 길이 3척 5촌, 둘레 3척.
1. 칼 한 자루, 이 칼은 무기로 쓸 수 없다, 대충 만들어진 것이다.
1. 작은 칼 한 자루, 이 칼은 칼이지만 요리하는 데 쓰는 것으로 식칼과 같다.
1. 창 4자루, 모두 전복을 잡는 데 쓴다고 한다. 긴 것은 4척쯤 된다.
1. 긴 칼 하나.
1. 반궁(半弓) 하나.
1. 화살 한 상자.
1. 돛대 2개, 그 중 하나는 여덟 발, 하나는 여섯 발, 하나는 대나무로 만든 것.
1. 돛 2개, 그 중 하나는 5단으로 내리는 6장 구조, 하나는 4단으로 내리는 5장 구조.
1. 키 하나, 1장 4척 5촌.
1. 짚으로 만든 발(王網) 넝쿨, 참피나무의 껍질.
1. 뜸 10장, 그 중 2장은 길이 5척, 폭이 1장 2척, 나머지는 일본 것보다 조금 크다.
1. 개의 가죽 3장.
1. 까는 멍석 3장, 돛의 종류임.

이와 같이 조사하였음에 틀림없습니다.

조선인 속명

이비원, 김가과, 유상공, 김감관

유카이 이 사람은 글자를 쓰지 않았다. 신분이 낮아서인지 항상 말석에 앉았다.

안용복 등 모두 6인은 속인.

승려 이름

홍국사의 뇌헌, 영률, 단책, 등담, 연습(뇌헌의 제자) 이상 5인은 승려.

합해서 11인

조선의 팔도

경기도

강원도 이 도 안에 다케시마, 마쓰시마가 있다.

전라도

충청도

평안도

함경도

황해도

경상도

（原文）

朝鮮舟着岸一卷之覺書

隱岐國嶋後

一. 朝鮮舟壹艘　　長上口三丈

下口貳丈

幅中ニ而上口壹丈貳尺

深サ四尺貳寸

但八拾石程積可申候

檣　　貳本

帆　　貳ツ

梶　　壹羽

櫓　　五挺

蓬

木綿之はた貳ツ艫ニ立申候

木碇 貳挺

かうそ綱　四房

敷物　ござ　犬の皮

一. 船中人數拾壹人

俗

安龍福

俗

李裨元

俗
　　金可果
俗
　　三人名不書出年不書出
坊主
　　雷憲
坊主雷憲弟子
　　衍習
坊主
　　三人名年不書出候

一．安龍福(アンヘンチウ)　　午歳四十三
　　　冠ノヤウナル黒キ笠水精ノ緒
　　　アサキ木綿ノウハキヲ着申候
　　　腰ニ札ヲ壹ツ着ケ申候
　　表ニ通政太夫
　　　安龍福　　年甲午生
　　表ニ住東萊　印彫入
　　印判小キ箱ニ入
　　耳カキヤウジ小サキ箱ニ入
　　　此貳色扇ニ着ケ持申候

一．金可果　　　年不書出
　　冠ノヤウナル黒キ笠木綿ノ紐
　　白キモメンノウハキヲ着申候
　　扇ヲ持申候

坊主

一．興國寺ノ住持雷憲(トイホン)　歳五十五

　　　　　冠ノヤウナル黒キ笠木綿ノ紐

　　　　　細美ノウハキヲ着扇ヲ持申候

　　　　　己巳閏三月十八日金鷹山之

　　　　　朱印狀雷憲所持仕候ヲ出シ申候ニ

　　　　　付則寫申候

　　　　　康熙二十八年閏三月二十日

　　　　　金鷹山朱印ノ書付雷憲

　　　　　所持仕候ヲ出シ申ニ付則寫シ申候

　　　　　箱壹ツ　　　長壹尺

　　　　　　　　　　はゞ四寸

　　　　　　　　　　高四寸

　　　　　　　鈴ノカナク在リ

　　　　　　　內ニ算木在竹ニ而作之申候

　　　　　　　かけごニ硯ヲ仕組申筆墨在リ

雷憲弟子　アンスツ

一．坊主衍習　歳三十三ト申候

一．右安龍福　雷憲　金可果

　　三人江在番人立會之時

　　朝鮮八道之圖ヲ八枚ニ〆所持仕候ヲ

　　出シ申候則八道ノ名ヲ書寫朝鮮ノ

　　詞ヲ書付申候三人之內安籠福通詞ニテ

　　事ヲ問申候得ハ答申候

一．舟中ニ荷物在之候哉と尋候ヘヽ

干飽少和布少在之候是ハ食事之
　　　サイ二仕候由申候後二船中□書付別二御座候
一．船中二坊主五人乗セ候儀尋候ヘヽ竹
　　　嶋見物ヲ望二付同道仕候由申候
一．沙門宗派五人共二一宗カ又別宗カ
　　　何宗そと尋候ヘヽ雷憲其問ノ書
　　　付二答ヲ書記申候然共其分ケ
　　　不分明様二相聞ヘ申候依之翌廿一日二
　　　宗旨名伯州ヘ参候わけ荷物等之
　　　義書付相尋候ヘヽ病人李神元筆者
　　　二テ書出ス書付有リ則差上申候
一．安龍福申候ハ竹嶋ヲ竹ノ嶋と
　　　申朝鮮國江原道(カンヲンタウ)東萊(トウナイ)
　　　府ノ内二鬱陵嶋(ウンロンタウ)ト申嶋
　　　御座候是ヲ竹ノ嶋と申由申候
　　　則八道ノ圖二記之所持仕候
一．松嶋ハ右同道之内子山(ソウサン)と申
　　　嶋御座候是ヲ松嶋と申由是も
　　　八道之圖二記申候
一．当子三月十八日朝鮮國朝
　　　飯後二出船同日竹嶋ヘ着夕
　　　夕飯給申候由申候
一．舟數十三艘二人壹捜二九人
　　　十人十壹人十貳三人十五人程宛
　　　乗リ竹嶋迄参候由人數之
　　　高問候而も一圓不申候

一. 右十三艘之內十貳艘ハ竹嶋ニ而
　　和布鮑ヲ取竹ヲ伐り申候
　　此事ヲ只今仕候当年者鮑
　　多も無之由申候

一. 安龍福申候ハ私乗參候船ニハ
　　拾壹人伯州江參取鳥
　　伯耆守様江御斷之義在之罷
　　越申候順風惡布候而当地へ寄申候
　　順次第ニ伯州江渡海可仕候
　　五月十五日竹嶋出船同日松嶋江
　　着同十六日松嶋ヲ出十八日之朝
　　隱峨嶋之內西村之磯へ着
　　同廿日ニ大久村江入津仕候由申候
　　西村之磯ハあら磯ニ而御座候ニ付
　　同日中村江入津之是湊惡候故
　　翌十九日彼所出候而同日晩ニ
　　大久村之內かよひ浦と申所ニ
　　舟懸り仕廿日ニ大久村江參
　　懸り居申候

一. 竹嶋と朝鮮之間三十里竹
　　嶋と松嶋之間五十里在之由申候

一. 安龍福ととらべ貳人四年已前
　　酉夏竹嶋ニ而伯州之舟ニ被連
　　まいり候其とらべも此度召連
　　參竹嶋ニ殘置申候

一. 朝鮮出船之節　米五斗三升入

□十表積參候得共十三艘之者共

　　給申候ニ付只今者飯米乏ク成候

　　由申候

一. 伯州用事仕廻竹嶋江戻リ

　　十貳艘之舟ニ荷物ヲ積セ

　　改仕六七月之比歸國仕り殿江も

　　運上ヲ上ケ申筈之由申候

一. 竹嶋ハ江原道東萊府

　　之内ニ而御座候朝鮮國王之御名

　　クモシャン天下ノ名主上(チウシャン)東萊府

　　殿ノ名一道(イルト)方伯(ハンバイ)同所支配人之

　　名東萊府使(フシ)ト申候由申候

一. 四年以前癸酉十一月日本ニ而

　　被下候物共書付之帳壹冊出シ

　　申候則寫之申候

一. 三人江在番人對談終リ舟江

　　三人共ニ歸リ其後ニ書簡ヲ差

　　出シ干鮑六包内壹包ハ大久村

　　庄屋へ五包ハ在番人へ之心入

　　ニて指越候得共六包共ニ返シ申候

　　其書簡之奥ニ生菜菁茱

　　實菓請と御座候ニ付苣ねふか

　　榧實芹生姜なと遣シ申候尤

　　書簡之返事ヲモ相添遣申候

一. 廿一日安龍福ヨリ書付出シ申飯

　　米ニ切レ夕飯ヨリ食ニ絶候由申

越候ニ付舟江庄屋与次右衛門罷

越様子相尋候へ者飯米無之

致難義候朝鮮ニ而他國之舟

参候得ハ致馳走候處ニ此元ニ而ハ

大凡成義之様ニ申候ニ付庄屋申候ハ

爰許も異國舟被放風参候節ハ

飯米等其外所相応之儀ハ御

調被遣候事ニ候其方義取鳥伯者守様へ

訴訟在之参候と之申方ニ而候間

飯米等致用意可被参事と申候得者

不審尤成義ニ候竹嶋十五日ニ出候

得者其儘日本之地へ着可申候日本

之地ニ而ハ御如在無之と存右之通ニ候与

申候然共無覺束候間船中見可

申と庄屋申候得者成程見候様ニと

申ニ付見分仕候得者飯米入候叭之

内白米三合程残り申候庄屋申候ハ

飯米切レ申候段見届申候爰元ハ

去年作不熟ニ而米拂底ニて候

少々在之候而も惡米ニ而候不苦候ハゝ

少ハオ覺可仕由申候得者致才覺

くれ候様ニと申ニ付在番所ヨリ参候

迄ハ延引ニ付大久村地下ヨリ取合

白米四升五合遣シ申候朝鮮升

壹斗壹升五合ニ斗立手配を申候

追付在番ヨリ米参候ヲ則白米ニ

仕壹斗貳升三合遣シ候得者朝鮮
升三斗二斗立手配を申候
右兩度之米廿一日之夕と廿二日
三度之飯米在之由申候ニ付其
積りヲ以追々米才覺仕時々ニ
飯米あてかい渡し申候

一. 拾壹人之內名歲知レ不申分
猶又宗門之義銘々ニ願ハ書
記伯州へ訴訟之わけ書付出シ候
樣ニと申候得者始ハ心得候由申候
處廿二日之朝ニ至リ其事共
書出スニ不及候伯州へ參委
細可申上由重而ハ其問事無
用ニ可仕由書付出申候則指上ケ
申候

雷憲(トイホン)廿二日ニ陸へ揚リ候時之
裝束ハ
一. ウハキハ白木綿ノねツミニ
似タルヲ着シ申候
一. 帽子ハ本朝禪宗ノ用候樣
成ヲ着シ申候
地ハサイミウラハ白キ麻
一. 數珠(チズ)も禪宗之用候樣成ヲ
持申候玉之數十斗在之笠ハ

着不申候弟子衍習モ揚リ申候

裝束雷憲と同斷

　　　　但衍習力數珠ノ玉太サ同ク

　　　　數ハ多相見へ申供

右廿二日　安龍福　李神元　雷憲

同弟子陸へ上り候事ハ西風強ク船

中不靜物書候義不成候間陸へ

上り書可申と申ニ付海辺近キ

百姓家へ入候處其時ニ至リ

前々書付斗書出し申候廿一目舟

ヲモ認懸リ申候書簡今度之

訴訟一卷と被爲長々と仕たる

下書ヲ致シ本書をも認懸り

候へとも廿二日陸へ上り相談仕かへ

申候樣ニ相見へ申候併前之書付

ニ而始終大體わけ聞へ申候

樣二奉存候其通ニ而差置申候

一. 廿一日ヨリ廿三日迄も風雨強ク

御座候而西郷へ朝鮮舟廻シ候

事引舟仕候而も難成候ニ付而

番舟申付役人共付大久村ニ

其儘指置申候惣而十八日ヨリ

西風毎日強ク舟路ノ通ひ

不罷成荒申候

一. 石州ヘ爲右注進松岡弥次右衛門

　　渡海申付候ニ付廿二日弥次右衛門

　　呼戻シ高梨杢左衛門、河嶋理兵衛

　　大久村江遣置申候飯米等廻シ

　　見斗庄屋方ヨリ渡させ候ニ付

　　朝鮮人悦申由ニ而書付指

　　出申候則差上申候

右此度朝鮮人一卷之書付

幷朝鮮人出候奉書目録ニ記

之弥次右衛門持參仕候口上ニ茂

可申上候　以上

　　五月廿三日　　中瀬彌右衛門

　　　　　　　　　山本清右衛門

石州

　　御用所

朝鮮舟在之道具之覺

一. 白米叺ニ三合程殘リ申候

一. 和布　　三表

一. 塩　　　壹表

一. 干鮑　　壹束

一. 薪　　　壹〆

一. 竹　六本　長六尺八寸　　但一尺廻リ

　　　　　　　同三尺五寸

　　　　　　　同三尺

一. 刀壹腰　　此刀武具ニハ難用
　　　　　　　蠅相成ものニ候
一. 脇指壹腰　此脇指柄ハ脇指ニ候へ共
　　　　　　　料理なといたし候ニ付包丁
　　　　　　　同前
一. 鑢　四筋　何も飽取器物之由長柄ハ
　　　　　　　四尺斗
一. 長刀　壹
一. 半弓　壹
一. 矢　　壹箱
一. 帆柱　貳本內　壹本ハ八尋
　　　　　　　　　壹本ハ六尋
　　　　　　　內壹本は竹之由
一. 帆　　貳端內　方五枚下り六枚
　　　　　　　　　方四枚下り五枚
一. 梶　　壹羽　壹丈四尺五寸
一. ミなわ網　わら
　　　　　　　かつら
　　　　　　　しな
一. とま拾枚斗內貳枚長ケ五尺横一丈二尺
　　　　　　　　殘ハ日本ノとまヨリ少大キ
一. 犬皮　　三枚
一. 敷こさ　三枚　帆こさノ類ニ而候
　　右の通見分仕候處紛無御座候

朝鮮人俗名

李神元(イビジャン)　　金可果(キンサウクハウ)

柳上工(ユシャコウ)　　金甘官(キングハングハン)

ユウカイ　此字相尋候得共書

　　　　不申供下々歟毎度

　　　　末座ニ居申候

安龍福(アンベンチウ)共六人俗

僧名

興國寺(フンコソウ)ノ雷憲(トイホン)

靈律(ヨンユク)　　丹冊(タンソイ)

騰淡(スウクハネイ)　衍習(エンスツ)

　　　　　　　雷憲(トイホン)弟子

　　右五人坊主

合拾壹人

朝鮮之八道

京畿道(チヨクイダウ)

江原(カンヲン)道　此道ノ中ニ竹嶋松嶋有之

全羅(チエンナア)道

忠淸(チグチョク)道

平安(ベアン)道

咸鏡(ハンギョン)道

黄海(ハンバヘ)道

慶尙(ケムシャム)道

태정관에 의한 다케시마 외일도 판도 외 지령

| 우루시자키 히데유키(漆崎英之) |
(일본 가나자와 교회 목사)

『태정류전(太政類典)』「일본해내 다케시마 외일도를 판도 외로 정한다(日本海內竹島外一島ヲ版圖外卜定ム)」 및 『공문록(公文錄)』「일본해내 다케시마 외일도 지적편찬방사(日本海內竹島外一島地籍編纂方伺)」 두 사료는 메이지정부 스스로가 다케시마(독도)를 일본 영토가 아니라고 확인한 태정관¹⁾ 결정이다. 태정관이란 메이지 원년(1868년)부터 메이지 18(1885)년까지의 국정 최고 기관을 가리킨다.

첫 번째 문서집인 『태정류전』이란 '태정관 기록과에 있어 태정관 일기 및 일지, 공문록 등으로부터 전례조규를 채록·정서하여 제도, 관제, 관규, 의제 등 19부문으로 분류하고 이들을 연대순으로 편집한 것으로 게이오(慶應) 3(1867)년 10월부터 메이지 14(1881)년까지의 문서를 수록하고 있어, 메이지 전기의 자료로서 역사 연구자에게 널리 이용되고 있는 귀중한 자료'이다. (일본 국립공문서관의 홈페이지

에서 인용. http://www.archives.go.jp/list/kichou_102.html)

여기에 인용한 문서는 「태정류전 제2편, 메이지10년 3월 29일, 일본해 내 다케시마 외일도를 판도 외로 정한다」이다.

두 번째 문서집인 『공문록』이란 '태정관에 있어 주고받은 메이지 원년(1868)부터 동 18(1885)년까지의 공문서 대부분을 수록하여, 이것을 각 부처별, 연차별로 편집한 것이어서 메이지 전기에 있어서의 정부 기록의 기간(基幹)을 이루는 것으로 헤이세이(平成)10(1998)년에 국가의 중요문화재로 지정'된 자료이다. (국립공문서관 홈페이지에서 인용. http://www.archives.go.jp/list/kichou_103. html)

여기에 인용한 문서는 「메이지10년 3월 공문록 내무성의 부 1」에 수록되어 있는 「일본해내 다케시마 외일도 지적 편찬방사」 원본이다. 이 원본에는 마이크로필름에는 수록되어 있지 않은 〈이소타케시마 약도(磯竹島略圖)〉가 붙어 있어 태정관 결정 본문 및 부속 문서의 내용을 지도로 확증할 수 있어 귀중하다.

【해설】
〈이소타케시마 약도〉가 말하는 진실

다케시마(독도)를 일본 영토 외로 확인한 메이지정부의 태정관 결정²⁾을 국립 공문서관에서 열람할 수 있다고 알게 되어 그곳을 방문한 것은 2005년 4월이었다. 그 때는 마이크로리더 프린터로 출력한 흑백의 사료를 입수해 돌아갔다. 그 후, 어느 다케시마(독도) 연구 서적으로 '조회의 취지, 다케시마(울릉도) 외일도(독도)의 건에 대해서는 일본과 관계가 없다는 것을 명심할 것. 메이지 10년 3월 29일'이라는 태정관 결정 본문이 원본에서는 주홍색으로 기록되어 있는 부분이 있다는 것을 알게 되어 같은 해 5월 20일, 확인을 위해 다시 공문서관을 방문했다. 거기서 내무성이 우대신 이와쿠라 도모미(岩倉具視) 앞으로 보낸 「일본해 내 다케시마 외일도 지적 편찬방사」에는 이 조회서가 제출된 지 12일 후에 내려진 태정관 결정의 결정 본문이 확실히 선명한 주홍색으로 기록되어 있었다.

그 이상으로 놀랐던 것은 마이크로필름으로는 보존되어 있지 않았던 〈이소타케시마 약도〉가 원본에는 깨끗이 봉투에 접어서 수록되어 있었다는 사실이다.

1. 〈이소타케시마 약도〉는 '외일도'가 마쓰시마(다케시마=독도)인 것을 표시하고 있다

1877(메이지10)년 3월 29일, 태정관은 다케시마(독도)를 일본 영토 외로 확인하여 다음과 같은 결정을 내렸다.

조회의 취지, 다케시마 외일도의 건에 대해서는 일본과 관계가 없다는 것을 명심할 것. 메이지 10년 3월 29일

태정관 결정이 말하는 '다케시마'와 '외일도'가 어느 섬을 가리키고 있는가에 대해서는 부속 문서 속에서 밝혀져 있다. 〈이소타케시마 또

는 다케시마라고 칭한다. …다음에 일도가 있다. 마쓰시마라고 부른
다…〉(을〈乙〉 제28호)

당시 일본에서는 현재의 울릉도는 부속문서가 기록하듯이 '이소타
케시마' 혹은 '다케시마'라고 불렸고 다케시마(독도)는 '마쓰시마'라
고 불렸다. 이 두 섬이 현재의 울릉도 및 다케시마(독도)를 가리키고
있다는 것은 〈이소타케시마 약도〉에 의해 결정적으로 확증된다. 〈이소
타케시마 약도〉에는 큰 섬과 작은 섬으로 두 섬이 그려져 있고 큰 섬에
는 '이소타케시마', 작은 섬에는 '마쓰시마'라고 선명하게 적혀 있다.

'마쓰시마(松島)'는 동도(여도〈女島〉), 서도(남도〈男島〉)라는 두개
의 작은 섬과 그 주변에 있는 수십 개의 암초로 구성되어 있는데 〈이
소타케시마 약도〉에는 동도에 '송(松)', 서도에 '도(島)'라는 글자가
쓰여 있다. 이것은 동도와 서도로 짝을 이루는 섬이 '마쓰시마'라는
인식을 메이지정부가 갖고 있던 것을 나타내고 있다.

그러나 시마네현의 '다케시마 문제 연구회' 좌장인 시모조 마사오
씨는 그의 저서 『다케시마는 한일 어느 쪽의 것인가』에서 태정관 결
정이 말하는 '외일도'에 대해 다음과 같이 썼다.

다케시마 외일도의 '일도'가 오늘날의 다케시마(독도)를 가리키는
지 아닌지, 분명하지 않기 때문이다. 만약 그 '일도'가 오늘날의 다
케시마(독도)였다면 '본방(일본)은 관계가 없다'고 할 리가 없다[3].

시모조 씨가 말하는 〈분명하지 않다〉라든지 〈다케시마(독도)일 리
가 없다〉라는 견해는 〈이소타케시마 약도〉에서는 나오지 않는다.

2. '일본해 내 다케시마 외일도를 판도 외로 정한다'

태정관은 그 결정 본문 및 부속 문서 및 〈이소타케시마 약도〉에 의해 특정되어 확증되었듯이 '외일도(다케시마=독도)'에 대해 '본방은 관계가 없다'라고 써서 이 섬을 일본 영토 외로 확인하고 이 사실을 메이지정부의 국가적 의사로서 공개했다.

『태정류전 제2편』에는 태정관 결정 본문과 함께 같은 페이지의 모두(冒頭)에 〈3월 29일 10년[4] 일본해내 다케시마 외일도를 판도 외로 정한다[5]〉라고 적혀 있다. 〈판도〉란 영토를 말한다. 그러므로 〈판도 외〉란 일본의 영토 외라는 것이다. 이것은 메이지정부가 다케시마(독도)를 타국의 영토라고 인식하고 있었음을 의미한다.

그렇다면 1877년 시점에서 메이지정부가 일본 영토 외라고 확인한 다케시마(독도)가 어째서 〈우리나라(일본) 고유의 영토[6]〉일 수 있을까. 그리고 타국의 영토여야 할 다케시마(독도)를 어째서 마음대로 〈무주지〉라고 결정할 수 있다는 말인가. 그리고 원래 〈우리나라 고유의 영토〉와 〈무주지〉가 양립된다는 것은 있을 수 없다.

3. 다케시마(독도)가 일본의 영토가 아닌 것을 〈명심할 것(心得事)〉

메이지정부가 태정관 결정에 의해 다케시마(독도)를 일본 영토 외라고 확인한 것은 1877(메이지10)년 3월 29일의 일이었다. 이 결정은 같은 해 4월 9일, 내무성에서 시마네현으로 전달되었다.

그러나 그 28년 후인 1905년 2월 22일, 다케시마(독도)는 시마네현에 편입되었다. 근대 일본의 조선국, 대한제국에 대한 침략은 다케시마(독도)의 시마네현에의 편입 이전부터 이미 시작되어 있었는데, 구체적인 영토 침탈은 이 다케시마(독도)로부터 시작되었다고 할 수 있다.

일본은 패전과 동시에 침략의 시작으로 탈취한 다케시마(독도)를 조선국, 대한제국, 현재의 한반도의 영토로 인정하여 그 영유권을 포기해야 했다. 일본의 다케시마(독도) 영유권 주장은 일본에 의한 한반도 침략을 정당화 하는 것이고 현재도 아직 그 잔재가 청산되지 않았음을 의미한다.

마지막에 한 번 더 태정관 결정의 〈명심할 것(心得事)〉이라는 말을 음미하자.

〈명심할 것(心得事)〉이란 〈다케시마 외일도의 건에 대해서는 일본과 관계가 없다는 것을 명심할 것〉, 〈잘 알아야 한다〉라는 의미임에 틀림없다.

....

註

1) 〈태정관〉, 게이오(慶應) 4년(1868년, 메이지 원년) 윤4월에 설치된 최고 관청. 메이지 2(1869)년 7월 관제 개혁에 의해 민부성(民部省) 이하 6성을 관할했다. 오늘날의 내각에 해당된다. 메이지18(1885)년, 내각 창립과 동시에 폐지되었다(코지엔〈廣辭苑〉제2판에서 인용)

2) 『公文錄』 內務省之部一 메이지(明治) 10년 3월 16일「日本海內竹島外一島地籍編纂方伺」 배가번호(配架番號) 2A10公2032 일본 국립공문서관 소장.

3) 下條正男, 『竹島は日韓どちらのものか』, 文春新書, 2005, p.123.

4) 메이지(明治) 10년.

5) 『太政類典』第二編 메이지(明治)4년 8월~메이지 10년 12월 제96권. 배가번호 2A9太318 일본 국립공문서관 소장.

6) 일본외무성 홈페이지.
http://www.mofa.go.jp/mofaj/area/takeshima/index.html

(주) 여기서는 『태정류전 제2편』의 독도 관련 부분 1쪽만을 게재한다.

日本海内竹島外一島ヲ版圖外ト定ハ

三月十九日 十年

内務省伺

竹島所轄ノ儀ニ付島根縣ヨリ別紙伺出取調候處

該島ノ儀ハ元祿五年朝鮮人入島以来別紙書類ニ摘採

スルカ如ク元祿九年正月第一号旧政府評議ノ旨意ニ

依リ二号譯官ヘ達書三号該國来柬四号本邦回答及

ニ口上書等ノ如ク則元祿十二年ニ至リ夫々往復相

濟本邦關係無之相聞候儀ニトモ版圖ノ取捨ハ重大ノ

事件ニ付別紙書類相添為念此段相伺候也 三月十七

日

伺ノ趣竹島外一島ノ儀本邦關係無之儀ト可相心得

事

兼三月二十九日

太政類典

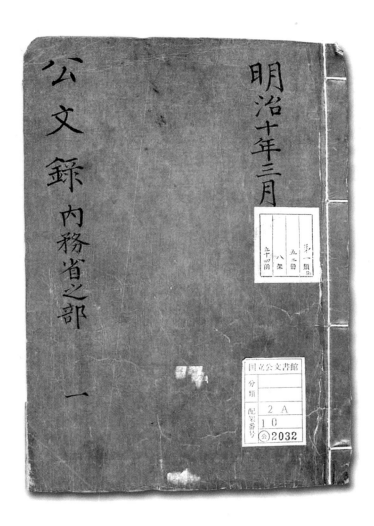

公文錄　内務省之部　一

明治十年三月

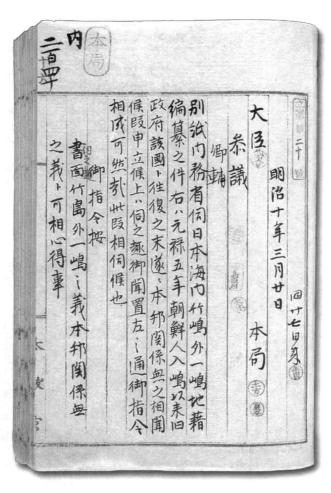

(주) 여기서는 『공문록』의 독도 관련 부분 12쪽만을 게재한다.

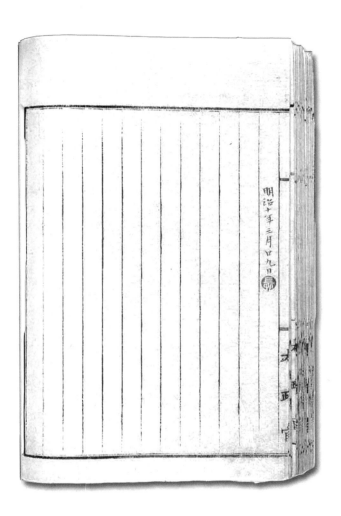

明治十年三月廿九日　壽

日本海內竹島外一島地籍編纂方伺

傳者地理寮官員地籍編纂莅茲授之爲本縣巡回ノ初

日本海中ニ在ル竹島調査ノ儀ニ付別紙乙第二十八号

之通照會有之趣本島ハ永祿中發見ノ由ニテ故

爲ニ藩ノ舊記元和四年ヨリ元祿八年マテ凡七十八年

間同藩領內伯耆國米子町ノ商大谷九右衛門村川

市兵衛ナル者舊幕府ノ許可ヲ經テ毎歳渡海島

中ノ動植物ヲ積歸リ內地ニ賣却致シ候ハ已ニ確

証者ニ今ニ古書舊狀等持傳候者有之別紙原由ノ

大畧圖面共相副不取敢致上申候今回全島實

檢之上委曲ヲ奧ヘ記載可致候得圖面ハ本縣管轄

確定致居候ニ付旦北海百餘里ヲ懸隔シ線路モ

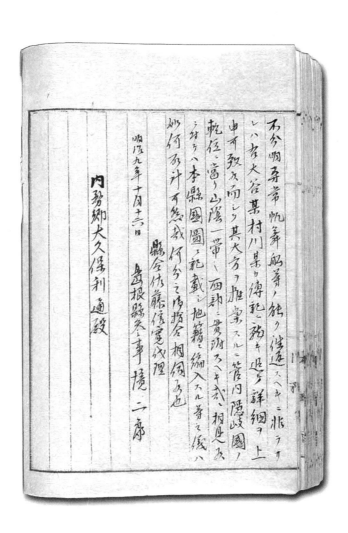

不今哺尋帝帆舞艦等ノ能ク往還スヘキニ非ラ
レハ吉大谷某村川某ヲ傳聞ニ努メ退ヲ詳細ヲ上
申可致ニ向シノ其大方ヲ推察スルニ管内隠岐國ノ
乾位ニ當リ山陰一帯ノ西部ニ贅附スヘキ武、相見ユ
ルニ対シ、本縣國圖ニ範載シ地籍ニ編入スルノ儀ハ
如何取計可然哉何今ニ彼處全相伺フ也

　　　縣令佐藤信寛代理

　　　　島根縣参事境二郎

明治九年十月十六日

内務卿大久保利通殿

乙第廿八号

磯竹島ハ縣管轄内隠岐國某方ニ當リ従来竹島ト相唱ヘタル孤島

者之ヲ我ニ相属シ固ヨリ産而鳥亦ハ漁商船往復ノ縁路ヲ

有し趣者ハ口演ノ上ニテ調査方及乎根拠ノ儀ヲ有之

加フルニ地籍編製地方官心得書第五條ノ

得共尚為念及乎照議ス第五條ニ興島嶼而ヲ旧記古圖

茅市所轄本省ニ乎伺相成度及乎照會也

明治九年十月日

地理寮十二等出仕　田尻賢信

地理大属　杉山栄蔵

島根縣

地籍編製係中

磯竹島ハ一ニ竹島ト稱ス隱岐國ノ乾位一百二拾里許ニ

在リ周囲凡十里許山峻嶮ニシテ平地少シ川三條アリ

又瀑布アリ然レトモ深谷幽邃樹竹稠密其源ヲ知ル能

ハス唯眼ニ觸レ其多キ昔植物ニハ五鬣松　紫栴檀

黄蘗　椿　樫　桐　雁皮　栂竹　胡

蘿　蔔　蒜　欸冬　蘘荷　獨活　百合　午旁　茱萸

覆盆子　虎杖　アラキバ　動物ニハ海鹿　貓　鼠

山雀　鳩　鵯　鷽鳧　鵜燕鷲　鵬鷹　ナケコ　其他辰砂岩緑青アルヲ見ル

アナ鳥　四十雀ノ類

魚貝ハ枚擧ニ暇アラス就中海鹿鮑ヲ物産ノ最トス鮑

ヲ獲ルニ夕ニ竹ヲ海ニ投シ朝ニコレヲ上レハ鮑其技葉

ニ昔クモノ影シ其味絶倫ナリト又海鹿一頭能ク數斗

内務省

ノ油ヲ得ヘシ

永禄中伯耆國會見郡米子町商大屋大後

甚吉航シテ越後ヨリ歸リ颶風ニ遇フ此地ニ漂

流ス全島ヲ巡視シ頗ル魚貝ニ富ル識リ歸國ノ

日檢使安倍四郎五郎時ニ壽命ニ因リ子城ニ居シ

以後渡海セント詰ヲ安倍氏江戸ニ紹介シテ許可ノ書

ヲ得タリ實ニ元和四年五月十六日ナリ

従伯耆國米子竹島先年舩相渡之由

候然者如其今度致渡海之段米子

町人村川市兵衛大屋甚吉申上ツテ

達上聞候之處不可有異儀之旨被仰

出間被得其意渡海之儀可被仰付候

恐々謹言

　　　　永井信濃守
五月十六日　　　　尚政

井上主計頭
　　　正就

土井大炊頭
　　　利勝

酒井雅樂頭
　　　忠世

松平新太郎殿

當時米子同町ニ村川市兵衛ト云者アリ大屋氏ト同シク安倍氏ノ懇親ヲ得ルカ故ニ両家ニ命セラル然レト

本島ノ發見ハ大屋氏ニ係ル此ヨリ毎歳間断ナク渡
海漁獵セリ幕府遠賴ノ地本邦版圖内ニ入ルヲ稱シ舩
旗寺ノ奨ヘ殊ニ登營詞見セシノ屡奕章ノ服ヲ給ス後
甚吉島中ニ没ス墳墓今尚在ノ元禄七年甲戌ニ至リ朝鮮
人上陸スル音告千キヲ以テ旦耶中人數ノ
喜少ナルヲ以テ歸リ是ヲ訴フ明年幕命ヲ得武器ヲ載
セラ到ルハ其人恐レヲ追シ去ル残ル音二人ハヒヤン
アリ即チ捕縛シテ歸命ヲ江戸ニ致シ本土ニ送還
ス同年彼國ヨリ竹島ハ朝鮮ニ接近セルヲ以テ其
地ニ屬セシコトヲ請フ幕府議シテ日本管内クヘキ
ノ證書ヲ上ルハ以後朝鮮ニ漁獵ノ權ヲ與フヘキノ命
アリ彼國此ヲ奉ス此ニ因テ同九年丙子正月渡海ヲ禁
制セラル

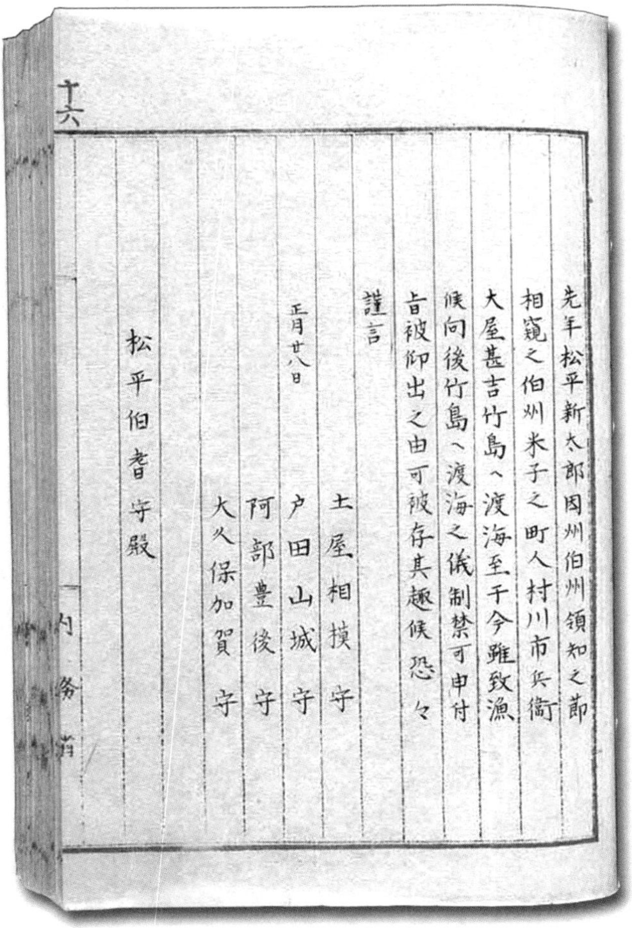

十六

先年松平新太郎因州伯州領知之節
相窺之伯州米子之町人村川市兵衛
大屋甚吉竹島へ渡海至于今雖致漁
候向後竹島へ渡海之儀制禁可申付
旨被仰出之由可被存其趣候恐々
謹言

正月廿八日

土屋相模守
戸田山城守
阿部豊後守
大久保加賀守

松平伯耆守殿

内務省

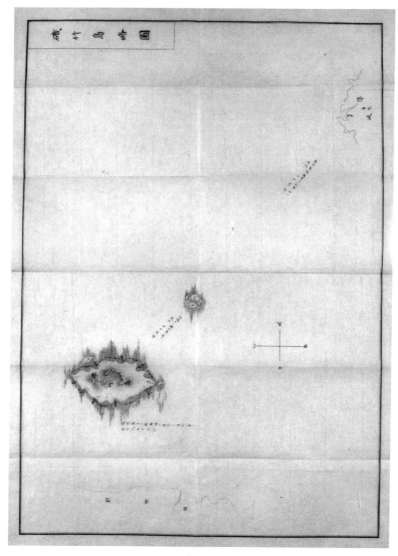

『공문록』 원본에 첨부된 〈이소타케시마 약도〉
: 다케시마 외일도가 울릉도와 다케시마(독도)임을 잘 보여주고 있다.

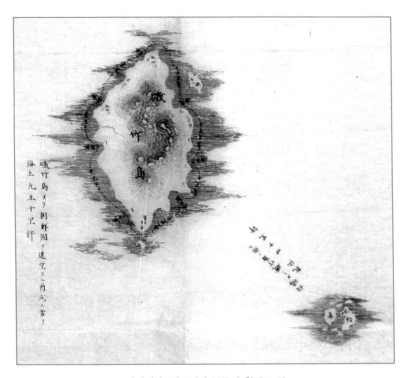

다케시마, 마쓰시마 부근의 확대 그림

미국 대사관의 비밀 서간(書簡)

| 박병섭 |

1. 해설

이 자료는 왜 샌프란시스코 강화조약 조문에 독도가 기술되지 않았는지, 그 경위를 밝히는 자료로서 주목된다. 조약에 리안코트 암(독도)이 기재되지 않은 이유로서 주일 미국 대사관은 다음과 같이 한일 양쪽의 주장을 들었다.

① 리안코트 암은 어느 시기에 조선왕조의 일부였다.
② 일본은 이 암을 일본 본토에 편입해, 한 현의 행정 하에 두었다.

미국은 한일 양쪽의 주장에 배려하여 독도의 영유권을 분명히 하지 않았음이 이 서간에서 엿보인다. 그 중에서도 미국의 〈독도는 조선왕조의 일부였다〉라는 인식이 문서에 의해 밝혀진 점은 특히 중요하다.

서간은 미군에 의한 제2차 독도폭격 사건을 계기로 주일 미국 대사관에 의해 작성되어 미국무성에 보내졌다. 서간의 배경을 분명히 하기 위해 '제2차 독도폭격 사건'의 개요를 윤한곤(尹漢坤) 씨의 글에서 아래에 인용한다. 덧붙여 이 서간은 미국의 한국사 연구자인 로브모 씨에 의해 발견되었다[1].

1952년 9월 15일 오전 11시경, 미 극동 군사령부 소속의 폭격기가 독도 상공에 출현하여 독도를 두 차례나 선회한 뒤, 4개의 폭탄을 투하하고 남쪽으로 날아갔다. 당시 독도에는 20여 명의 선원과 해녀들이 조업을 하고 있었으나, 인명 피해는 다행히 없었던 듯하다.

마침 국토 규명 사업으로 한국 산악회의 제2차 울릉도·독도 학술 조사단 일행 36명이 9월 18일 울릉도에 왔는데, 이 때 (1948년에 이어) 재차 일어난 독도 폭격 소식을 접하게 되었다. 이들은 관계 당국에 전문을 통해 이 소식을 전하고 조사단의 안전한 항로를 보장해 줄 것을 요구하였다. 그런데 이들이 9월 22일, 제2차로 독도 (울릉도의 잘못)를 출발하여 오전 11시경 독도 부근 2km 해상으로 접근했을 때, 돌연 4대의 비행기가 나타나 해상에 폭탄을 투하하였다. 결국 다시 상륙을 하지 못하고 울릉도로 귀환하게 되었다[2].

2. 서간의 번역

발신 : 미국 대사관, 도쿄 659, 1952년 10월 3일
수신 : 국무성, 워싱턴

건명 : 리안코트(리안코트는 서양식 발음 : 저자 주) 암의 한국인

한국과 일본 사이에서 잇단 이해관계 충돌로 양국 관계가 악화되고 있다. 최근 발생한 어떤 사건은 향후 보다 큰 문제로 발전할 수도 있다. 그리고 미국에 적지 않은 영향을 미칠지도 모르다. 그 사건이란 리안코트 암(독도)을 둘러싼 영토 분쟁이며 일본과 한국 사이의 영유권을 둘러싼 분쟁이다.

국무성은 리안코트 암의 역사를 이미 몇 차례나 검토한 적이 있어 그것을 여기에 상술할 필요는 없다. 그 바위는 바다표범의 번식지이며, 어느 시기, 조선왕조의 일부였다. 그 바위는 일본이 그 제국을 조선에 확장했을 때, 물론 조선의 나머지 영토와 함께 병합되었다.
그런데 일본정부는 제국 지배의 과정에서 이 영역을 일본 본토에 편입하여 어느 현의 행정 하에 두었다.
그 때문에 일본이 평화 조약 제2장에서 〈제주도, 거문도 및 울릉도를 포함한 조선에 대한 모든 권리, 권원 및 청구권〉을 포기하는 것에 동의했을 때, 조약의 기초자는 이 바위를 포기해야 할 영역에 포함시키지 않았다.
일본은 리안코트 암에 대한 일본의 영유권은 이유가 있다고 주장하고 있다. 거기에 한국이 이의를 제기하고 있는 것은 명백한 근거에 입각하고 있다.

이 바위는 한국과 일본 사이에 있는 일본해(동해)의 공해 상에 있

고, 유엔군 항공기가 북한에서의 폭격에서 돌아올 때 유용하다. 이 바위는 투하 목적지에 사용되지 않았던 폭탄을 떨어뜨릴 수 있는 레이더 조준점(照準点)으로 사용할 수 있다.

리안코트 암은 무인도일 뿐만이 아니라 항로의 안표(眼標)가 되므로 실제 폭격의 표적으로서 이상적이다. 이 때문에 미일 안전보장협정에 입각한 합동위원회에 의한 작전 구역 선정에 있어, 이 바위는 상기의 목적에 도움이 되므로 일본정부에 의해 시설로서 지정하는 일에 합의되었다.

그 바위는 폭격 목표가 되어 있어, 위험 구역으로서 선언되었고, 주 7일간, 24시간의 베이스로 출입 금지 구역으로 알려져 있다.

이 효과에 관한 정보는 극동사령부나 아마 극동공군 및 해군의 극동 하부조직을 통해 배포되었다. 최근 정보는 진주만에 있는 태평양 함대의 최고사령관에 전달되었다. 수병(水兵)에 대한 통지, 혹은 hydropac의 형태로 사무적으로 배포할 수 있도록 하기 위해서이다.

그럼에도 불구하고, 부산의 미국 해군 사령관(CTG 95.7)은, 리안코트 암의 위험성을 전혀 몰랐고, 한국 해군 참모장으로부터 리안코트 암에 과학대를 파견하고 싶다는 신청을 받아 허가를 1952년 9월 7일에 내주었다. 과학대는 같은 해 9월 12일에 출발했다. 과학대의 목적은 분명치 않지만, 그 의도는 리안코트 암에 대한 통치권을 확립하는데 있다. 그리고 한국의 어부들은 정기적으로 어업 목적으로 리안코트 암에 가서 그 부근에서 아마 강치를 잡고 있다.

'과학대'는 그 섬에 도착하여 아무 사고도 없이 지냈다. 그러나 과학대의 리더가 돌아갈 때인 9월15일에 리안코트 암 주변에서 조개를 채취하고 있던 어부가 미군기에 의해 폭격 당했다. 다행히 동굴에 피난해 다치지는 않았다고 일행은 보고했다.

과학대가 리안코트 암에 가는 것을 인정한 CTG95.7의 원래의 허가는 본대사관에 비공식적으로 보내졌다(첨부1). 본대사관은 극동해군사령관을 통해 극동사령관에 CTG95.7이 이러한 허가를 향후 내지 않도록 조언하도록 부탁했다. 폭격 사건이 일어난 것은 이 부탁 후였다.

여기에 리안코트 암의 위험성을 되풀이해 설명하는 것은 향후, 리안코트 암에서 한국인이 다치거나 죽는 등 사고에 미군이나 유엔군 사령관이 말려들지 않도록 하기 위해서이다. 그러나 한국의 조잡한 통치 때문에, 자영하는 어부들 모두로 하여금 리안코트 암에 출어하지 않도록 할 수 있는지는 의문이다. 그 때문에 가까운 장래에 미국의 폭격이 사망 사고 등을 일으켜서 그것으로 인해 한국인이 리안코트 암에 더욱 주목하게 되어서 미국의 노력이 보답 받지 못하게 되는 불행한 결과가 초래될지도 모른다.

....

註

1) Mark S. Lovmo, 1952 memo from the U.S. Embassy in Tokyo. http://www.geocities.com/mlovmo/temp8.html#oct3
2) 윤한곤, 「미군의 독도 폭격과 독도 영유권」, 『독도 특수 연구』, 법서출판사, 2001, p.242.

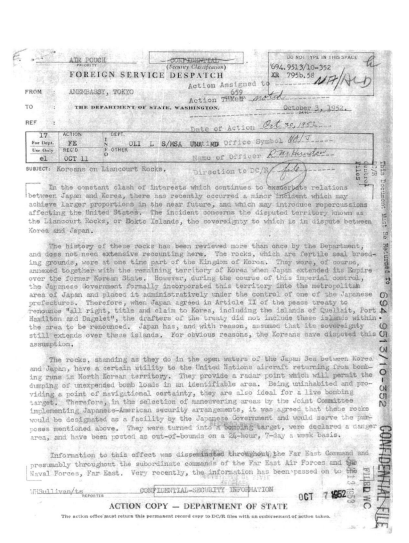

FOREIGN SERVICE DESPATCH

DO NOT TYPE IN THIS SPACE

694.9513/10-352
XR 795b.58

FROM : AMEMBASSY, TOKYO

Action Assigned to _____
659
Action Taken _____

TO : THE DEPARTMENT OF STATE, WASHINGTON.

October 3, 1952.

REF :

Date of Action Oct 30, 1952

17 For Dept.	ACTION	DEPT.		
Use Only	FE	I N F O	OLI L S/MSA UNAtiMD Office Symbol NA/J	
el	REC'D OCT 11		Name of Officer R. M. Hunter	

SUBJECT: Koreans on Liancourt Rocks.

Direction to DC/R / file

In the constant clash of interests which continues to exacerbate relations between Japan and Korea, there has recently occurred a minor incident which may achieve larger proportions in the near future, and which may introduce repercussions affecting the United States. The incident concerns the disputed territory known as the Liancourt Rocks, or Dokto Islands, the sovereignty to which is in dispute between Korea and Japan.

The history of these rocks has been reviewed more than once by the Department, and does not need extensive recounting here. The rocks, which are fertile seal breeding grounds, were at one time part of the Kingdom of Korea. They were, of course, annexed together with the remaining territory of Korea when Japan extended its Empire over the former Korean State. However, during the course of this imperial control, the Japanese Government formally incorporated this territory into the metropolitan area of Japan under the control of one of the Japanese prefectures. Therefore, when Japan agreed in Article II of the peace treaty to renounce "all right, title and claim to Korea, including the islands of Quelpart, Port Hamilton and Dagelet", the drafters of the treaty did not include these islands within the area to be renounced. Japan has, and with reason, assumed that its sovereignty still extends over these islands. For obvious reasons, the Koreans have disputed this assumption.

The rocks, standing as they do in the open waters of the Japan Sea between Korea and Japan, have a certain utility to the United Nations aircraft returning from bombing runs in North Korean territory. They provide a radar point which will permit the dumping of unexpended bomb loads in an identifiable area. Being uninhabited and providing a point of navigational certainty, they are also ideal for a live bombing target. Therefore, in the selection of maneuvering areas by the Joint Committee implementing Japanese-American security arrangements, it was agreed that these rocks would be designated as a facility by the Japanese Government and would serve the purposes mentioned above. They were turned into a bombing target, were declared a danger area, and have been posted as out-of-bounds on a 24-hour, 7-day a week basis.

Information to this effect was disseminated throughout the Far East Command and presumably throughout the subordinate commands of the Far East Air Forces and the Naval Forces, Far East. Very recently, the information has been passed on to the

미대사관의 서간 : '리안코트는 조선왕조의 일부' p.1.

CONFIDENTIAL
(Security Classification)

DO NOT TYPE IN THIS SPACE

FOREIGN SERVICE DESPATCH

FROM :

DESP. NO.

TO : THE DEPARTMENT OF STATE, WASHINGTON.

DATE

REF :

For Dept. Use Only	ACTION	DEPT.	
	REC'D	N	
		F OTHER	
		O	

SUBJECT:

Commander-in-Chief of the Pacific Fleet at Pearl Harbor, in order that he may give it formal dissemination in the form of a hydropac, or notice to mariners.

Despite this, the United Nations Naval Commander in Pusan (CTG 95.7) apparently was unaware of the dangers existing on these rocks, and when he received a request from the Chief of Naval Operations of the ROK Navy to permit the dispatch of a scientific expedition to the rocks, he granted that permission on September 7, 1952 and the expedition departed from Pusan on September 12, 1952. The purpose of the expedition was not made clear, but its intent has obviously been to establish claim to Korean sovereignty over the rocks. It also appears that Korean fishermen have been regularly using the rocks for fishing purposes and have been probably capturing seals in the vicinity.

When the aforementioned "scientific expedition" reached the islands, they apparently passed their time in the area without incident. However, upon return, the leader of the expedition reported that a fishing crew gathering sea shells in and around the rocks on the 15th of September, had been bombed by a United States plane, and had fortunately escaped injury by retreating into the caves.

The original permission granted by CTG 95.7 for the scientific expedition to travel to the rocks had been brought informally to the attention of this Embassy. (Enclosure 1.) The Embassy took action with the Far East Command, and through that Command with the Naval Forces, Far East, to advise CTG 95.7 to refrain from granting any further permits of this type. It was not until after this action had been taken that the Embassy learned, again informally from the Embassy in Pusan (Enclosure 2), that the bombing incident had taken place.

It is considered that the recent reassertion of the danger zone on these rocks should suffice to prevent the complicity of any American or United Nations Commanders in any further expeditions to the rocks which might result in injury or death to Koreans. However, owing to the crude implementation of Government controls in Korea, it is questionable that all independent Korean fishermen can be dissuaded from continuing their expeditions into these rocks. There therefore exists a fair chance that some time in the near future American bombs may cause loss of life or other incidents which will bring the Korean efforts to recapture these islands into more prominent play, and may involve the United States unhappily in the implications of that effort.

CONFIDENTIAL SECURITY INFORMATION

REPORTER

ACTION COPY — DEPARTMENT OF STATE

The action office must return this permanent record copy to DC/R files with an endorsement of action taken.

미대사관의 서간 : '리안코트는 조선왕조의 일부' p.2.

FROM : AMEMBASSY, TOKYO, October 3, 1952
TO   : THE DEPARTMENT OF STATE, WASHINGTON
SUBJECT : Koreans on Liancourt Rocks.

In the constant clash of interests which continues exacerbate relations between Japan and Korea, there has recently occurred a minor incident which may achieve larger proportions in the near future, and which may introduce repercussions affecting the United States. The incident concerns the disputed territory known as the Liancourt Rocks, or Dokto Islands, the sovereignty to which is in dispute between Korea and Japan.

The history of these rocks has been reviewed more than once by the Department, and does not need extensive recounting here. The rocks, which are fertile seal breeding grounds, were at one time part of the Kingdom of Korea. They were, of course, annexed together with the remaining territory of Korea when Japan extended its Empire over the former Korean State. However, during the course of this imperial control, the Japanese Government formally incorporated this territory into the metropolitan area of Japan and placed it administratively under the control of one of the Japanese prefectures. Therefore, when Japan agreed in Article II of the peace treaty to renounce "all right, title and claim to Korea, including the islands of Quellait, Port Hamilton and Dagelet", the drafters of the treaty did not include these islands within the area to be renounced. Japan has, and with reason, assumed that its sovereignty still extends over these islands. For obvious reasons, the Koreans have disputed this assumption.

The rocks, standing as they do in the open waters of the Japan Sea between Korea and Japan, have a certain utility to the United Nations aircraft returning from bombing runs in North Korean territory. They provide a radar point which will permit the dumping of unexpended bomb loads in an identifiable area. Being uninhabited and providing a point of navigational certainty, they are also ideal for a live bombing target. Therefore, in the selection of maneuvering areas by the Joint Committee implementing Japanese—American security arrangement, it was agreed that these rocks would be designated as a facility by the Japanese Government and would serve the purposes mentioned above. They were turned into a bombing target, were declared a danger area, and have been posted as out—of—bounds on a 24—hour, 7—day a week basis. Information to this effect was disseminated throughout the Far East Command and presumably throughout the subordinate commands of the Far East Air Force and the Naval Forces, Far East. Very recently, the information has been passed on to the Commander—in—Chief of the Pacific Fleet at Pearl Harbor, in order that he may give it formal dissemination in the form of a hydropac, or notice to mariners.

Despite this, the United Nations Naval Commander in Pusan (CTG 95.7) apparently was unaware of the dangers existing on these rocks, and when he received a request from the Chief of Naval Operations of the ROK Navy to permit the dispatch of a scientific expedition to the rocks, he granted that permission on September 7, 1952 and the expedition departed from Pusan on September 12, 1952. The purpose of the expedition was not made clear, but its intent has obviously been to establish claim to Korean sovereignty over the rocks. It also appears that Korean fishermen have been regularly using the rocks for fishing purposes and have been probably capturing seals in the vicinity.

When the aforementioned "scientific expedition" reached the islands, they apparently passed their time in the area without incident. However, upon return, the leader of the expedition reported that a fishing crew gathering sea shells in and around the rocks on the 15th of September, had been bombed by a United States plane, and had fortunately escaped injury by retreating into the caves.

The original permission granted by CTG 95.7 for the scientific expedition to travel to the rocks had been brought informally to the attention of this Embassy. (Enclosure 1.) The Embassy took action with the Far East Command, and through that Command with the Naval Forces, Far East, to advise CTG 95.7 to refrain from granting any further permits of this type. It was not until after this action had been taken that the bombing incident had taken place.

It is considered that the recent reassertion of the danger zone on these rocks should suffice to prevent the complicity of any American or United Nations Commanders in any further expeditions to the rocks which might result in injury or death to Koreans. However, owing to the crude implementation of Government controls in Korea, it is questionable that all independent Korean fishermen can be discussed from continuing their expeditions into these rocks. There therefore exists a fair chance that some time in the near future American bombs may cause loss of life or other incidents which will bring the Korean efforts to recapture these islands into more prominent play, and may involve the United States unhappy in the implications of that effort.

독도 관련 연표

1403(태종 3)	조선왕조, 울릉도에 공도정책 결정
1407(태종 7)	조선왕조, 대마도 수호(守護)영주의 울릉도에의 이주 신청을 각하
1431(세종13)	조선왕조『태종실록』편찬
1432(세종14)	조선왕조『신찬 팔도 지리지』편찬
1451(문종 1)	조선왕조『고려사』편찬
1454(단종 2)	조선왕조『세종실록지리지』편찬
1481(성종12)	조선왕조『동국여지승람』편찬
1531(중종26)	조선왕조『신증동국여지승람』편찬
1614(게이초19)	대마번, 조선왕조와 논쟁, 울릉도의 영유포기
1618(겐나 4)	이즈모 미오관(出雲三尾關)의 바타이(馬太伊) 등 7명이 울릉도 출어 중에 조선에 표착
1620(겐나 6)	막부, 대마번이 〈다케시마는 울릉도이고 조선국의 속도〉라는 보고로 울릉도에 거주해 있던 이소타케 야자에몬(磯竹弥左衛門)을 체포
1625(간에이2)경	도쿠가와 막부, 오야 · 무라카와가에게 다케시마(울릉도) 도해면허를 내린다.
1637(간에이14)	무라카와가의 도해선이 조선에 표착(30명)
1656(효종7)	조선, 「여지지(輿地志)」(일서〈逸書〉) 성립
1666(간분6)	오야가의 도해선이 조선에 표착(22명)
1667(간분7)	사이토 호센(齊藤豊宣)『은주시청합기(隱州視聽合記)』에 마쓰시마, 다케시마 기술

1692(겐로쿠5)	3.26	무라가와(村川)가의 배, 울릉도에서 조선인과 조우
1693(겐로쿠6)	4.18	오야가의 배, 울릉도에서 안용복 등을 연행「다케시마 일건」
1694(숙종20)		장한상(張漢相)「울릉도사적(蔚陵島事蹟)」, 독도를 인식
1695(겐로쿠8)	12.25	돗토리번(鳥取藩), 막부에 다케시마(竹島)·마쓰시마(松島)는 이나바·호키(因伯) 부속이 아니라고 회답
1696(겐로쿠9)	1.28	도쿠가와 막부, 다케시마(울릉도) 도해금지를 발령
	5.18	안용복 도일, 다케시마(울릉도), 마쓰시마(자산도)는 조선령이라고 호소
1699(겐로쿠12)	10.19	대마번주「다케시마 일건은 모두 끝났다(竹島之一件無殘相濟)」고 막부에 보고
1714(숙종40)	7.22	강원도 어사보고「울릉의 동쪽의 도서를 바라보면 우산은 왜의 경계와 접한다(鬱陵之東島嶼相望接于倭境)」
1726(교호11)		대마번,「다케시마 기사(竹嶋紀事)」편찬
1770(영조46)		『동국문헌비고』, 〈울릉, 우산 모두 우산국의 땅, 우산은 즉 왜가 말하는 마쓰시마이다(鬱陵于山皆于山國地于山則倭所謂松島也)〉
1787(덴메이7)		프랑스, 울릉도를 확인, 다주레도라고 명명
1789(간세이1)		영국, 울릉도를 오인, 알고노트도라고 명명
1808(순조8)		조선왕조『만기요람(萬機要覽)』, 〈울릉, 우산 모두 우산국의 땅, 우산은 즉 왜가 말하는 마쓰시마이다(鬱陵于山皆于山國地于山則倭所謂松島也)〉
1828(분세이11)		오카지마 마사요시(岡嶋正義)『다케시마고(竹島考)』
1837(텐포 8)	2.	다케시마 도해금지령
1840(텐포11)		씨볼트「일본도(日本圖)」, 가공의 알고노트를

Takashima, 다주레를 Matushima로 한다

1844(텐포15)		오카지마 마사요시(岡嶋正義) 『인부연표(因府年表)』
1849(가에이2)		프랑스, 독도를 확인, 리안크르 암으로 명명
1854(안세이1)		러시아의 파르라다호, 알고노트의 비존재 확인
1870(메이지3)		외무성보고서 『조선국 교제시말 내탐서』
1876(메이지9)	7.	무토 헤이가쿠(武藤平學) 「마쓰시마(松島) 개척의 건」 제출
	7.13	「고다마 사다에키(兒玉貞易)건백」(마쓰시마 개척원) 제출
	10.16	시마네현(島根縣) 「일본해내 다케시마 외일도 지적 편찬방사(日本海內竹島外一島地籍編纂方伺)」 제출
1877(메이지10)	1.27	도다 다카요시(戶田敬義) 「다케시마 도해지원」 제출
	3.17	내무성 「일본해내 다케시마 외일도 지적편찬방사」 제출
	3.29	태정관 지령「일본해내 다케시마 외일도를 판도 외로 정한다(日本海內竹島外一島ヲ版圖外ト定ム)」
1878(메이지11)	8.15	시모무라 린하치로(下村輪八郎) 「마쓰시마 개척원」 제출
		군함·아마기(天城), 「마쓰시마(松島)」(울릉도)の経緯度確認
1880(메이지13)		군함·아마기, 죽서(竹嶼 : 한국명 죽도)의 경위도 확인
1881(메이지14)	6.	조선정부, 일본에 울릉도 도항금지를 요구
	8.20	기타자와 세이세이(北澤正誠) 『다케시마 판도소속고(竹島版圖所屬考)』
	11.7	태정관, 외무성의 「조선정부에 송한(送翰)의 건」 승인
	11.29	내무성이 외무성에게 울릉도 조회, 「다케시마 외일

도」자료첨부

1882(메이지15) 4. 조선정부, 검찰사·이규원(李奎遠)을 울릉도에 파견, 조사

12. 조선정부, 울릉도 개척령

1883(메이지16) 3.1 내무성, 사법성「울릉도 도항금지」하달

10.14 울릉도 거주 일본인 254名, 강제 귀국

1894(메이지27) 7.25 청일전쟁 개시, 풍도 앞바다 해전

1897(메이지30) 10. 조선의 국호를「대한제국」으로 변경

1898(메이지31) 원양어업 장려법

1900(고종37) 5. 우용정(禹用鼎), 울릉도시찰

10.25 대한제국 칙령41호「울릉도, 죽도, 석도(石島)」를 군으로 승격

1902(메이지35) 외국영해 수산조합법

3. 울릉도에 일본인 경관상주

1903(메이지36) 나카이 요사브로(中井養三郎), 랸코도에서 강치잡이 개시

1904(메이지37) 2.8 러일전쟁 개시, 여순항을 기습공격

2.27 한일의정서를 관보공표

6. 러시아 오라지오 함대가 조선해협에 출현

9.2 울릉도 군사용 망루완성

9.5 제1차 한일협약 관보공표

9.25 군함·니이타카(新高)일지에「독도(獨島)」기술

9.29 나카이 요사브로(中井養三郎)「랸코도 영토편입 및 대하원」제출

11.20 군함 쓰시마(對馬), 랸코도의 전신소 설치예비 조사

1905(메이지38)1.28 랸코도의 영토편입을 각의 결정하여「다케시마(竹島)」로 명명

	2.22	시마네현(島根縣)고시 40호, 「다케시마(독도)」를 시마네현 오키도사(隱岐島司) 소관으로 한다
	6.13	군함 하시다테(橋立)를 독도에 파견, 망루공사 조사
	8.19	독도의 망루완성
	11.23	제2차 한일협약(을사보호조약)을 관보공표
1906(메이지39)	3.28	시마네현 「다케시마(독도)조사단」 울릉도에 기항
1907(메이지40)	7.25	제3차 한일협약을 관보공표
1908		『증보문헌비고』, 〈울릉, 우산 모두 우산국의 땅, 우산은 즉 왜가 말하는 마쓰시마이다(鬱陵于山皆于山國地于山則倭所謂松島也)〉
1910(메이지43)	8.29	한국합방에 관한 조약을 관보공표
1943(쇼와18)	11.27	카이로 선언서명
1945(쇼와20)	7.26	포츠담 선언서명
	9.2	일본 항복 조인
1946(쇼와21)	1.29	연합국총사령부(GHQ)각서 SCAPIN 제677호
	6.22	동 SCAPIN 제1033호, 맥아더 라인 설정
1947	8.16	한국산악회에 의한 독도학술조사
1948	8.15	대한민국 건국
	9.9	조선민주주의 인민공화국 건국
1952(쇼와27)	1.18	한국 「해양주권선언」, 평화선(이승만 라인) 설정
	1.28	일본정부, 독도의 영유권을 주장하여 한국에 항의
	4.25	맥아더 라인 폐지
	4.28	샌프란시스코 조약발효, 독도에 대한 언급이 없음
	7.26	미일합동위원회, 독도를 미군연습구역에 지정
	10.3	주일미대사관 서간, 한일쌍방의 독도영유권주장을 용인
1953(쇼와28)	3.19	독도를 연습구역에서 제외

샌프란시스코 강화조약 관련 연표

1946(쇼와21)	1.29	SCAPIN 677호, 독도, 북방4도를 일본에서 분리
1947(쇼와22)	3.20	미국 제1차 초안, 독도를 한국령, 북방4도 기술 없음
	8.5	미국 제2차 초안, 독도를 한국령, 북방4도를 일본령
1948(쇼와23)	1.12	미국 제3차 초안, 독도를 한국령, 북방4도를 보류
	8.15	한국독립
1949(쇼와24)	10.13	미국 제4차 초안, 독도를 한국령, 북방4도를 보류
	11.2	미국 제5차 초안, 위와 같음, 단 북방4도는 일본에 동정적
	11.19	미국, 씨볼트 의견서, 독도, 북방4도를 일본령
	12.29	미국 제6차 초안, 독도, 하보마이 · 시코단을 일본령
1950(쇼와25)	6.25	한국전쟁 발발
	8.7	미국 제7차 초안, 독도나 울릉도, 북방4도의 기술탈락
	9.11	미국 제8차 초안(대일강화 7원칙), 위와 같음
	10.26	호주정부질문에 미국 회답, 독도를 일본령
1951(쇼와26)	2.28	영국 제1차 초안, 제주도나 울릉도, 독도를 일본령으로 선긋기
	3.3	미국 최종 초안, 독도나 북방 4도의 기술탈락, 한국에 제시
	3.	영국 제2차 초안, 제주도나 울릉도, 독도를 한국령으로 선긋기
	4.7	영국 최종초안, 상동
	5.3	미영공동 제1차 초안, 독도나 북방4도의 기술탈락

【지은이】

박병섭(朴炳涉)

독도 연구가로서 〈다케시마=독도문제연구 네트워크〉 대표.
반월성통신(半月城通信, http://www.han.org/a/half-moon) 사이트를
일본에서 운영하고 있으며, 한일간 갈등문제 전문연구가이기도 하다.
저서 :『강덕상 선생님 고희·퇴직 기념, 일조 관계 역사 이론집』(공저)
　　　　『안용복 사건에 대한 검증』(한국해양수산개발원, 2008) 등.
논문 :「일본의 다케시마=독도 포기와 영토편입」『비력』47호 등.
연락처 : half-moon@muj.biglobe.ne.jp

나이토 세이추(内藤正中)

시마네 대학 명예 교수.
저서 :『자유민권운동의 연구』
　　　　『산인(山陰)의 풍토와 역사』
　　　　『시마네현의 백년』
　　　　『일본해 지역의 재일조선인』
　　　　『돗토리현의 역사』
　　　　『다케시마(울릉도)를 둘러싼 일조 관계사』
　　　　『시마네현 하 재일 코리안의 역사』등.

【옮긴이】

호사카 유지(保坂祐二)

세종대학교 교양학부(일본학 전공) 교수.
저서 :『일본 古지도에도 독도 없다』(자음과모음, 2005)
　　　　『조선선비와 일본 사무라이』(김영사, 2007)
　　　　『일본제국주의의 민족동화정책 분석』(J&C, 2002) 등.
논문 : 한일관계, 독도영유권문제, 한류 등 논문 다수.
연락처 : hosaka@sejong.ac.kr

독도=다케시마 논쟁
역사자료를 통한 고찰

2008년 3월 15일 초판 1쇄 펴냄
2009년 2월 27일 초판 2쇄 펴냄

지은이 박병섭 · 나이토 세이추
옮긴이 호사카 유지
펴낸이 김흥국
펴낸곳 도서출판 보고사

책임편집 박현정
표지디자인 황효은

등록 1990년 12월 13일 제6-0429호
주소 서울특별시 성북구 보문동7가 11번지 2층
전화 922-5120~1(편집), 922-2246(영업)
팩스 922-6990
메일 kanapub3@chol.com
http://www.bogosabooks.co.kr

ISBN 978-89-8433-631-5

정가 13,000원